臨床心理学 20-2（通巻116号）

JN087353

# ［特集］心身相関の心理臨床

## 1 総論

心理臨床における「こころ」と「からだ」——ともに抱えることの大切さと難しさ …………………… 黒木俊秀 127
心身相関の基盤としての脳 ……………………………………………… 富田　望・熊野宏昭 131
アフォーダンスからの希望 …………………………………………………………… 染谷昌義 136
心身相関の精神病理学……………………………………………………………… 野間俊一 142
［インタビュー］神田橋條治先生に聴く——心身相関といのち …………… 神田橋條治・黒木俊秀 146

## 2 理論編

「こころ」の痛みと「からだ」の痛み——慢性疼痛臨床における心身相関
　………………………………………… 細井昌子・伊津野 巧・茂貫尚子・末松孝文・安野広三 150
「こころ」と「からだ」をつなぐもの——最近の遺伝学や精神神経免疫学からの知見 …………河合啓介・藤本晃嗣 155
ソマティック心理学と心理臨床——"架け橋の心理学"の紹介と展望 …………………………… 久保隆司 161
自閉スペクトラム症の「こころ」と「からだ」の特徴と支援………………………………… 岩永竜一郎 167
子どもの「こころ」と「からだ」の心理臨床 …………………………………………………… 大堀彰子 171
女性の「こころ」と「からだ」の特徴と臨床 ………………………………………………… 平島奈津子 176

## 3 実践編

災害被災者の「心のケア」における「からだ」の役割 ………………………………………… 岩井圭司 181
マインドフル瞑想における「こころ」と「からだ」 …………………………………………… 井上ウィマラ 186
「こころ」と「からだ」を支える臨床動作法の技法 …………………………………………… 藤吉晴美 193
森田療法における心身相関 ……………………………………………… 竹田康彦・黒木俊秀 198
トラウマ・ケアと身体——EMDR および他の技法 …………………… 南川華奈・天野玉記・市井雅哉 202

投　稿
原著論文　初回面接におけるセラピストの肯定はクライ
　　　　　エントにどのように評価されるか——模擬面
　　　　　接ビデオを用いて
　　　　　　　　横田悠季・吉田寿美子・岩壁　茂 209
資料　　　公立中学校教員を対象としたヤングケアラーに
　　　　　関する生活状況および校内での支援に関する
　　　　　調査　　　　　　　　　　　　　　奥山滋樹 220

リレー連載
臨床心理学・最新研究レポート シーズン3
　第21回「「大切な思い出」が高齢者にもたらす影響——
　高齢者の自伝的記憶に関する介入研究の今」
　　　　　　　　　　　　　　　　　　　　　屋沢　萌 231
主題と変奏——臨床便り
　第42回「語りから立ち上がる未来——前方視的再構
　成法」　　　　　　　　　　　　　　　　　白井利明 236

書　評 237
● 日本総合病院精神医学会 リエゾン多職種委員会 編著『精
　神科リエゾンチーム活動指針』(評者：稲本絵里)
● 仙道由香 著『心理療法に先立つアセスメント・コンサル
　テーション入門』(評者：木下直紀)
● ジェフリー・K・ザイグ 著『エリクソニアン催眠誘導——体
　験喚起のアプローチ』(評者：松木　繁)

第4回 金剛出版主催ワークショップ「対話・言語・可能性」206 ／
次号予告 207 ／実践研究論文の投稿のお誘い 229 ／投稿規定
240 ／編集後記 242

A/CRA/FT実践報告会 166 ／第15回 (2020年度) 九州「森田
療法セミナー」受講者募集のお知らせ 185 ／第23回 (2020年
度) 森田療法セミナー開催のお知らせ 197 ／出版記念研修会「子
どもと若者の認知行動療法を学ぼう！」230

# 新刊案内

Ψ 金剛出版　〒112-0005　東京都文京区水道1-5-16　Tel. 03-3815-6661　Fax. 03-3818-6848
e-mail eigyo@kongoshuppan.co.jp　URL http://kongoshuppan.co.jp/

## 子どものための
## 認知行動療法ワークブック
### 上手に考え，気分はスッキリ

[著]ポール・スタラード　[監訳]松丸未来　下山晴彦

2006年に刊行した『認知行動療法ワークブック』の改訂版。今回の改訂では総ルビ表記かつ子どもでも理解できるよう平易に解説を行った。CBTの概要を解説した後，ワークシートを使ってCBTを身につけていく。「自分に優しくする」「今ここ」という2項目が追加され，以前よりも詳細な記述となった。この本でCBTの考え方を自分のものにできれば，日々の生活も楽しいものに変わっていくだろう。　　　　　　　　　本体2,800円＋税

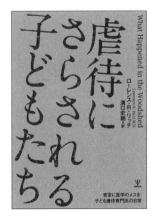

## 虐待にさらされる子どもたち
### 密室に医学のメスを：子ども虐待専門医の日常

[著]ローレンス・R・リッチ　[訳]溝口史剛

本書は決して難解な医学書でもなく，エンターテイメントに重きを置いた爽快な一般書でもない。ここに語られているのは虐待医療の黎明期から現在に至るまで，現場の実務者として第一線で関わり続けてきた医師を通して語られる圧倒的なリアルな物語である。本書で語られる物語は，日本でもここかしこで生じている問題でもある。医療者にすらほとんど知られていない子ども虐待専門医の日常を追体験できる本書は，既に虐待が重大事態に発展してしまった子どもと家族を守るために，関係機関が真に協働することがいかに重要であるのかを，気づかせてくれるだろう。　　　　本体3,800円＋税

## 共に生きるための人間関係学
### 「自立」と「つながり」のあり方

[編著]畠中宗一

「あいだ」と「つながり」からなる人間関係。人間関係を生きることは，他者という異質なものを受容しながら自己との共存を図ることである。それは，葛藤を生きることに等しく，葛藤と折り合う力が求められる。生きやすい人間関係のみを展開していると，葛藤と折り合う力は衰退していく。本書は，生きるために必要な本来の人間関係力を回復させることを目指す。多様な場面で，本質的理解を志向しつつ，現実には社会のあり方に規定されているという事実性のなかで，教育・心理，介護・医療，そして企業といったフィールドで具体的な人間関係の実相に焦点を当てる。　　本体3,200円＋税

🐟 [特集] 心身相関の心理臨床

# 心理臨床における「こころ」と「からだ」
ともに抱えることの大切さと難しさ

## 黒木俊秀 Toshihide Kuroki
九州大学大学院人間環境学研究院

## I　はじめに

　心身相関（mind-body relationship），すなわち，「こころ」と「からだ」の相互関係は，臨床心理学における大きなテーマのひとつであり，今日の心理療法の基礎が形作られた19世紀より，先達は「こころ」と「からだ」の関係に注目してきた。かのFreudが神経学者として出発したのは，その一例である。彼は，最初は「こころ」の外傷が「からだ」に表象されるヒステリーの研究に取り組み，その身体化に至る心身相関のプロセスに無意識界の力動を想定した。20世紀に入ると，「からだ」の専門医療（内科）に，「こころ」の理論や治療法（臨床心理学）が導入されて，心身医学が誕生した。心身症が，「こころ」で起こる「からだ」の病と称されるゆえんである。さらに子どもでは，「こころ」と「からだ」が未分化であり，「からだ」の不調はしばしば「こころ」の危機のシグナルであり，その逆もまたありうる。以上のように，心理臨床において，「こころ」と「からだ」が互いに強く影響しあう関係にあることはよく知られている。

　近年では，特にトラウマケアにおいて「からだ」から「こころ」に働きかける身体療法的アプロー

チ（ヨーガやEMDR，ニューロフィードバックなど）が盛んに実施されるようになっている（van der Kolk, 2014）。その背景には，脳科学の発展により心身相関における脳の役割がさらに深いところまで明らかになってきたことが関連していよう。最近の欧米の心理療法の理論は，心－脳－身の相関に関する最新の解剖学的・生理学的知見を取り入れる傾向にあり，心理療法の効果を脳機能の変化から検証しようとする研究も多い（黒木, 2016）。2000年のノーベル生理学医学賞を受賞した脳科学者のKandel（2013）は，「心理療法は，生物学的治療法である。ブレイン・セラピーなのだ」と断言している。こうした新しい「こころ」と「からだ」の心理臨床を私たちはもっとよく知るべきだろう。

　しかしながら，一部の例外を除けば，心理職の多くは「からだ」を扱うことが苦手であるように思われる。それは，なぜだろうか。今回の特集では，まずはこの点から考えてみたい。

## II　心理臨床が「からだ」が苦手な理由

　心理臨床の専門家が「からだ」を扱うことが苦手である理由の第一は，定式化された心理療法の大部分が，言語的操作，すなわち，コトバによる

働きかけを主体としているからである。これもまた Freud が，自由連想法というコトバを介する技法を創始したことを思い起こすと良い。おかげでセラピストは，「からだ」に直接触れることなく，コトバを介して，イメージとして心身相関を扱えるようになったのである。自由連想法に限らず，クライアントのコトバをセラピストが傾聴してイメージを共有する技法は，一般に心理的支援の基本とされている。反面，「こころ」と「からだ」の実体よりもコトバがもたらすイメージが優先するようになり，「こころ」を「からだ」よりも高い地位に置くようになった。健全な「からだ」は健全な「こころ」に宿るというようなものである。そのうえ，わが国の臨床心理学教育の指導者層には，相談室におけるコトバを介する心理療法，すなわち，対話心理療法の専門家が多いので，当然ながら「からだ」よりも「こころ」に重点を置いた心理職が育つ傾向にある。

　心理職が「からだ」を苦手とするもうひとつの理由は，クライアントの「からだ」にセラピストが触れることが倫理的にもタブー視されているからであろう（Phelan, 2009 ; Guindon, Packard & Charron, 2017）。すなわち，クライアントとセラピストの身体接触（body touch）は，互いの退行を促し，特に両者が異性同士である場合には，誤れば性的関係に陥るリスクを高めると懸念されている。それゆえ，セラピストはクライアントの「こころ」により近づこうとする一方で，「からだ」からは距離を取るように努めようとする。

　実際，「からだ」に働きかけるアプローチを専門にする心理療法家は，同業の心理臨床の専門家たちからは胡散くさく思われてきた[注1]。これは，近代の心理療法がオカルティズムの流行とともに発展してきた歴史にルーツがあり，20世紀初頭のわが国では民間の「精神療法」家によって「手当て療法」が広まった（栗田・塚田・吉永, 2019）。当時は，「精神療法」と言えば「霊術」の同義語だったのである。

　たとえ「からだ」への働きかけが性的な接近の

ニュアンスを含まない場合であっても，コトバによる介入と比べて，その質と量をコントロールしにくい点も心理職には難しく思われるのではないだろうか。確かにセラピストによる身体接触は，それが適切に行われる場合は，クライアントに原初的な安全保障感をもたらし，その存在を受容するものとして治療的意義が大きい。しかしながら，身体接触の程度と焦点付けを十分にコントロールすることが経験の浅いセラピストには困難であるため，しばしば，やりすぎや的はずれになってしまうリスクが大きくなる（神田橋, 1990）。

　興味深いことに，海外では多くの心理療法家が，身体接触（クライアントを抱きしめたり，撫でたりすることを含む）の有効性を認めているという（Phelan, 2009 ; Guindon, Packard & Charron, 2017）。アメリカ心理学会（APA）の倫理規定も身体接触を禁じているわけではなく，クライアント側から違法行為として訴えられることも滅多にないらしい。とはいえ，身体接触の是非をめぐってはさまざまな意見があり，その適用に関する一定のガイドラインの策定が求められている。

　なおわが国では，医療機関において，患者の「からだ」への働きかけが治療目的で行われる場合，医師の医学的判断および技術をもって行うべき医行為と判断されるため，心理職がそれを実施するためには医師の指示が必要となるだろう。本特集・岩井論文も参照されたい。

## III　「こころ」と「からだ」の文化的関係

　そもそも「こころ」と「からだ」の関係は，欧米では，心身二元論を提唱した Descartes 以来，心身問題（mind-body problem）として哲学の領

---

注1）Freud も，最初は患者の頭や首をマッサージしたりしていたらしい。しかし，まもなく精神分析の科学的正当性を主張するために，患者への身体接触を止めた。当時のウィーンの医学界からいかがわしく見られることを避けたのである。一方，門下の Ferenczi は，外傷体験のある患者を抱擁するなど，心理療法における身体接触の有効性を提言し，Freud と対立した（Phelan, 2009）。

域では長年にわたって議論されてきた。19世紀における心理学の登場も，哲学と生物学や物理学の方法論が合流し，心身問題の解決を目指したものである。ここでは，名著として名高い『看護のための精神医学』（中井・山口，2004）より心身問題に関する記述を引用したい。中井は「（心身問題を）考えすぎないための資料」として，次の点を列挙している。

　①２つは別々に離れているわけではないのに，「こころ」から始めるといくら行っても「からだ」に達せず，「からだ」（脳）から始めるといくら行っても「こころ」に達しない。
　②「こころ」と「からだ」を分けておくほうが，人間が生きるのに便利なようになっている。脳と「こころ」は紙の表と裏のようなもので，２つに分けることもできないが，同時に両方から眺めることもできない(注2)。
　③「こころ」と「からだ」とは，眠っているときは区別があやしくなる。
　④「こころ」と「からだ」は，文化によって分け方が違う。
　⑤「こころ」対「からだ」の分け方は，それぞれがモデルである。

　中井が特に強調したのは，④と⑤の点である。「こころ」と「からだ」の二元論は，所詮，欧米の考え方であって，日本人も，表向きは同じ２つで良いが，いざとなると「あたま」「気」「からだ」の３つに分かれるのではないかという(注3)。うち，不調になると最も苦しく，尾を引くのは「気疲れ」であり，これは「対人関係に関連した疲れ」を指す。なるほど，私たちの文化では「こころ」と「からだ」の間に，もうひとつ，人と人との関係性につながる「気」が入ってくるのであろう。したがって，精神科医療の対象は，単純に「こころ」の病というよりも，「気」の病と言うべきかもしれない。中井は，河合隼雄の「こころとからだの中間の病気です」という発言を紹介している。
　精神疾患の症状の表れ方には，地域差，文化差

があることも知られている。例えば，東アジアのうつ病や不安症の患者は，欧米の患者と比べて，身体症状の愁訴が多い（Kirmayer, 1984）。「こころ」か「からだ」かの重み付けには文化差があるようである。ということは，心身相関にかかわる臨床実践においても文化差を考慮すべきであろう。中井（1991）も，「西欧人分析者が『身体化』を低級な防衛機制と見ることは偏見であって，それは，精神を神に，肉体を悪魔に近いものとしたキリスト教文化の文脈において理解されるべきものであり，臨床的にはいわれのないことである。それどころか『身体化』こそ重要な再健康化への機制でありうる」という土居健郎の見解を紹介している。
　改めて，現在，私たちが依拠している心理臨床の理論や技法のほとんどは欧米の心身二元論に由来しており，それゆえ，往々にして「からだ」を「こころ」よりも見下す傾向に陥りがちである点に注意を促したい。一方，私たちが支援する患者やクライアントの文化的背景においては，「こころ」と「からだ」の関係はそれとは異なっている可能性がある。文化に根ざした「こころ」と「からだ」の抱え方に注目する必要があろう。森田療法や臨床動作法など，わが国の独創的な心理療法が生まれた背景にも，私たちの文化に特有の「こころ」と「からだ」の抱え方が関連している。

## IV　おわりに──コトバの心身相関

　先に私たちはコトバを主体する働きかけを専門にしているために，「からだ」をなおざりにしやすいと述べたが，実はコトバも心身相関の産物で

注2）冒頭に述べたように，現代では「こころ」を支える脳の機能が重視され，心脳一元論が優勢になっている。しかしながら，私たちの脳はおのれ自身の仕組みを本当にわかるのかという難問が残り，最終的な解決には至っていない。
注3）一方，「心身一如」とか「身心不二」といって，「こころ」と「からだ」が一元化する場合もある。時と場合によって，「こころ」と「からだ」の領域の分かれ方が異なってくるのが，日本の文化なのかもしれない。

ある。コトバは，肺から押し出された空気が声帯を震わせ，口腔や鼻腔，舌の筋肉の変化が共鳴を生じて発せられる。かようにコトバは「からだ」が発声するものである。面接はなにより vocal communication であるという Sullivan の指摘が思い起こされよう。コトバを音声として聴き，クライアントの呼吸や声のトーンに注意を払いたい。そうすると，コトバが運ぶイメージも活き々々としてくるだろう。

さらに飯盛（2004）は，心身問題に取り組んだ代表的な哲学者である Merleau-Ponty が命名した母語における概念的意味と所作的意味を援用し，コトバを介する心理療法とは，概念的意味＝「硬いコトバ」と所作的意味＝「柔らかいコトバ」との二重奏であると述べている。コトバには両義性があり，概念水準においては，その辞義通りの意味を担い，記号や標識として対象を明示するものとして経験的に使用されており，その意味は一義的で明快かつ安定している。一方，所作的水準においては，コトバは，身体所作と深く結びついており，辞書では明確に定義しにくく，その輪郭は曖昧で混沌としているが，母語に親しんだ者にとっては直感的にその意味が理解できる。例えば，「粘性」とは概念水準の「硬いコトバ」であるが，それよりも「ネバネバ」という所作的水準の「柔らかいコトバ」には，母語ならでは身体所作的，感覚的，そして情動的な意味を感知できる。こうした「硬いコトバ」と「柔らかいコトバ」のハーモニーを奏でられるようになれば，「こころ」と「からだ」をともに抱えるコトバとなるだろう。

▶ 文献

Guindon M, Packard R & Charron N（2017）The ethics of touch in the helping relationships. In : R Rovers, J Malette & M Guirguis-Younger : Touch in the Helping Professions : Research, Practice and Ethics. Ottawa : University of Ottawa Press, pp.213-236.

飯森眞喜雄（2004）統合失調症，詩歌，母語—精神療法における言葉. In：北山修，黒木俊秀 編著：語り・物語・精神療法. 日本評論社, pp.3-25.

神田橋條治（1990）精神療法面接のコツ. 岩崎学術出版社.

Kandel E（2013）The new science of mind. The New York Times, September 6.

Kirmayer L（1984）Culture, affect and somatization : Part I. Transcult. Psychiatry 21 ; 159-188.

栗田英彦，塚田穂高，吉永進一 編（2019）近現代日本の民間精神療法—不可視なエネルギーの諸相. 国書刊行会.

黒木俊秀（2016）エビデンスを超えて通いあう—サイコセラピーの科学. 日本サイコセラピー学会雑誌 17 ; 5-13.

中井久夫（1991）精神科の病と身体—主として分裂病について. In：中井久夫著作集 精神医学の経験 4 巻（治療と治療関係）. 岩崎学術出版社, pp.34-50.

中井久夫，山口直彦（2004）看護のための精神医学 第 2 版. 医学書院.

Phelan JE（2009）Exploring the use of touch in the psychotherapeutic setting : A phenomenological review. Psychotherapy Theory 46 ; 97-111.

van der Kolk B（2014）The Body Keeps the Score : Brain, Mind, and Body in the Healing of Trauma. New York : Viking/Penguin.（柴田裕之 訳（2016）身体はトラウマを記録する—脳・心・体のつながりと回復のための手法. 紀伊國屋書店）

🐟 [特集] 心身相関の心理臨床

# 心身相関の基盤としての脳

**富田 望** Nozomi Tomita
早稲田大学人間科学学術院

**熊野宏昭** Hiroaki Kumano
早稲田大学人間科学学術院

## I　はじめに――心身相関とは何か

　心身相関（mind-body relationship）とは，心と身体は常に互いに密接な関係にあり，身体の状態が精神の在り方に多大な影響を与え，逆に精神の在り方が身体の状況に影響を与える現象を意味する用語である（白倉, 2013）。図1は，人間を複数のサブシステムから構成されるものとして捉えた心身相関マトリックスである（熊野, 1993）。このモデルでは，人間を，言葉を使う人間が作り出す社会環境と，人間以外の生物も含む自然環境の両方にインターフェイスをもち，そのうえで身体，心，その間にあって両者の影響を受けながら存在している情報体の三者より成り立つ存在として捉えている。そして，心身を分けずに人間を見ていこうとする狭義の心身医学は，中層を扱う心身相関医学と情報体を扱う心身一如医学の2つを含み，全人的に人間を見ていこうとする広義の心身医学（生物・心理・社会・生態学モデルに基づく医学）は，この図の周囲の4つの領域（身体・心・下層・上層）を含むものとして整理できるとしている。つまり，心身相関において注目をする心理的因子とは，不安，抑うつ，怒り，悲しみ，恐怖，喜びなどの感情を指し，身体的因子は，消化器系，循環器系，呼吸器系などの各臓器の働きを指すことになるが，その両者を結ぶものとして，生体機能調節系としてまとめられる自律神経・内分泌・免疫系の働きも重要である（久保, 2012）。

　心と身体を結ぶ「脳」を含む生体機能調節系の機能については，かつては十分に明らかにされておらず，生体をシステムとして考え，入力と出力のバランスから脳機能を推測するという「ブラックボックス理論」の考え方が一般的であった（野村, 2012）。そして，脳の機能を明らかにする「ホワイトボックス化」の探求は，まずは動物実験レベルで試みられ（野村, 2012），生体機能調節系の中枢としての視床下部や下垂体といった脳部位に焦点があてられていた。その後，fMRIやPETといった脳画像研究の発展によって人を対象とした脳科学研究が促進され，大脳辺縁系や大脳皮質を含めた理解が可能となり，心身相関から心－脳－身相関の医学へと急速な発展を示してきた。さらに，従来は，心身相関というと病気の発症や維持に心理社会的要因が関わる「心身症」の研究が中心であったが，心－脳－身相関の解明が進んだことによって，脳の病気であるうつ病や不安症も心身相関の枠組みから理解しやすくなったことも重要な点である。本稿では，心身相関の基盤とし

【自然環境】

| 〔身体〕 | 〔情報体〕 | 〔心〕 | |
|---|---|---|---|
| 遺伝子 | 動因 | 人格 | 〔上層〕 |
| 器官 | 免疫系<br>内分泌系<br>神経系<br>筋骨格系 | 感情 | 〔中層〕 |
| 生理現象 | 行動 | 認知 | 〔下層〕 |

【社会環境】

図 1　心身相関マトリックスによる理解（熊野，1993）

ての脳について解説を行い，心身症，うつ病や不安症をその観点から整理する。

## II　ストレスと脳

　これまで，生体にストレッサーが加わった場合の生理的ストレス反応を測定することによって，前節で取り上げた心身相関の仕組みが明らかにされてきた。そのため，心身相関における脳の働きを理解するには，ストレス研究のなかで取り上げられてきた脳の働きが大きな意味をもつことになる。そこで，ストレスに関わる脳の経路を示したのが図 2 である（熊野，2007）。また，表 1 にはそれぞれの脳部位と生体機能調節系の働きについて概要を記載した。図 2 や表 1 で示したように，生体がストレッサーを知覚すると，視床下部や脳下垂体からの信号によって自律神経系・内分泌系・免疫系からなる生体機能調節系が活動し，心拍数の増加や血圧の増加といったストレス反応が生じる。このような生理的変化によって，身体は恒常性（ホメオスターシス）を維持するように調節される。

　動物実験でストレス反応を引き起こすストレッサーは，全身性（systemic）ストレッサーとプロセス性（processive）ストレッサーに分けられ，その種類によってストレッサーの入力から視床下

部までの脳の経路が異なることが明らかにされている（Herman & Cullinan, 1997）。全身性ストレッサーとは，全身性の炎症や浸透圧の変化など命に直接関わるようなストレッサーを指す。一方，プロセス性ストレッサーとは，恐怖条件づけや拘束などのように情動反応を伴うものを指す。Herman & Cullinan（1997）は，ラットに全身性ストレッサーとプロセス性ストレッサーを与えたときの脳の反応を調べた。その結果，全身性ストレス条件では，身体から入った情報は高次の中枢である大脳皮質を介さず，脳幹の延髄から視床と視床下部に直接伝達されてストレス反応が起こった。一方，プロセス性ストレス条件では，最初に大脳皮質と大脳辺縁系の賦活が見られ，そこから視床下部へ伝達されていった。

　上記のうち，心身相関に関わるものはプロセス性ストレスのほうであり，人の心理社会的ストレスもそれに含まれる。そして，「頑張りすぎたな」「無理をしすぎたな」と認識するのが大脳皮質で，「つらい」「いやだ」といった情動に関わるのが大脳辺縁系，特に扁桃体，海馬，帯状回といった部位ということになる（熊野，2007）。このように，心身相関では，「感覚器でストレッサーが知覚されると，大脳皮質と大脳辺縁系において認知的反応と情動的反応とがやりとりをしながら自らに負担がかかっていることを認識し，その信号が視床下部に伝達されていくことで末梢臓器・行動面・心理面のストレス反応が表出する」という脳の経路が基盤として働いている。

## III　心身症，うつ病や不安症と脳の関連

　心身相関の経路は，急性のストレス反応においては我々の身体や心が常に一定のバランスを保てるように，一過性，機能的・適応的に働いている。しかしながら，長期間ストレッサーに曝されつづけると，急性のストレス反応から器質的・機能的変化を伴う身体の慢性的変化や精神・情動の慢性的変化へと発展する。心身症やうつ病・不安症は，いずれもプロセス性ストレッサーに関わる経路を

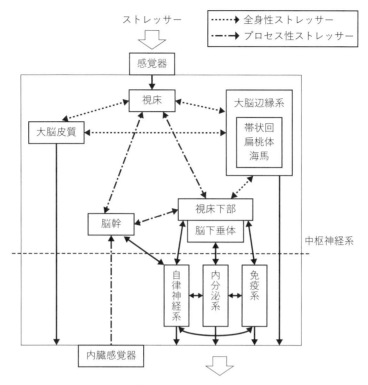

図2　ストレスに関わる脳部位間の情報伝達経路（熊野，2007）

（筆者注：視床に直接入力する感覚には，視覚，聴覚，嗅覚，味覚，平衡感覚が含まれ，末梢から脳幹を経由する感覚には，内臓感覚のほか，皮膚感覚，運動感覚が含まれる。そのため，内臓感覚だけでなく，痛みや熱さ・寒さなどのストレッサーも，脳幹を経由することになる）

表1　ストレスや心身相関に関わる脳部位の働き（表上段）と生体機能調節系の働き（表下段）

| 名称 | 概要 |
|---|---|
| 視床 | あらゆる感覚情報を中継し，適切な脳全体に伝達する，感覚情報の中継地点としての役割を担う。 |
| 大脳皮質<br>（前頭前野） | ワーキングメモリー，注意，自己意識，意思決定，共感，情動，意欲，衝動制御，反応制御といった高次機能を担う。 |
| 大脳辺縁系 | 情動の学習（レスポンデント学習）や反応を司り，エピソード記憶に関わり，注意制御や自律神経系・内分泌系の反応にも関わる。 |
| 脳幹 | 大脳と脊髄を結ぶ位置にあり，呼吸，心拍，血圧，体温といった生命維持に重要な働きを司る。末梢からの内臓感覚情報を中継する。 |
| 視床下部 | 生体機能調節系の中枢。放出ホルモンを分泌することで，脳下垂体から下記の通りの刺激ホルモンを分泌させる。 |
| 脳下垂体 | 甲状腺・副腎・性腺などの内分泌腺を制御する刺激ホルモンを分泌し，ホルモンの分泌を調節する。視床下部，副腎とともに内分泌系のストレス反応を制御する。 |
| 自律神経系 | 交感神経と副交感神経から構成される。緊急反応時には，直ちに交感神経系によって血圧上昇や心拍数の増加がもたらされ，「戦うか，逃げるか」に適した全身状態がつくられ，安静時には副交感神経系によって逆の状態がつくられることでエネルギーが補充される。 |
| 内分泌系 | 内分泌腺から血液中にホルモンが分泌され，必要な臓器に運ばれる。緊急時には，アドレナリンが副腎髄質から分泌され「戦うか，逃げるか」の全身状態が数時間続く。次に，視床下部－下垂体－副腎皮質の働きでコルチゾールが分泌され，数日間，維持される。 |
| 免疫系 | 白血球やリンパ球の集団が，サイトカインという物質で相互に情報伝達をすることでネットワークを全身に張り巡らせ，「自己」以外の異物（細菌，ウイルス，腫瘍細胞など）を排除する。免疫系の反応はストレスにより短期的には増強，長期的には減弱する。 |

たどっており，さらにはストレス反応の慢性的変化がもたらされた病態といえる。しかしながら，心身症は身体疾患，うつ病や不安症は精神疾患という重要な違いがある。さらには，心身相関の基盤となる脳においても，病態と密接に関わる脳部位が異なる。

　心身症とは，病気の発症や維持に心理社会的ストレスが関わっている身体疾患のことを意味する。心身症患者には感情の言語化や表情による表出が困難な「失感情症」の例が多く，心身症を理解するうえで，失感情症は鍵となる概念である（粟生，2013）。情動体験の言語化ができない場合，言語化の過程に直接問題があるのか，情動体験自体が障害されているのか，個々のケースで異なることが推測される（粟生，2013）。先述のように，情動の発現は大脳辺縁系が役割を担い，大脳辺縁系から大脳皮質へ情動信号が送られることで情動の認知や言語化が達成される。そのため，辺縁系−皮質連絡に障害があると感情の認知に障害が起こる（粟生，2013）。心身症においては，大脳辺縁系・大脳皮質，視床下部という心理的ストレッサーの経路をたどるものの，「無理をしすぎたな」「つらい」といった情動の変化が自覚されることなく生体機能調節系に影響が及ぶ。そのため，心身症を理解するうえで実際に強調される脳部位は，生体機能調節系の中枢である視床下部・下垂体であるといえる。一方で，心身症は身体疾患であるということから，内臓感覚器から入力される身体反応が心理的反応に影響を及ぼす「身心相関」の視点も重要である。過敏性腸症候群に関する近年の研究では，内臓感覚が脳に信号を与え，内部感覚に対する不安等の情動反応が生じ，生理的反応がさらに高まるというプロセスも指摘されている（福土ほか，2009）。

　うつ病や不安症については，ストレッサーに誘発された大脳辺縁系の機能亢進状態が，内分泌系の重要な働きを担う視床下部−下垂体−副腎系（hypothalamus-pituitary-adrenal：HPA系）を賦活することが報告されている（田代ほか，2005）。

また，うつ病においては，海馬の神経新生が抑制されることが報告されており，HPA系の過活動が抑制の一因であると推定されている（神庭，2006）。さらに，大脳皮質の機能低下によって，感情や行動の制御が難しいことも，うつ病や不安症を理解するうえで重要な点である。このように，うつ病や不安症では大脳皮質および大脳辺縁系の機能異常が視床下部・下垂体へ影響を及ぼすことでストレス反応を高め，うつ病においては疲労感，微熱，頭痛，不安症においては慢性的な筋緊張，発作性の動悸や胸痛といった自律神経失調症状なども引き起こす。以上をふまえると，うつ病や不安症を理解するうえで重視されるべき脳部位は，大脳皮質・大脳辺縁系であるといえる。

## Ⅳ　まとめ

　本稿では，心身相関の基盤となる脳の働きについて，心身相関を研究する手段として多用されてきたストレス研究における知見を踏まえて解説を行った。

　心身相関では，感覚器でストレッサーが知覚されると，大脳皮質と大脳辺縁系において認知的反応と情動的反応とがやりとりをしながら負担の程度を認識し，その信号が視床下部に伝達されていくことで，末梢臓器・行動面・心理面のストレス反応が表出するという脳の経路が基盤として働いている。

　心身症とうつ病や不安症はともに心身相関の観点からその病態を理解できるが，脳内における病態の責任部位が異なっている。心身症を理解するうえで強調される脳部位は，生体機能調節系の中枢である視床下部・下垂体である一方で，うつ病や不安症を理解するうえで強調される脳部位は，大脳皮質・大脳辺縁系である。

　心身症は身体疾患であるということから，内臓感覚器から入力される身体反応が心理的反応に影響を及ぼす「身心相関」の視点も重要である。

　心−脳−身相関の解明が進んだことによって，うつ病や不安症を心身相関の観点から捉えやすく

なった。うつ病や不安症は精神疾患であるが，ど
ちらもさまざまな自律神経失調症状を呈するた
め，心身相関の脳内基盤を理解しておくことが重
要である。

▶ 文献

粟生修司（2013）情動のしくみ. In：久保千春 編：心身
　　医学標準テキスト 第3版. 医学書院, pp.42-51.

福土審, 金澤素, 鹿野理子ほか（2009）過敏性腸症候群に
　　おける脳腸相関（シンポジウム：脳科学による心身症の
　　解明 [2008年 第49回日本心身医学会総会（札幌）]）.
　　心身医学 49；299-304.

Herman JP & Cullinan WE（1997）Neurocircuitry of
　　stress : Central control of the hypothalamo-pituitary-
　　adrenocortical axis. Trends in Neurosciences 20；78-84.

神庭重信（2006）ストレスから精神疾患に迫る―海馬神経
　　新生と精神機能. 日本薬理学雑誌 128；3-7.

久保千春（2012）心身相関医学の最近の進歩. In：久保木
　　富房, 久保千春, 野村忍, 不安・抑うつ研究会 編：心
　　身相関医学の最新知識. 日本評論社, pp.2-17.

熊野宏昭（1993）システム論による心身医学. イマーゴ 4
　　；66-79.

熊野宏昭（2007）ストレスに負けない生活―心・身体・脳
　　のセルフケア. 筑摩書房.

野村 忍（2012）心身相関から心−脳−身相関へ―まとめ
　　にかえて. In：久保木富房, 久保千春, 野村忍, 不安・
　　抑うつ研究会 編：心身相関医学の最新知識. 日本評論社,
　　pp.182-189.

白倉克之（2013）精神科からみた心身相関. In：日野原重
　　明, 宮岡等 監修：脳とこころのプライマリケア 3―こ
　　ころと身体の相互作用. シナジー, pp.460-472.

田代学, 鹿野理子, 福土審, 谷内一彦（2005）ヒトの情動
　　メカニズムにせまる脳イメージング研究の進歩. 日本薬
　　理学雑誌 125；88-96.

［特集］心身相関の心理臨床

# アフォーダンスからの希望

染谷昌義 Masayoshi Someya

高千穂大学

## ❶ 「私が…する」からの解放

　私はいまこの文章を書いている。私は両手の指でキーボードをタップし，眼の前のパソコンの画面に次々に打ち出される文字を見る。そして文字を読みながらキーボードを叩きつづける。私は右脇のコーヒーカップの持ち手の穴に，右手人指し指を通す。持ち手の上面は親指の面で押し，下面は中指の第二関節付近に乗せ，上腕と肩にも手伝ってもらってカップを持ち上げ口元まで持っていく。私はコーヒーを飲む，もちろん口から。

　「私が書く」「私が見る」「私が持ち上げる」「私が飲む」――「私が…する」。自分の行為を記述するとき，私なる何者かが「書く」や「見る」や「持ち上げる」や「飲む」という動作（「見る」が動作であることには異論もあるかもしれないが）を実行する様子が描かれる。起点であり司令塔であるのは「私」，そしてその私がある動作を作り上げコントロールし成し遂げる。「私は…する」という行為のできあがり。

　それがどうかした？　一体，こうした行為の描き方の何がいけないの？

　もちろん日本語の文法が間違っているとか意味がわからないというのではない。またそういう言

い方を何が何でもやめろと言いたいわけでもない。ここで言いたいのは，こんなふうに行為を記述するとき，知らず知らずのうちに，人間を含むこの地球に生息する生き物についての見方，生き物を取り囲む周囲環境についての見方，さらに生き物と周囲環境との関係と交わり（コミュニケーション）についての見方を，ある一定の型式に押し込んで理解しているということである。そしてこの種の理解は，周囲との関係を作り直そうとする試みに少なからず影響を及ぼしている。しかもあまりよい影響ではない。

　たしかにフツーの行為記述は，この社会で立派な役目を果たしてもいる。「これは誰がやったことなの？」「それは私がやったことであり君がどう思おうと関係ない」「私のやることにいちいち口を出すな」……フツーの行為記述は，主語に登場する「誰か」に行為を帰属させ，行為の結果の責任をその主体に取ってもらおうと迫る。行為主体の内側には，その行為を選択する意図や意志，その行為をやりたいと思う動機や欲求が探られる。約束を守り自己責任を果たすことが求められる社会では，フツーの行為記述の有用性はあえて言及するまでもない。

　しかし，フツーの行為記述はその有用性と同程

度に害もある。私たちは思ったように振る舞えないとき，周囲を探索してうまく行為できないようにさせている配置を見つけ出し配置を変えることよりも，意志が弱くダラシのない自己を反省することにばかり注意を向ける。行為は，私やあなたが「する」こと，私やあなたが作り出す動作であるという発想があると，うまく行為するには自分の振る舞いや心がけや意欲を反省して改めなければならないと思いがちになる。

　けれどアフォーダンスの発想は，行為をもっと別様にとらえ，フツーの行為記述からの圧迫を弱めてくれる。私たちはアフォーダンスという周囲にある資源を利用して動作を作り行為している。だから，行為がどのような姿を取るのかは，私たちの側以上に周囲の側からの影響を大きく受ける，そう考えるからだ。これから語るのは，アフォーダンス概念を使うと行為はどう記述できるかということである。ただし少しだけ欲張りをして，この概念が照らし出す生き方への指針も「アフォーダンスからの希望」として示してみたい。

## II　アフォードする環境，動作を調整する生き物

　アフォーダンス（affordance）は，アメリカの知覚心理学 James J Gibson（1904 〜 1979）が独創的な知覚と行動についての考え方を練り上げるなかで，動詞アフォード（afford ＝与える，提供する）を名詞化してオリジナルに作り出した概念である。アフォーダンスは，環境の性質でありながら動物の性質も同時に意味する点でちょっと変わっている。

　Gibson の用いた例で見てみよう。地面という環境の部分には，陸棲動物を「支える」というアフォーダンスがある[注1]。傾きや凸凹がなく，ほぼ平らで，動物の大きさに対して十分な広がりをもっていて，動物の重量が加えられても沈んだり凹んだりしない頑丈な表面は，その動物を支えることをアフォードする。こうした表面は，四足動物や二足動物がその上で「立つ」「跳ねる」「歩く」「走る」といった行為をできるようにする。

　アフォーダンスとは，ある動物がそのとき置かれた周囲環境でできる行為を含意した環境の性質，つまりある周囲環境における行為の可能性や行為の機会のことである。

　環境がもっているこのような行為の機会は，それぞれの動物の性質に対して相対的である。たとえば水面は，アメンボには「支える」アフォーダンスをもってはいても，ヒトやイヌには支えるアフォーダンスをもたない。大人には「飛び越えられる」アフォーダンスをもつすき間は，子どもには「落下」をアフォードする。水面がもつ「傾き」「平らさ」「広がり」「頑丈さ」は，動物の性質によって「支え」（アメンボ）にもなれば「沈む」（ヒト，イヌ）にもなる。アフォーダンスは，そのときの姿勢や運動を含む，動物がもつたくさんの性質に対する相対的な性質であるため「物理学で測定するようには測定できない」。だから Gibson は少し難しい言い方で，アフォーダンスのことを「主体と客体を横断し，物理的でありかつ心理的でもありながらそのどちらでもない性質」「環境と観察者（知覚し行動する動物）の2つのあり方を指し示している」と形容する。

　Gibson の生態学的知覚論の要は，動物はこのアフォーダンスを直接知覚するというものだ。たとえば，椅子の「座ることができる」というアフォーダンスを見る場合，椅子のこのアフォーダンスを教えてくれる光の情報が空気中にあるので[注2]，見回したり移動したりしてこの情報を発見すること自体がアフォーダンスの知覚となる。さらに「座ることができる」ことを教える情報の発見は，椅子に座るまでの動作の制御へと接続される。椅子を見ている人の動作に応じて椅子の見

注1）以下の説明は，ギブソン（1986 [pp.137-138]）を利用している。
注2）アフォーダンスの直接知覚を支える根拠は「情報にもとづく知覚論」と呼ばれる。Gibson 独自の情報概念と情報にもとづく知覚論はアフォーダンス概念に劣らず重要である。ここでは情報の説明は割愛するが，詳しくは前掲書の第14章や，染谷（2017）の第2章を参照願いたい。

え方は変わり，引き続き椅子のアフォーダンスは知覚されているのだが，この見え方の変化は，椅子とそれを見ている私とがどのような位置関係にあるのかを教える情報ともなる。そのため，いま体はどのように動いており，これからどう動かせば椅子に座るまでに至るかという，椅子を見ている人の行為の事実と今後の行為の可能性も教えてくれる。これが，アフォーダンスが環境の性質であり，同時に動物の性質も指し示すということの意味である。動物をそのとき包囲している環境の性質は，動きながら環境を知覚する動物自身の姿勢や動作がどうであるか（行為の事実）をも同時に教えてくれる。周囲と行為との知覚は，自己の行為をその周囲のなかで調整し制御することの裏返しである。Gibson の言い方では「見るために動き，動くために見る」となる。

　一般的説明を離れ，行為を構成している個々の動作の制御や調整を少し細かく見てみよう。たとえば，モノを手でつかむとき，そのモノがもっている性質に合わせそれにふさわしい仕方で，つかむ手の形やつかみかかる速度が微妙に調整される。千切れやすいティッシュペーパーは破れないように指先でいくぶん慎重につまむ。布製のハンカチならそれよりも慎重さが減り，手のひら全体を使ってつかむ。モノを見て「つかむことができる」アフォーダンスを見て取って，モノをつかむ動作が作られるとき，つかみ動作の調整と制御はモノの性質にマッチするようにかなり細やかに行われる。

　この種の調整された動作が現れる時期は早い。生後 6 カ月以降の赤ちゃんの観察から，月齢が上がるにつれて，モノがもっている性質と一定の対応関係のある行為が増加することがわかっている[注3]。たとえば，赤ちゃんは，硬いモノはテーブルに打ちつけ，ネズミのオモチャはシッポの部分をつかんでブラブラゆらす。鳴子のついたガラガラだとブラブラとは違って音が出るようにゆすり，鳴子を取り去って音が出ないようにするとゆすらない。毛羽立っているモノはなでつける。モ

ノをつかんでいる点では同じでも，さらに細かいアフォーダンスの違い（打ちつけられる，ブラブラゆすれる，など）にふさわしい動作を作る，あるいは学習する。

　モノのアフォーダンスを利用する行為は，モノを見たり聞いたり触ったりすることでモノの性質を探ることと一緒になって，そのモノに相応しい手指や腕や体幹の変形を作り出している（赤ちゃんであれば周囲を知ると同時に周囲に合わせた体の変形を学んでいる）。だから，周囲を五感で知ることと周囲に合わせて自分の体の姿勢と運動を次々に組み替え変化させることは一緒に実行されている。環境にはさまざまなアフォーダンスが存在する。アフォーダンスを利用して行為が形成されるプロセスとは，それらアフォーダンスたちを見たり聞いたりして知覚によって発見し，発見を継続しながらそれと表裏一体的に自己身体の姿勢と運動を変形させていく一連のプロセスなのだ。この意味では，アフォーダンスは行為を形成するために生物が利用する環境の資源である[注4]。

### III　行為は動作の系列

　ところがアフォーダンスと出会って変化するプロセスとして行為を描くこうした筋書きには，まだ足りないところがある。

　観念性失行（ideational apraxia）という行為障害（厳密には障害ではなくエラー）がある。身体に損傷や障害はなく，動作も行えるし，モノを見たり聞いたりすることもできるし，他人からしなさいと要求された行為を理解もできる。しかし要求された行為を順序立てて行うことができない。観念性失行の患者は，目的を達成するための動作の系列を作ることができない。だから「系列動作

---

注3) Palmer（1989）を参照。
注4) アフォーダンスは，進化（系統発生），個体発生・発達，行為のすべての持続水準で生物が利用し自らを変形・変化させる環境資源（選択圧）とみなす立場は，筋金入りの生態心理学 Edward Reed が打ち出した。リード（2000）の第 3 章や，Reed（1985）を参照。

障害」「系列行為障害」と呼ばれることもある。

　たとえば，観念性失行のある脳卒中後遺症者は，お茶を入れることができない[注5]。目の前のテーブルに，お湯の入ったやかん，茶筒，急須，湯のみの4つのモノが置かれている。患者は，これらのモノ単体なら使うことはできる。茶筒を手に取ったり，急須ややかんの取っ手をそれに見合った仕方で手に取って持ち上げたり，急須のフタを開けたり閉めたりできる。けれどもお茶を入れることができない。〈湯のみに茶葉とお湯を入れた後，空の急須でその湯のみに注ごうとする〉〈急須の蓋の開け閉めを繰り返したり急須を持ち上げて揺すったりと，1つのモノだけに関わる動作を繰り返す〉〈湯のみに茶葉を入れた後でやかんから空の急須にお湯を入れ，その急須から茶葉の入った湯のみにお湯を注ぐ〉など，お茶を入れるための順序立った行為ができない。お茶入れ課題は言葉では理解できているにもかかわらずである。

　お茶を入れるときに，やかんからお湯を注ぎ，次に湯のみを差し出し，その後で急須に茶葉を入れることなどしない。お茶を入れる行為は，一定のある程度決まった順序で進行する動作の系列から成り立っている。お茶を入れる経験があればこの一連の行為は難なくできるだろう。観念性失行が興味深いのは，患者はモノ単体のアフォーダンスは知覚できており，そのアフォーダンスを利用してモノにふさわしい動作を作り出せているにもかかわらず，そうした動作を適切な順序で連結させ，目的を達成する大きな行為にまとめることができないからだ。ここにはアフォーダンスに対する大事な教訓がある。

　たしかにアフォーダンスはモノや周囲に備わる行為の可能性・機会に他ならない。しかし，1つのモノや周囲のアフォーダンスをそれ単独で知覚でき動作作りができたとしても，私たちには役立たない。そうした個々の動作を単独でできても，目的となる課題をやり遂げることはできないからである。私たちの日常は，お茶を入れたり，夕飯

を作って食べたり，自動販売機でキップを買ったりと，決まった手順で動作が進まない限り完成をみない行為にあふれている。

　アフォーダンスによる行為の記述に足りないのは，私たちは多数の膨大なアフォーダンスが配置された周囲に生きており，どうやらそのなかからアフォーダンス同士の関係を発見し知覚しそれを利用し行為を作り上げているということである。湯のみのアフォーダンスは，茶筒，やかん，急須，それらを載せるテーブル，テーブルを支える床，床の周囲の壁のレイアウト，壁を含む建物の構造など，いろいろなモノのアフォーダンスに取り囲まれている。そうしたアフォーダンスのプールのなかで，個々のアフォーダンスを順序立てて知覚し利用し動作をつくり，最終目的をやり遂げなければ行為したことにはならない。では，どうすれば一連の動作系列に対応したアフォーダンス同士の「関係」を発見（知覚）できるのだろうか？

　もうひとつ問題がある。1つのモノにもアフォーダンスは無数にある。湯のみは液体を注ぐことができるだけでなく，やろうと思えば，ペーパーウェイトにも画鋲を打ちつける鈍器にも鼻をかんだ後のティッシュ入れにも利用できる。人工物の用途は決まっているとはいえ，それでも無数のアフォーダンスがあるのだから，最終目的を達成するのにふさわしい複数のアフォーダンスの関係を発見するには，アフォーダンスの組み合わせ爆発を克服しなければならない。現に私たちは克服しているはずだ。お茶を入れるときに，湯のみには「湯を注ぐことができる」アフォーダンスを知覚し，それ以外のアフォーダンスは無視される。なぜこんなふうに知覚できるのだろう？

## IV　環境の改変

　生態心理学者のEdward Reedの出した答えはズバリ「環境の構造化・組織化」である[注6]。私

---

注5）以下の記述は，南（2001），南ほか（2009）を参考にした。
注6）リード（2000 [pp.254-258]）を参照。

たちは，道具を作り，場所（住居，労働場所，耕作地など）を作り，生活に時間的秩序を設けることで，特定のアフォーダンス群を際立たせ，別のアフォーダンス群を目立たなくした環境——改変された環境，構造化され組織化された環境——を用意した。この環境では，一定のアフォーダンス群が組織的に配置され「課題（タスク）」という単位を形成している。そのアフォーダンス群を順序立てて利用する行為コースが「技能（スキル）」という単位としてまとまり，課題に一対一に対応するようになっている。

「お茶を入れる」という課題をアフォードする一定の周囲があり（この周囲には，湯のみや茶葉の入った茶筒や急須やポットが配置されている），この課題に対応する技能がある。お茶を入れる文化圏で発達する子どもたちは，「お茶入れ課題」として組織化されまとめられたアフォーダンス群が備わる環境（たとえばキッチン）のなかで，この課題と対になった「お茶入れ技能」なる知覚 - 行為の系列を学習する（他人のお茶入れ技能を知覚し模倣する）。「ヒトの子どもが成長する環境は，一定のアフォーダンスたちが慎重に選ばれ，モノや場所や出来事を慎重に組織化する活動があちこちで行われている環境，ある意味では，この集団的努力からなる活動へ参加してほしいという期待まで備わった環境である」[注7]。お茶を入れるための諸道具（アフォーダンス群＝課題）が備わり，お茶を入れる手順（動作群・動作系列＝技能）が定まった環境（改変された環境）での発達と学習を通して，私たちはアフォーダンスの関係の知覚やアフォーダンス群の組み合わせ爆発を回避できるようになった[注8]。もちろん，お茶入れだけでなく，その他のさまざまな生活上の課題とそれを成し遂げるさまざまな行為コースがある。それらは，地域・場所や時代により文化的な特性を帯びながら，日常生活のルーティンとなる[注9]。子どもの発達や学習が，養育者たちの設けた環境のなかで養育者たちの示すお手本を環境の一部としながら行われる限り，子どものアフォーダンス知覚

とその利用行為は，社会・文化的環境を支えとし，この種の改変された環境に強く依存している。

## Ⅴ　周囲を変える・自己を変える

これまでの見方からすると，行為とは，環境のアフォーダンスを知覚し，アフォーダンスの求めに合わせて動作を調整し変化させる活動に他ならない。そして環境には，他者たちの集団的活動も含まれる。アフォーダンスの発想からは，行為とは，周囲環境との相互作用が進行するなかから，生き物と環境とが協働して形作るものとなる。行為はいつでもすでに開始してしまっている。その途切れることなく進行する行為が，環境（アフォーダンス群）と出会い交わるなかで，調整され変形されつづけている（眠っているときは唯一の休憩かもしれない）。しかも行為が調整され変形する方向は，他者によって組織化された環境（たくさんの課題）のなかで技能として学ばれる。こうした観点からすれば，行為を「私」や「あなた」が「する」ものだという見方は，あまりにも事態を単純化しすぎている。好意的にみても，フツーの行為記述が表現するような行為が生活のなかに登場するのはかなり珍しいのではないか。

アフォーダンスの発想の大元には，行為を「周囲環境との相互作用の進行に変化が起こる」こと，つまり「ある周囲環境のなかで動作に変化が起こる」こととして把握する環境観と行為観がある。冒頭の「パソコンのキーボードを打っている私がコーヒーを飲む」場面に戻れば，「私が飲む」行為は，すでに進行中の周囲環境との相互作用（パソコンのキーボードを打つ動作）がアフォーダン

注7）前掲書 p.258。読みやすさのため原典を参照して訳文を一部改めた。
注8）もちろん，そうは言っても，一回一回のお茶入れ課題では行為に小さなスリップが生じる。たとえば，湯のみに伸ばそうとした手が急に茶筒のほうに向けて方向転換するなど。こうしたスリップが「マイクロスリップ」と呼ばれ，行為が環境のアフォーダンス群に出会って逡巡している様子をうかがわせる。マイクロスリップについては鈴木（2001）参照。
注9）リード（2000 [pp.303-311]）参照。

ス（飲むことができる）に出会って（飲む動作に）変形するプロセスのことである。ここには，行為（行為を形成している個々の動作）を，私やあなたが能動的に一方的に作り上げるといったイメージはない。私やあなたの意志や責任だけが行為の原因や理由として問いただされることはない。繰り返しになるが，行為は，周囲環境との相互作用の進行のなかで，生き物と環境とが協働して形作る。そして行為がそのように生態学的に描かれるならば，私たちの生き方への留意点も，自己と環境との見方もだいぶ変わると私は思う。

　もしも私たちがいま，うまく行為ができずに生きにくさや辛さや悩みを抱えているならば，どうすればよいだろうか。うまく行為できない「私」や「あなた」が責任を感じ，自己の内部に反省の目を向けて自己嫌悪の閉じこもりをするのはやめよう。反対に，周囲をよく見回し探索し，アフォーダンスの配置や利用順序を見直してみよう。周囲に配置された課題とそれが要請する技能が多すぎて，あるいは複雑すぎて，手に負えなくなっていないだろうか。課題を成し遂げるための技能はまだ学んでいないのかもしれない。あなたが過ごす一日には，どんなアフォーダンス群がどんな順序で配置されているだろうか。アフォーダンスの配置換えをすることはできないだろうか。配置換えしたアフォーダンス群を知覚し利用できる技能を新たに学ぶことはできないだろうか。

　脳卒中後遺症者には，回復過程で，お茶を入れる際，湯のみや急須ややかんや茶筒をスムーズに利用できるようにそれらモノの配置を変える動作が出現し始める。前もって湯のみを移動させて，自分の手前に操作する空間を広げたり，すでに利用し終えてしまった茶筒を外のほうへ置いたりして，お茶を入れるゴールにたどりつく。テーブルの上のモノの配置を見回し，モノの配置を変え，お茶入れの動作系列を発見できるようになる。

　自己を変えるには周囲を変えよ（自分の行為を変えたいなら自分の周囲を変えなければならない）——これがアフォーダンスの発想から見えてくる人生への指針である。もちろん周囲の変え方はいろいろある。けれど周囲をどう変えるのがベターなのかも，周囲をよく探索することからしか見えてこない。周囲をよく知覚し探索し，周囲を改変し，行為を変形させよ——よく経験せよ——アフォーダンス理論がはらんでいるそんな生き方への指針を「アフォーダンスからの希望」と言ってみたい。

▶ 文献

J・J・ギブソン［古崎敬ほか 訳］（1986）生態学的視覚論—ヒトの知覚世界を探る．サイエンス社．

南誠一（2001）脳卒中後遺症者の環境適応—行為をつなぐマイクロスリップの視点から．発達 87；44-50.

南誠一，鍛治秀雄，末宗梓ほか（2009）脳卒中後遺症者の系列物品使用課題におけるマイクロスリップの役割と評価—お茶入れ課題を通して．生態心理学研究 4-1；15-24.

Palmer C (1989) The discriminating nature of infants' exploratory actions. Developmental Psychology 25; 885-893.

Reed ES (1985) An ecological approach to the evolution of behavior. In: TD Johnston & AT Pietrewicz (Eds.) Issues in the Ecological Study of Learning. Hillsdale, New Jersey: Lawrence Erlbaum Associates, pp.357-383.

E・リード［細田直哉 訳］（2000）アフォーダンスの心理学—生態心理学への道．新曜社．

染谷昌義（2017）知覚経験の生態学—哲学へのエコロジカルアプローチ．勁草書房．

鈴木健太郎（2001）行為の推移に存在する淀み—マイクロスリップ．In：佐々木正人，三嶋博之 編：アフォーダンスと行為．金子書房，pp.48-84.

[特集] 心身相関の心理臨床

# 心身相関の精神病理学

**野間俊一** Shun'ichi Noma
嵯峨さくら病院

## I　心身相関とは何か

心と体は不可分であり，互いに密接に関わり合っているということは，誰しも否定はしないだろう。臨床現場は，心身の深い関連を想定せざるを得ない事象で溢れている。精神疾患でも，身体に症状が現れるものは少なくない。身体症状症（身体表現性障害）や病気不安症（心気症），変換症（転換性障害），醜形恐怖症，摂食障害，などなど。一人の人の内で，その精神と身体は互いが互いを巻き込みながら，ひとつの生を紡いでいるのだろう。

しかし，心身相関について精神病理学的に考察しようとすると，さまざまな難関にぶつかることがわかる。単純に見れば，心は主観現象，体は客観現象であり，2つの異なる次元にある事象同士の関連を論じることは容易ではない。そこにはさまざまなスペキュレーションを介在させるしかなく，議論はややもすれば神秘主義的な調子を纏い，論者の信仰告白の様相を呈することになりかねない。だからといって，論理的整合性にのみ拘泥する態度では，おそらく心身相関という言葉で言い表そうとしている事態に近づくことはできないだろう。

近年，マインドフルネスという現代版瞑想が注目され，トラウマ治療において身体へのアプローチが重視されているのは，決して認知科学ブームへの反動としてのスピリチュアリズムの一時的な再評価などではなく，癒しの現場において，私たちが身体を生きているという原点に立ち戻る必要性を臨床家たちがより自覚し始めた結果ではないだろうか。

本稿では，筆者の雑感の域を出ないが，心身相関を考えるうえで確認しておきたい事柄を，精神病理学的議論を交えながら少しばかり整理しておきたい。

## II　乱れる身体と心

心身相関という場合，通常それは，心理的な事象と身体的な事象とが互いに関連性をもって経過している事態を指す。理論的には，心理的変化と身体的変化とが時間的に並行関係にある場合に，心身相関があるのではないかと推測するのが妥当だが，実際の臨床現場では，心はつねにさまざまに動いているものであり，身体的変化の背景に心理的要因があると確信をもって断言できることなどまずない。身体になんらかの症状が生じた場合，つねに身体への心理的影響の可能性を頭の片隅に

置きつつも，まずは身体的要因の検索から始めることにはなるだろう。

　身体的変化の心理的要因といえば，まずは変換症，すなわちいわゆる転換ヒステリーを思い浮かべるだろう。古典的精神分析学（Freud & Breuer, 1895）では，ヒステリーの身体症状を心的葛藤の身体への転換と理解し，身体症状には抑圧された意味が象徴されていると考える。これは，リビードなる心的エネルギーが精神から身体へと移動した状態だという仮説があり，背景には，一人の人のもっている生きるエネルギーは一定で，どこかに多く注がれるとどこかのものは減る，という経済論的前提がある。

　たしかに，変換症患者はいわゆる“満ち足りた／全き無関心”という，身体症状の重篤さに不釣り合いな精神的平穏が見られるし，アトピー性皮膚炎や気管支喘息，潰瘍性大腸炎など心身症と言われる疾患患者があまり感情を表に出さない特徴は，“アレキシシミア（失感情症／感情失読症）”と呼ばれてきた。摂食障害患者に対して日記を書いてもらうなどして，言葉を通じて自分の感情に気づいていく作業をすることが，回復につながることが多い。

　ただし，ストレスを感じている人が胃潰瘍になる場合は，心にも体にも同時に変調が生じているわけなので，このような場合に基底に働いている原理は，経済論ではなく心身平行論ということになる。となると，心身相関を一元的に説明するのは困難だということがわかる。心身に負荷のある状況において，行き場のないエネルギーが心身に影響を与え（平行論），そのうち収まりのよいところにはまり込んでしまう(経済論)というイメージで理解するしかない。

　ヒステリー患者についての象徴解釈も，ときには治療的に有用であっても過剰な解釈は禁物だろう。まして，例えば眼疾患の背景にエディプス葛藤を見ようとするなど（野間・Groddeck, 2002），身体疾患にまで象徴的意味を読み取ろうとするのは，過度な心理学主義との誹りを免れないに違いない。ただし，そのような解釈から力を得るタイプの患者と，そのような解釈に対して準備のある治療者の組み合わせにおいては，象徴的意味を話題にすることが治療的になることもある。どんな心理療法においても，先入見を捨て，さまざまな可能性に想いを馳せつつ治療に当たることが大切であり，そのひとつとして，自然科学的には許されないかもしれないが，身体症状の象徴的意味について夢想してみることは，患者の生きる世界に近づくために有益であることもある。あくまで,慎重に,謙虚に,でなければならないが。

## III　世界としての身体

　身体症状症患者はことさら身体的変化に敏感になり，病気不安症ではその背景に重篤な病があると信じ込む。その際,患者にとっての自分の体は,生きることを硬直させる足かせとなっている。本来，自分の体は生活のなかでうっすらと気づく程度に背景に隠れているものだが，これらの患者の場合，自分の生を損ない不吉なサインを送ってくる邪魔な部分にすぎない。

　これらの疾患患者において，本来それを生きているはずの身体は，自分が所有する身体となって生活にさまざまな支障をもたらすものとなっているが，所有する身体はさらに社会において見られる媒体としての役割を担っている。醜形恐怖は，自分では直接にはその全貌を見渡すことができない自己身体が自分にとって“不気味なもの”となり，それは“醜さ”として周囲の人びとから非難をされる根拠であると理解される。摂食障害では，痩身は美しさ以上に，称賛されるべきストイックな強さであると同時に，同情されるべきか弱さや健気さでもあり，自己身体が社会的な優劣の基準となる。結局,“見られる身体”としての身体像が，疎外的な意味をもつ（野間，1998）。

　一方で，パニック症における動悸，過呼吸は，生命の危機感とも結びつき，本人を一気に不安の極限に陥れる。自閉スペクトラム症の感覚のアンバランスは，運動のアンバランスと並行関係にあ

る。彼らに固有の感覚－運動のあり方は，固有の
世界を生み出しているはずである。"感じられる
身体"としての身体感覚が個性的であるほど，他
者との共通感覚がもちにくく，間主観性が成立し
づらい。"コモンセンス＝常識"という根拠なき
生の基盤をもてないと，日々を生きるためには自
分なりのルールに固執せざるを得ないだろう。

　自分の身体に対してもつ「身体像」と「身体
感覚」が綜合されて，その人特有の「身体図式」
（Merleau-Ponty, 1945）が形成される。それは，
自分の手足がどこにあるかといった神経学的意味
をはるかに超えて，自らの身体を介して一人ひと
りの世界を意味づけているような枠組みである。
つまり，ある人が生きる世界は，その人の身体の
あり方と本質的な対応関係にある。

　スムーズに生きられていると，身体は背景に退
き，生活のなかでことさら意識されることは少な
いだろう。ただ，誰もが多かれ少なかれ，生きる
ことに躓いたり引っかかったりするものである。
そこで滞ったエネルギーが身体にも流れ込み，人
によって身体像が意識されたり，身体感覚が強調
されたりするのだろう。そのあり方全体が，その
人の身体図式を作り上げ，それはすなわち，その
人の世界のあり方を規定していると考えてはどう
だろうか。

## IV　身体と出会う

　身体図式とは，その人の生きる枠組みである。
生きるということは，"未来に向かって"生きる
ということである。身体にはつねに外界に向かっ
て働きかけ変化しようとする，"我なし能う"（E
Husserl）という生成的属性があり，身体図式は
環界との出会いを通じてつねに変転している。

　身体図式が本質的に生成的であるということ
は，能動－受動といった主語－述語間のやりとり
とは別の，過程に主語が再帰的に取り込まれた事
態を表す「中動態」（木村, 2010；國分, 2017）
を思い出すとよいかもしれない。私は自分の身体
を動かすのでも身体に動かされるのでもなく，「私

は私自身の身体を生きている」のであり，強いて
言えば，「私は私自身を"身体する"」としか言い
ようのない，生成的身体そのものとして生きてい
るということである。

　身体のもつ"我なし能う"の特性は，単に未来
に向かうだけではなく，複数が共存する生命体で
ある限り他者にも向かっている。「他者に対して」
と「他者とともに」の両方のベクトルをもちつつ，
共存する世界に開かれている。つまり，身体図式
そのものが，他者になんらかの働きかけをする機
能をもっているはずである。ある人と相対すると
き，どきどきしたり，ほっとしたり，そわそわし
たりと，なんらかの印象をもつ。それは，出会う
人が自分自身の身体感覚を通じて得た，その人に
ついての印象である。つまり，二者は，身体を通
じて"間身体的"（M Merleau-Ponty）に互いの
生きる世界に触れている。

　このことは，治療場面において，患者に出会っ
たときの自分の身体感覚から患者の生きる一側面
を客観的に把握できる，という話とは少し違う。
事実，治療者要因と状況要因によるバイアスが大
きすぎて，おそらく信頼に足る客観情報は得られ
ない。しかし，治療者自身は自分の身体感覚を通
じて，患者の生きる世界を自分がどのように感じ
ているかということに自覚的になることは，可能
である。治療場面で治療者自身の身体に生起する
ものは，他者に伝達可能な客観情報ではないが，
患者と治療者とのそれぞれの生の出会いにおいて
生じているものを身体を介して感得されたもので
あり，心理療法過程においては重要な治療感覚で
ある。

## V　生命体として

　心身論者は得てして神秘主義的である。しかし
それは，一般常識的に心と体を別々に捉えたうえ
で，心身論者がそれらの関係を論じていると考え
るから，非合理に見えてしまうだけなのだろう。
Groddeck（野間・Groddeck, 2002）が心身の根
源に生命原理としての「エス」を仮定したのも，

Vv Weizsäcker（1940）が感覚－運動連関から心身問題を論じるなかで「主体」概念を導入したのも，心身を超えた"生命体"としての私たちの生きる営みを基本に論じているためである。

　人間学的精神病理学者の木村（2002）が後年，個別的生と生一般との"生命論的差異"を論じたのも，さらには，心理療法家の神田橋（2006）が自らの治療論の冒頭で「いのちの物語」に触れたのも，心身現象が生命現象であるという本源的テーゼにつねに立ち戻る必要があると考えていたからに違いない。

　生きづらさを抱えるどんな人も，偏ってはいてもその人なりの身体図式を作り上げて，なんとか周囲世界と折り合いをつけながら生きている。心理療法の中心は言語ではあるが，その言語もまた，身体への固有の働きかけの機能をもつはずである。

　身体への関心が強まってきた今だからこそ，患者理解においても治療的にも，身体を主軸に据えて患者に起こっている事態をじっくりと見直してもいいのかもしれない。

▶文献

Freud S & Breuer J（1895）Studien über Hysterie. Gesammelte Werke. Bd.1. London : Imago.（芝伸太郎 訳（2008）ヒステリー研究. In：フロイト全集2. 岩波書店）

神田橋條治（2006）「現場からの治療論」という物語. 岩崎学術出版社.

木村敏（2002）生命論的差異の重さ. In：木村敏（2005）関係としての自己. みすず書房.

木村敏（2010）中動態的自己の病理. In：木村敏（2014）あいだと生命―臨床哲学論文集. 創元社.

國分功一郎（2017）中動態の世界―意志と責任の考古学. 医学書院.

Merleau-Ponty M（1945）Phenomenologie de la perception. Paris : Gallimard.（竹内芳郎, 小木貞孝, 木田元, 宮本忠雄 訳（1967/1974）知覚の現象学1・2. みすず書房）

野間俊一（1998）交感する身体―拒食と境界例の自己と他者. In：野間俊一（2012）解離する生命. みすず書房.

野間俊一, Groddeck G（2002）エスとの対話―心身の無意識と癒し. 新曜社.

Weizsäcker Vv（1940）Der Gestaltkreis : Theorie der Einheit von Wahrnehmen und Bewegen. Stuttgart : Georg Thieme Verlag.（木村敏, 濱中淑彦 訳（1975）ゲシュタルトクライス―知覚と運動の人間学. みすず書房）

［特集］心身相関の心理臨床

# ［インタビュー］神田橋條治先生に聴く

心身相関といのち

神田橋條治 Joji Kandabashi
伊敷病院

［聴き手］
黒木俊秀 Toshihide Kuroki
九州大学大学院人間環境学研究院

## I　はじめに

　今回,「心身相関の心理臨床」をテーマとする特集を企画するにあたって, 是非, 神田橋條治先生に, お話を伺いたいと思いました。以前から神田橋先生は,「心身相関」や「心身一如」の大切さを唱える現代の心身医学や心理学が, 実は少しも臨床の実体を捉えていないとおっしゃっています(神田橋, 2004)。とくに私たちが面接の際に用いるコトバが往々にして医学化や心理学化しているために, 本来クライアントも人として「心身一如」の状態で生きているにもかかわらず, 心身に関して, どちらかに偏ったコトバを発してしまい, その結果,「心身を分けた」不自然さが際だって,「(クライアントとセラピストの生身の) 絆の雰囲気」をうまく伝えられなくなるという盲点を指摘されています。では, 一体,「心身一如」の臨床とはどのようなものなのでしょうか。

　そのことを確かめるために, 私は神田橋先生の診察の陪席に参りました。先生は, 傘寿を超えられた今も鹿児島市内の病院で, 週に2日ほど外来診療にたずさわっておられます。この日も朝からたくさんの患者さんが詰めかけ, 長い時間, 先生の診察を待っていました。陪席された経験のある

方はご存知のように, 最近の先生の診療では患者さんのからだに直接働きかけるアプローチがとても多くなっています。その日も, 先生は串のようなもので患者さんの下肢の経穴(ツボ)を刺激したり, ベッドに仰臥させた患者さんの上下肢を伸展させてゆっくりと全身を左右に揺らせてフラッシュバック体験を緩和させたり, さまざまなからだへの働きかけを行なっておられました。そうしたアプローチは, 最近の著作(神田橋・白柳, 2017;神田橋, 2019)にも紹介されていますので, イメージがつかむために, 是非, 参照してください。

　驚いたことに, 受診する患者さんも通常の精神科と違って, からだの痛みや難治性の湿疹など, 身体症状を主訴とする人が少なくありません。しかし, 神田橋先生は, どのような訴えの患者さんに対しても, 分け隔てなく, 同じような診察をなさいました。すると, 心理的な苦痛を訴えて受診した患者さんでしたのに, 診察の終わりにはからだの動きが良くなったと, 足取りも軽く帰ってゆく人がいました。かと思うと, 身体的主訴で来院した患者さんとの面接において, 職場の上司に自分の母親を投影させているのではないかという解釈がなされ, いたく患者さんが納得していました。

　私は，なるほど，これがこころとからだを区別しない「心身一如」の臨床なのだと思い，そのような感想を申し上げたところ，先生は，こころでもなく，からだでもなく，「いのちに寄り添う」と表現されました。その「いのち」というコトバが強く印象に残りましたので，一日の診療の終わりに改めて先生にお話を伺ってみました。

## II　心身相関というコトバ

黒木　今日の先生の診察に陪席していると，正直，心身相関という概念が虚しく感じられるようになりました。

神田橋　『治療のための精神分析ノート』（神田橋，2016）にも書きましたが，こころとからだというのは，客観的視点というやつを持ち込むから，その2つに分けざるを得なくなるんですね。毎日，暮らしている人は，ただいのちを生きてるだけなんですね。「不二のいのち」です。だから心身相関というコトバは，つまらんことをやったための後始末で，弥縫策（びほう）というか，そういうものに過ぎないんです。それをメインにしていろいろ考えるのは，取り繕いみたいなものじゃないですか。

　心身相関というコトバは，よく考えてみれば，変なことをした後ろめたさであって，後始末をせんといかんというような，なんとなく不純な感じがしますよね。こころとからだを分けたことで，こういう成果が上がったという。そりゃ，分けたことで，それぞれの分野の成果が上がったんですよ。しかし，こころとからだを分けるという，ひとつの方法論というか，操作には，効用もあるけど，限界もある。まあ，みんな，論じてますよね。成果を生み出してきた方法論の仕残し部分というか，立ち入れない部分を。それを心身相関なんて，さも素晴らしい視点のようにいう。本当はとても恥ずかしくて使えないのよ。

　本当にそうですよ。こころの領域を専門にやっている人がね，からだの領域のことにいろいろと口を出し，一方，からだの領域の人がこころの領域になにかと口を出そうとすると，相関図みたいでおかしい。近親相姦ってコトバにも響きが似ているし（笑）。

黒木　なるほど，そういうことなんですね。先生が，心身ではなくて，いのちとおっしゃる理由がわかるような気がします。でも，僕らの普段の臨床では，いのちというコトバはなかなか出てこないですよね。

神田橋　出てこないよね。なぜ出てこないかというと，いのちというコトバは，コトバとしていうと，みんな納得するんですよ。なるほどねえと。でも，そのいのちというコトバの内包にはハウツーがないんですよね。ただ，それだけのことです。

黒木　確かに臨床は，ハウツーものですからね。

神田橋　そう，ハウツーがない。いのちには方法がない。方法がないから，こころとからだを分けた分野から相関という方法を借りてくるわけですね。

　多少哲学的に考えて，いのちという概念は，方法というコトバと馴染まない。記述するとか，関わることなく観察するという行いは，いのちとは馴染まないのではないですか。そうではなく，いのちをともに生きるとか，いのちに寄り添うとか，いのちを味わうとかいうような，著しく数量化しにくい関わりしかないと思います。そういう数量化しにくいコトバを使って，かつ超自然的な付加物を導入することなしに，なにか作れるとしたら，やっぱり哲学の分野の仕事ですかねえ。

## III　いのちの原点に戻ってみる

黒木　今日，先生に一番伺いたかったのは，こころとからだを抱えるコトバについてだったんです。ですが，先生のおっしゃる通りだと，いのちはコトバでは捉えられないということになります。コトバはそれ自体が方法ですからね。

神田橋　ないですよねえ。

黒木　いのちをコトバで捉えるには，あまりにスケールが大きいのかもしれません。ほら，よく「いのちは継がれてゆく」なんて表現があるでしょう。

でも，臨床では使いませんよね，「いのちは受け継がれる」なんてコトバは。

**神田橋**　そうですね。相関という考えは，こころとからだを分ける方法論が段々ものごとを把握してゆくにつれて，自らの営為によって，おのれが追い込まれてきて，苦しい位置に来たから生まれたんです。なにが苦しいのかというと，いのちが苦しいんですよ。こころとからだを分けていること自体が方法だと意識しなければ苦しくないけど，意識すると苦しくなって，心身相関という言葉を編み出さざるを得なくなるんです。

そこで，こころとからだを分ける前のところに一度戻ってみると良いと思います。原点回帰ですね。でも，単に元に戻るだけじゃなくて，苦しくなって，あちこちめぐってきた体験を踏まえて原点に帰りますから，それは有意義なことです。旅行から帰ってくるのと同じで，元に帰ってきたけど，経験というデータをたくさん持って原点に戻ってくるわけだからね。心身相関というコトバを使わずに，もう一度，こころとからだを分ける寸前のところに戻ってみようじゃないかと，戻ってもう一度考えてみようじゃないかという視点を持ってみると，まったく新しいことが見えてくると思います。

こころとからだを分けたから相関という考えが生まれたわけで，分ける前は，さまざまな反応が混ざり合っている"いのち"という状態ですから，そこに戻ってみるというのは，どういうことか，何のためかというと，まず知性が満足したがっているのでしょうね。知性の満足は納得ですからね。納得しようとしているのでしょう。もうひとつは，もっと何かをやりたいということじゃないでしょうかね。いのちがもっとなにかをやりたいということ。

そこで，中村哲先生[注1]の活動を連想しますね。なんで，ああいうボランティア活動みたいなことをしたのかというと，まあ，いのちというものの純粋系はそういうことをしたいんだと思います。ボランティア活動なんかに一生懸命取り組んでい

る人は，いのちがそれをやりたがっているの。

そこで，改めて心身相関というコトバを考えるというのは，やはりいのちがなにかをしたいからですね。相関というコトバのもとに，なにかをやりたい。身体医学は今のままではだめじゃないか。こころの科学といわれているものも，今のままでは堂々めぐりじゃないかと。もっとなにかやりたい，やるべきだと思う。そういうなにかをやりたいという願望がいのちから来ていると考えれば，そこに中村先生の生き方と重なる，つながる。同じいのちの次元じゃないかと思える。ということを踏まえると，心身相関の問題を取り上げることに，新鮮さというか，魅力が生まれるんじゃないかと思いますね。

## Ⅳ　いのちに届くコトバ

**黒木**　最近の欧米の心理学では，心身相関の間に脳が入っていますよね。こころとからだをつなぐのは脳だから，心身相関イコール脳みたいな図式が一般化していて，心理療法も，それを採用して身体的アプローチを取り入れる傾向にあります。こころとからだの間に脳を入れると，またいのちから離れてゆきますよね。

**神田橋**　その問題の解決は簡単ですよ，脳死をもってくれば（笑）。脳死の状態は，あるいは脳の半死半生の状態は，なんだと。脳が機能していないんだから，純粋な状態ですよ。そこでは，心身相関はどうなのかを考えればいい。あと，眠っている時もこころとからだは分かれていませんね。

**黒木**　確かにいのちはそこにあるわけです。ところで，先生は，患者さんにこころの状態を訊ねているのか，からだの状態を聞いているのか，区別のつかないようなコトバで声をかけられますよね。今日の診察でも，「おおっ，良くなったねえ？」とか，「あら，どうしたの？」とか。薬の「飲み

注1）医師，アフガニスタンの人道的支援活動家。2019年12月4日死去。

心地はどう？」とか，「自分に合ってる？」とかも，そうですよね。あれは，こころとからだを分ける前の状態に訊いておられるんですね。

**神田橋**　一番，僕が使うのは，「ああ，いいね！」ってコトバかな。コッチも気持ちが良い瞬間ですからね，あのコトバが出るのは。

**黒木**　先生のコトバの届け方っていうか，タイミングがですね，やはり名人芸ですよね。口上というかな。僕は，今日の先生と患者さんのやりとりを見て，フーテンの寅さん[注2]を連想しました。つい最近，最新作[注3]を観たんですが，そんなに過去の作品を観ているわけではないのに，いろいろなシーンに既視感がありました。なつかしさがありました。

**神田橋**　あの魅力はなんだろうね。なつかしさがありますよね。珍しいとか，「へええ」とか，ではない。それこそ，いのちのニーズに合うんですよね。

**黒木**　スクリーン上で久しぶりに寅さんを観てなつかしく思ったのと同じ印象を，今日の先生の診察に陪席して感じました。なんだか，患者さんたちが大好きなおじさんに会いにくるような感覚でしょうか。

**神田橋**　うん，診察室に入って来たときよりも良い状態で帰ってもらわないとと思ってるの。なのに，心身相関の視点で，サービス業としての，対人支援といっても良いけど，治療者－患者関係をよく眺めてみようとした瞬間に，対人支援サービスというものが変質しないだろうかね。

**黒木**　今日，もうひとつ連想したのが，大規模な災害が起きた時の「こころのケア」のことですね。現実には，被災地に行ったら，いくら心理職だからって，「こころのケア」だけしておくわけにはゆかないですよね。大災害直後のいのちがまだ危

険に晒されている状況では，心身相関なんて考えている余裕はない。ともかくまず，いのちに寄り添うというか，いのちを支えることをする。

**神田橋**　もしも僕が災害支援に行ったらやっぱり整体をするでしょうね。動きやすくなりますからね。ちょっとしたことでずいぶん体が動きやすくなりますからね。例えば，からだのココの緊張がコチラをこうすれば取れるということはすぐにわかりますよ。

**黒木**　誰でもわかりませんよ（笑）。先生にそう言われると，そのように見えてくるだけです。先生が患者さんに「あっ，左肩が下がってるね」とおっしゃると，確かに肩が下がっているのが見えるようになるんです。先生に指摘されないとわからない。ただ，今日の診察では，ある瞬間に患者さんのオーラがパッと輝くのが，僕にもわかりました。

**神田橋**　そうですね，オーラが輝きますね。そんな時は，なんかとてもハッピーですよ，私のいのちが。

**黒木**　先生が今もお元気に診察されておられるところを目の当たりにして，僕のいのちも伸び伸びとしたように思います。その証拠に頭が忙しくなって，いろいろな連想が湧いてきました。今日は本当にありがとうございました。

［収録＝2020年1月20日／伊敷病院（鹿児島市）］

▶ **文献**

神田橋條治（2004）代替医療と心身医学．神田橋條治著作集―発想の航跡2．岩崎学術出版社，pp.420-438.
神田橋條治（2016）治療のための精神分析ノート．創元社.
神田橋條治（2019）心身養生のコツ．岩崎学術出版社.
神田橋條治・白柳直子（2017）いのちはモービル―心から体から．木星舎.

---

注2）名優・渥美清が演じたテキ屋の風来坊。
注3）「男はつらいよ――お帰り 寅さん」（松竹，2019年）。

[特集] 心身相関の心理臨床

# 「こころ」の痛みと「からだ」の痛み

慢性疼痛臨床における心身相関

**細井昌子** Masako Hosoi
九州大学病院 心療内科／
九州大学病院 集学的痛みセンター

**伊津野 巧** Satoshi Izuno
九州大学病院 心療内科

**茂貫尚子** Takako Monuki
マインドボディセンター福岡

**末松孝文** Takafumi Suematsu
九州大学病院 心療内科

**安野広三** Kozo Anno
九州大学病院 心療内科／九州大学病院 集学的痛みセンター

## I　はじめに

　「こころ」の痛みと「からだ」の痛みはどう関連しているのかという疑問は、慢性疼痛の心身医療を日々実践している心療内科では、核心的な問いである。多数の医療機関で標準的な医学的対処を受けてもなお癒されない痛みを訴えて、「患者」と呼ばれることになった多数の人々が、九州大学病院心療内科を紹介受診している。本稿では、段階的な心身医学的治療で、身体的な痛みを訴える患者がどのように変容して癒されていくのかをめぐって、慢性疼痛のなかでも苦痛の訴えが高度である線維筋痛症の女性2例の治療展開を提示し、未分化で不快な痛み体験が、「からだ」の痛みと「こころ」の痛みとして分化し変化していく経過を紹介する。

## II　からだの痛みとこころの痛みの脳科学

### 1　からだの痛みの脳科学

　痛みに関する集学的な研究組織である国際疼痛学会は、痛みを「組織の実質的あるいは潜在的な傷害に結びつくか、このような傷害を表す言葉を使って述べられる不快な感覚・情動体験である」と定義している（横田、1998；Merskey & Bogduk, 1994）。つまり、個人の主観的な体験を「痛み」と定義し、痛みを表す言葉へ注目していることが重要である。これは、主要な痛覚の伝導路としての脊髄視床路に2つの経路があり、痛みの場所や強さを伝える感覚系の経路である外側脊髄視床路（体性感覚野 S1・S2 へ投射。主に有髄線維の A δ 線維が伝える速い痛みとして認知）と、痛みの苦しみを伝える情動系の経路である内側脊髄視床路（島皮質、前部帯状回へ投射。主に無髄線維の C 線維が伝える局在のはっきりしない鈍い痛みとして認知）の両方が作用しているという解剖学的事実と対応しており、感覚・情動の両方の不快体験を含む定義となっている。

　また、情動・自律神経系に関連する経路として、脊髄−脚傍核−扁桃体（中心核）路や、脊髄−脚傍核−視床下部路もあり、身体的痛みがあるときには情動・自律神経系の反応が随伴することは生物医学モデル（biomedical model）でも示されている。

### 2　こころの痛みの脳科学

　社会的痛み（social pain）と呼ばれる社会的ストレス（不公平待遇、社会的疎外感、劣等感など）により、前部帯状回や島皮質前部が活性化す

ることが知られている（Eisenberger, 2012）。前部帯状回や島皮質は体の痛みの際にも不快情動成分として活性化する脳部位であり，痛みの慢性化で家庭や職場での立場が悪化し，さまざまな社会的痛みが追加することで，身体的痛みの不快情動成分が増大することになり，より苦しい痛みとして体験される。当初は過労に伴う筋骨格系の痛みであっても，痛みに伴う生活環境の変化により社会的痛みが付加していき，痛み体験をもたらす脳の活性化も増大する。

## 3　アレキシサイミアと慢性疼痛

　幼少期の環境で，両親の不和，親のアルコール依存，母と祖母の嫁姑葛藤，および虐待などが背景にあり，子どもとしての十分なケアが得られなかったり，親目線の世間体を意識した過干渉で自律性が損なわれたりしている（低ケア・過干渉の不適切な被養育体験の存在）（Anno et al., 2015）と，過剰適応・過活動・強迫的な認知行動特性が醸成される。しかも，自身の率直な感情を表出することができずに，アレキシサイミア特性が獲得されて，必要時に適切な助けを求められない状態に陥りやすい（細井ほか，2016）。急性疼痛発症の準備因子として，これらの状態があると，身体的な痛みと社会的な痛みが混在して慢性疼痛に進展しやすい。身体的な痛みを医療現場で訴えて医学的に妥当な対処を受けても，本来困っている生活環境の苦悩を語れない状態に陥っており，痛みの成分のうち，末梢からの痛覚情報は幾分減少しても社会的痛みの成分が多く残存している状態になりやすい。そういった状態では，「こころ」の痛みとして現代では DSM-5 の身体症状症（疼痛が主症状のもの）と診断されることになりがちであるが，「こころ」と「からだ」の痛みの混在が苦痛・苦悩の本体であることが体験的に理解されないと，患者も心理的治療への動機づけが困難となる。

　一般住民の慢性疼痛の愁訴に，アレキシサイミア傾向がどう影響しているのかについて，ア

レキシサイミア傾向を図る Toronto Alexithymia Scale（TAS）-20 を用いて調査したところ，TAS-20 が 50 点以上では慢性疼痛の有訴率が有意に多くなり，なかでも感情同定困難・感情伝達困難・外的志向の TAS-20 の 3 つの因子のうち，感情同定困難が最も慢性疼痛の有訴率に影響していることが示された（Shibata et al., 2014）。

## III　ソマティックマーカー仮説と心身相関

　さて，感情を表す表現と身体症状がどうリンクしていくのかを考えるときに，Descartes の心身二分論を誤りとした神経学者の Antonio R Damasio の唱えたソマティックマーカー仮説（Somatic Marker Hypothesis : SMH）は，痛みの心身医学を考える際に鍵となる仮説として有用である（Damasio, 1994）。Damasio は「身体は感情の舞台である」と述べた。

　つまり，SMH とは，「過去にヒトがオプション X を選択して悪い結果 Y が得られ，そのために不快な身体状態が引き起こされたとすると，この経験的な結びつきは前頭前野に記憶され，後日ヒトはオプション X に再度身をさらすとか，結果 Y について考えると，不快な「直感（gut feeling）」を経験し，その感情である〈ソマティックな状態（somatic state）というイメージをマークする somatic marker が，過去経験した不快な身体状態を自動的に再現する」というものである。この生体内のシステムは自動化された危険信号として身体にアラームを実感させて機能する無意識のシステムとなる。この人類が獲得してきた自動化されたシステムは，進化の過程で人類の存続にとって重要なシステムであったと考えられるが，生育歴が情緒的観点で悲惨なヒトの場合，行動のオプションの数を劇的に減少させて，独特な身体反応や行動パターンを作りだし，ヒトの身体反応を多様化していくことになると考えられる。「脳と体が統合した核心的な自分の本当の姿」を「心」と呼ぶこともでき，慢性疼痛における「心」の治療は，過去の苦しみで歪められている身体反応で

ある「心」を自然な状態にリセットすることが目標であるとも言えよう。

## Ⅳ　慢性疼痛（線維筋痛症）難治例の心身医療の実際

　それでは，実際の症例で，身体的な痛みがどのように「心」と結びついて実感されるようになっていくのかを理解するために，慢性疼痛（線維筋痛症：全身の痛みがあり，不眠・疲労・抑うつやさまざまな自律神経失調症状を合併することが多い女性に多い疾患）の心身医療の具体例を2例紹介する。1例目は治療の経過のなかで，アレキシサイミア傾向が強い線維筋痛症患者において，マインドフルネスを導入するなかで胸痛が複数あることを実感し，対処法を分化させることができた経過を示す。2例目は体感がわからなくなる失体感状態で，トラウマのフラッシュバック現象が頻発し陽性感情を語れなくなっていた線維筋痛症患者において，プレイの要素を入れたヨーガ療法（ヨーガプレイセラピー）を行い，どのような変化が起こったかを示す。

### ● 症例1　段階的心身医学療法のなかで胸痛の心身相関が得られた症例：40代女性

**【現病歴】** X−17年に胸から背中に突き抜ける痛みが出現し，X−10年に全身の疼痛が持続。X−5年に狭心症と診断され，胸痛時には硝酸イソソルビドを舌下服用していた。X−3年，線維筋痛症の診断で当科初回入院。頻回に胸痛の訴えがあり，硝酸イソソルビドの使用回数も増加した。X−1年，第2回入院中に循環器内科受診し，心臓カテーテル検査／アセチルコリン負荷試験で冠攣縮性狭心症と診断され，ジルチアゼム塩酸塩の内服開始。しかし，その後も胸痛は持続し，怒りなど陰性感情を表出した際に頻回に出現した。X年，マインドフルネス導入を目的に第4回入院。

**【既往歴】** WPW症候群，難治性胃潰瘍，慢性甲状腺炎，気管支喘息，腰椎椎間板ヘルニア

**【生活歴】** 喫煙なし，飲酒なし

**【心理社会的背景】**〈原家族〉両親，異母兄，兄，患者。

〈現家族〉患者，長女，長男，次男，従兄弟。幼少期，母親は兄ばかり可愛がり，患者は心理的虐待を受けた。高校卒業後にトラック運転手として過労状態で稼いだ金銭を母親に捧げていたが，母親は兄の借金返済に当てていた。20代で結婚し3人の子どもを出産したが，夫から子どもへの虐待が始まったため離婚。さまざまな職に従事し，過活動的に働いて業績を上げると転職するというパターンを繰り返した。そのなかで，胸痛や全身の痛みが出現。胃潰瘍のため職場で下血し，医師の強い勧めで退職。

**【入院後経過】** 初回入院では，幼少期の苦境や職場での苦労について，感情を伴わず淡々と語り，アレキシサイミア傾向がうかがわれた。これまでの患者の苦労を労わり心理面接を繰り返すなかで，患者−治療者間の信頼関係を構築し，また，感情の自然な表出を促すため，自律訓練法や箱庭療法を導入した。第2回入院では，徐々に感情を表出するようになり，抑圧していた母親への怒りや憎しみ，悲しみを語った。

　第4回入院でマインドフルネスを導入。積極的にマインドフルネスに取り組むなか，何とかして上手くやろうとする完璧主義傾向に対して，上手くいかなくてもそのままにし，上手くいかない不快感を受け入れるよう指導した。嫌悪的体験を回避せず味わうワークを通して，母親に尽くしたが一度も認められなかった怒りや憎しみ，悲しみをアクセプトすることができ，同時に「ボールペンでぐちゃぐちゃにされるような胸の痛み」「胸をぎゅっと締め付けられるような痛み」を体感した。そのような感情に伴う身体感覚を感じられるようになったことで，冠攣縮性狭心症による胸痛との区別がつき，硝酸イソソルビドの使用回数は減少した。また，冠攣縮性狭心症による胸痛そのものの回数も減少した。

**【考察】** 線維筋痛症は，疼痛症状のほかに，自律神経失調症状，アレルギー様症状，精神症状など多彩な症状を呈し，自律神経系の異常が関与する冠攣縮性狭心症の合併もしばしば経験する（安野，2020）。本症例は，当初，冠攣縮性狭心症による胸痛と陰性感情に伴う胸痛の区別がつかず，どちらの「胸痛」に対しても硝酸イソソルビドを使用していた。マインドフルネスを通して，未分化であった「胸痛」が分化し，それらを区別できるようになったことで，硝酸イソソルビドを使用する回数も大幅に減少した

と考えられた。また，冠攣縮性狭心症の発作増悪に情動ストレスが関与し，アレキシサイミア傾向，過剰適応・過活動傾向が影響するという報告がある（沼田，1994；Numata et al., 1998）。本症例は，意識化することを恐れていた記憶や感情を回避するために過活動を長年続け，人生の時間を犠牲にしてきた。マインドフルネスを通して，回避していた不快情動に暴露され，そこにとどまっても恐ろしいことは「何も起こらない」ことを体験的に理解し，それらの受容が促進された。それにより，慢性的な情動ストレスが緩和，アレキシサイミア傾向，過剰適応・過活動傾向も改善されたため，冠攣縮性狭心症の発作自体も減少したと考えられた。

　以上の経過から，胸痛に対する自己コントロール感が増したことが語られ，自己肯定感の高まりにも繋がった可能性がある。

● 症例2　体の動きをプレイとして扱うヨーガプレイセラピーが奏功した症例：40代女性

【現病歴】幼少期より膝の痛みを訴え，30歳代に線維筋痛症を発症。知的境界域水準であったが，本人の努力により大学まで卒業し，保育士として勤務。父親からの暴言や職場でのいじめによるトラウマを抱え，フラッシュバックや不眠に悩んでいた。発達性協調運動障害や心身症患者難治例の特性でもある体感の気づきが乏しい失体感傾向があり，姿勢を保つための体幹づくりを最初の目標として，当科入院治療中にヨーガプレイセラピーを導入した。

【治療のポイント】「痛くて不快な身体（自分）」から「痛くてもワクワクする身体（自分）」へ

　①味わうことの「面白さ」：当初は，ヨガマットの上に腰を下ろす，仰向けになるなど体位を変えるだけでも身体を震わせ，自分の身体を恐る恐る動かす様子があった。仰向け姿勢⇒両膝を立てる⇒膝を胸の方に抱き寄せる，という一連の動きができず，膝をほんの少し床から浮かすことで精一杯であった。自分の身体なのに「まるでお伺いを立てるように」慎重に動かしていた。そこで，まずは自分の身体に触れたり，撫でたりすることから実施。ヨーガ実施の前提として，どんな感覚が湧き上がってきてもOKであることを伝えた。足の指をグーパーと動かそうと一緒にやってみると，患者は自分の足の指

が自分の意志で動かせないことを発見し，「え!?なんで〜！」と笑い出した。その後，日々の生活のなかで「つま先」が意識されるようになり「歩く時，足のつま先がいつも浮いていて踵で歩いているみたいです」と語った。触れるとしびれを感じていた爪先や臀部に関しても，必ずしも「痛い」＝「嫌」という反応（嫌悪感）ではなく，その刺激を味わいながらも少しずつ自分の身体感覚を取り戻そうという姿勢が伺えた。「できない自分」よりもそんな自分を面白可笑しく笑い飛ばすような行動があり，患者のなかにある健やかさが出てきた。

　②変化することの「楽しさ」：自分の身体の感覚に興味・関心が湧いてきた患者は自然と日常生活のなかで身体を動かしはじめた。筋肉が温まり動かしやすくなることから，自らのアイディアでお風呂の湯舟のなかで足指を動かす練習や，散歩の時間には屋外のベンチで呼吸法やつま先立ちになる練習も積極的に実践した。すると真面目で努力家の患者らしく，やがて「力の抜き方がわからない」という訴えが出てくるようになった。つまり，力が入っている自分に気づき，「力を抜きたい」という気持ちを認識できたと考えられた。屋外のベンチでヨーガを練習しているときに，真夏でありながらも木陰で「外の風が気持ちよく感じた」など五感を通じて感じられたことも語られるようになった。①のセッションから1カ月ほど経つ頃には今まで全く反応しなかったつま先がかすかに動かせるようになり「もうびっくりした！　うれしかった〜！」と語られた。さらにつま先立ちができなかったが，自らの意志で踵を持ち上げられるようになったことや，その際に「ふくらはぎがツーって痛くなる。初めて感じられた！」と痛みのエピソードであるのにもかかわらず嬉々として語った。

　③不調・不具合も「あるがまま」：その後，さらに1カ月ほど経過すると，歩く，立つ，座る，靴の脱ぎ履きなどの日常生活の動作がスムーズになった。その一方，就寝時仰向けになると眩暈のようなふわふわした感覚や，父親からの暴言のフラッシュバックがあると語った。なかなか脱力できず，日常的に腕や手に痺れが生じ，「体の内側がいつもジワジワする感じ」と訴えた。セラピーでは，筋肉の等尺性収縮を用いながら，緊張と弛緩を繰り返す「アイソメトリックヨーガ」を実践していると自然と弛

緩が促され，瞼が重く眠くなり実践中に気づけば居眠りするほどの脱力ができるようになった。このときも患者は「わ！ 寝とった〜！」と驚いていた。身体に痺れを抱えながらも，その不具合に心が振り回されすぎず，自らの身体への働きかけによってリラックスすることができ，その後に全身の温かさを味わうようになった。

【考察】線維筋痛症患者にとって自分の身体を味わうことは，今の身体の不具合も感じることになる。しかし，「痛い」＝「嫌だ」，「できなかった」＝「残念」という認知に至ることはなく，「え?! ナニコレ？どういうこと？」と自分の身体への驚きや興味が自然と笑いに変わっていく様子を支持し，「体を使ったプレイ」としてヨーガを導入した。「身体を上手く動かせない」＝「ダメな自分」ではなく，むしろこの気づき自体が「自分の力」で自分を発見できたという喜びに繋がっていった。面白さを感じてくれることで，自然と「変化してみたい」という動機づけにつながり，これまで気づいていなかった身体感覚を通じて，自分の力で自分を発見できたという自然な「気づき」，そして「気づきによる喜び」へと変わっていき，治療者による認証を経て，日常的な肯定的感情をはぐくむことができ，QOL が著明に改善した。

本症例において，ヨーガプレイセラピーはヨーガの概念およびプレイセラピーとして純粋性，受容性，共感性を持った関わりの融合により心理療法として行った。強迫的な本人の特性を治療的に転換し，身体感覚を取り戻しながら，自身の体感や変化を味わいながら「楽しみ」「喜び」などの肯定的感情を促進することができ，脳報酬系が低下していると考えられた本症例において，幸福感の脳回路を活性化したと考えられた。

## Ⅴ おわりに

心身医療において，「からだ」の痛みと「こころ」の痛みが各症例でどう関連しているのかを，個々の症例で探求し発見していく患者と治療者の共同作業はしばしば困難でもあるが，患者の QOL が大きく変容していく作業に従事できるために治療者としても大きな喜びも得られる。実際，「こころ」の痛みを語れないために，慢性疼痛患者は膨大な時間やエネルギーを犠牲にしていることに驚かされる。人々の苦痛は人が何のために生きるのかを考えさせ，本当の幸福感を得ていく契機になる。より多くの心理臨床家に慢性疼痛診療の醍醐味を味わっていただきながら，この領域のプロフェッショナルとなっていただき，ともに現代の慢性疼痛医療を変革していきたいものである。

▶ 文献

安野広三（2020）疼痛性障害の合併症．心身医学 60；38-43.

Anno K, Shibata M, Ninomiya T et al.（2015）Paternal and maternal bonding styles in childhood are associated with the prevalence of chronic pain in a general adult population : The Hisayama Study. BMC Psychiatry 15；181. doi : 10.1186/s12888-015-0574-y

Damasio AR（1994）Descartes' Error : Emotion, Reason, and the Human Brain. Putnam Publishing.（田中三彦訳（2000）生存する脳―心と脳と身体の神秘．講談社，pp.1-375）

Eisenberger NI（2012）The pain of social disconnection : Examining the shared neural underpinnings of physical and social pain. Nature Reviews. Neuroscience 13-6；421-434. doi : 10.1038/nrn3231

細井昌子，柴田舞欧，岩城理恵ほか（2016）慢性痛難治化の心理社会的因子―養育スタイルとアレキシサイミア．最新医学 71；104-107.

Merskey H & Bogduk N（1994）Classification of Chronic Pain. 2nd Edition. IASP Press.

沼田裕一（1994）冠攣縮性狭心症と情動ストレスについて―その性格行動特性および直接の情動因子について 4 症例の検討から．心身医学 34；283-289.

Numata Y, Ogata Y, Oike Y et al.（1998）A psychobehavioral factor, alexithymia, is related to coronary spasm. Japanese Circulation Journal 62-6；409-413.

Shibata M, Ninomiya T, Jensen MP et al.（2014）Alexithymia is associated with greater risk of chronic pain and negative affect and with lower life satisfaction in a general population : The Hisayama Study. PLoS One 9-3；e90984. doi : 10.1371/journal.pone.0090984

横田敏勝（1998）痛みの定義―臨床医のための痛みのメカニズム．改訂第 2 版．南江堂，p.1.

🐚 [特集] 心身相関の心理臨床

# 「こころ」と「からだ」をつなぐもの
最近の遺伝学や精神神経免疫学からの知見

河合啓介 Keisuke Kawai
国立国際医療研究センター国府台病院心療内科

藤本晃嗣 Koji Fujimoto
国立国際医療研究センター国府台病院心療内科

## I　はじめに

　心身相関が病態に関与する疾患の概念は，基礎医学を中心とした医学の進歩により，日々変化しており，それは治療法へ影響を与える。本稿では，精神神経内分泌免疫学の観点から摂食障害を中心に「こころ」と「からだ」の関連について概説し，さらに過敏性腸症候群・機能性胃腸症・2型糖尿病・気管支喘息・自己免疫性疾患などのストレス関連性の身体疾患についても最近の知見を述べる。本稿は基礎医学的な内容が多くなり，臨床心理士・公認心理師の読者には馴染みが少ない専門用語が多く使用されている。そこで各項目にサマリーの欄を設け，医学用語をできるだけ使用しない解説を試みた。そのため，正確な記載ではない部分もあるが，ご容赦いただきたい。

## II　摂食障害

　図に遺伝学や精神神経免疫学の側面からみた神経性やせ症の病態を示す。

### 1　遺伝子研究（Watson et al., 2019）

　摂食障害は，食行動異常とそれに伴う認知や情動の障害を主徴とした疾患である。家族内集積性や一卵性双生児と二卵性双生児の一致率研究から，神経性やせ症（Anorexia Nervosa：AN）の約60%，神経性過食症（Bulimia Nervosa：BN）の約40%が遺伝的素因，残りは個人に特有な環境要因とされる（Bulik et al., 2006）。しかしながら摂食障害には，疾患特有の生物学的疾患マーカーがないため，その感受性遺伝子の同定はこれまで困難であった。2019年ゲノムワイド関連解析*（GWAS／ジーバス：Genome Wide Association Study）」の大規模研究の結果が発表され，精神疾患に加え，代謝異常調節が遺伝学的に寄与していることが明らかになった（Watson et al., 2019）。

● サマリー：摂食障害は遺伝の影響が大きい疾患であることが明らかになってきた。遺伝子研究の進歩がそれを裏付けている。

＊ ゲノムワイド関連解析
　2003年にヒトゲノム配列が解読され，ゲノム上に1,000万箇所程度あるとされる一塩基多型（Single Nucleotide Polymorphism：SNP／一塩基多型：ゲノム上で一塩基だけが他のものに置き換わっている変異のうち，特定の集団の1%以上にみられるものをいう）に注目し，数十万カ所以上のSNPを網羅的に解析するゲノムワイド関連解析（GWAS）の手

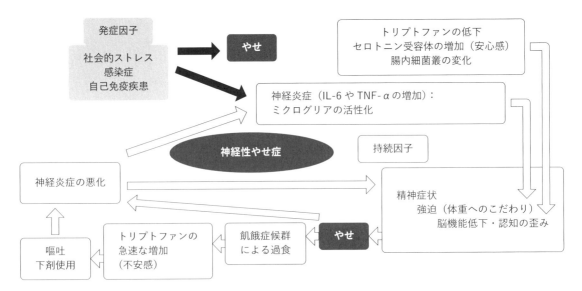

図　遺伝学や精神神経免疫学の側面からみた神経性やせ症の病態

法が発展した。この解析は特定の個人が全ゲノム中にどのような SNP をもつのかを網羅的に検出することが可能である。

Watson HJ たちのグループは，神経性やせ症遺伝学イニシアチブ（Anorexia Nervosa Genetics Initiative：ANGI）などのサンプルを用いて，17 カ国のヨーロッパ系患者神経性やせ症の患者 16,992 名と対象被験者 55,525 名について，これまでで最大限規模のゲノムワイド関連解析を実施した（Watson et al., 2019）。このメタ解析は 8 つの有意な遺伝子座の位置を同定した。さらに，その遺伝子座を遺伝子に結びつけるため，既存のデータベースを用いて検討した。その結果，精神症状としては統合失調症関連，強迫性障害，不安症，大うつ病と遺伝的に相関があり，さらに興味深いことに，代謝に関連する遺伝子とも相関を認

めた。つまり Body Mass Index（BMI）や肥満とは，強い負の相関を認め，さらに，BMI とは独立して 2 型糖尿病，空腹時インスリン，インスリン耐性，レプチンと負の相関，HDL コレステロールと正の相関を認めた。

これまで AN の低い BMI 値は，この疾患の心理的特徴（体型や体重への過度なこだわりなど）により，食行動異常（拒食，嘔吐）と，その二次的な身体変化（消化吸収障害）の結果として生じると経験的に考えられてきた。しかしながら，研究結果より，代謝性調節異常（食事量が同じでも体重が増加しにくい）に関する遺伝的素因を有している症例が存在することが明らかとなった。個々の遺伝子のオッズ比は高くなく，この評価には注意を要するが，治療開始後，体重の回復に時間がかかる症例は，心理的な抵抗だけではなく代謝異常も関与していることを念頭に置く必要があ

る（河合ほか，2019）。

- サマリー：AN では，身体的な異常（同じカロリーを摂取しても体重が増加しにくい体質）がある患者が存在することがわかってきた。治療後のやせの再発は心理的要因だけではないかもしれない。

## 2　幼少時期の養育環境，エピジェネティクス，腸内細菌叢（Rantala et al., 2019）

不幸な出来事，対人関係の問題，および食事環境は遺伝子型とは独立して AN のリスクを高める。さらに，セロトニントランスポーターの遺伝子型として，S−アレルをもつ人は，親による強い支配など，愛情スタイル変動の影響を受けやすい。この場合，親も患者と同様に S−アレルをもっている可能性もある。AN の遺伝的素因（親子で同様の遺伝子型，つまり類似の性格傾向をもつ場合）は愛情体験に相互作用を引き起こす（Karwautz et al., 2011）。

幼少時期の性的，感情的，肉体的虐待は愛着障害の発症リスクを上昇させる。この場合に摂食障害の発症リスクは 3 倍以上である。ネガティブな環境によるエピジェネティックな変化としてHPA（Hypothalamic Pituitary Adrenal Axis）軸のメチル化に影響を与え，グルココルチコイド受容体の発現量を低下させる。その結果，抑うつ状態を来たしやすくなる可能性がある。さらに幼少期のストレスは腸内細菌叢に影響を与え，また，低栄養状態も腸内細菌叢に影響する。それらの結果が精神症状や代謝に影響している可能性がある。

- サマリー：患者の性格傾向と両親の性格傾向には類似性があり，それは疾患発症時や発症後の家族関係を悪化させる。幼少時期の心理社会的ストレスは脳の機能に影響を与え，ストレス耐性を低下させる。

## 3　社会的ストレスと炎症性サイトカイン（Rantala et al., 2019）

ヒトや動物を対象とした研究では，社会的ストレスにより炎症性サイトカインの産生が誘発され，末梢での微小な炎症や神経炎症を引き起こすことが知られている。また社会的拒絶は TNF（Tumor Necrosis Factor）- $\alpha$ や IL-6 の上昇と関係する。興味深いことに，AN では TNF- $\alpha$ やIL-6 が上昇している。また，感染が契機になったAN の症例報告も多く，さらに自己免疫性疾患はAN の発症リスクを上昇させる。これらより AN の発症に炎症性サイトカインが関与していることが推察される。

一方，強迫性障害は AN の主要な併存疾患である。PET（Positron Emission Tomography）研究において，強迫性障害患者では，神経炎（特に脳のミクログリアの活性上昇）が生じていることが明らかとなった。動物実験でも，ストレスは神経炎を悪化させ，ミクログリア活性を上昇させることが報告されている。つまり，何らかの原因による神経炎症が生じ，神経伝達物質の機能不全が起こる。その結果として強迫症状を引き起こしている可能性がある。これらの神経炎が存在する場合，摂食障害に合併する強迫性障害様の行動を増加させるかもしれない。

- サマリー：ストレスにより脳内の神経細胞の炎症が惹起される。それは強迫症状を悪化させる。

## 4　セロトニン仮説

セロトニンは衝動性のコントロール，強迫性，気分や食欲に関連する。

Rantala MJ たちの仮説を簡単に述べると，AN患者は健常者と異なり，セロトニン系の機能不全が報告されている。ヒトを対象にした研究では食事中のトリプトファン（必須アミノ酸：肉・牛乳・チーズなどに多く含有される）を制限すると，AN では不安は改善し，気分は上向きになるが，健常者ではその変化は認められなかった。あくま

でも仮説であるが，AN では，生来，脳内のセロトニン濃度が高い。飢餓によりトリプトファンが欠如すると，脳は残存しているセロトニン（トリプトファンの代謝物）を有効活用するためセロトニン受容体の数を増加させる。つまり，一時的に心地よく感じるためには，さらにトリプトファンを減らす（摂食制限）必要があるという。AN 患者は，安心感を得るためには，摂食制限を続ける（図）。食事摂取は，この一時的な安心感を低下させてしまう。つまり AN では，食後の不安に脳内のセロトニンの関与が示唆される。一方，AN の過食排出型では，飢餓症候群による過食行動や過食による気晴らし，過食後の不安，さらにその代償行為としての排出行為が加わる。

BN では，AN と異なり，短期間の絶食でもセロトニン濃度が健常者より低下しやすく，気分が容易に低下する。つまり，中枢神経セロトニンの産生が低下している。BN 患者は AN 患者と対照的にトリプトファンの低下は気分の低下を引き起こし，それを補うために過食になるという。

● サマリー：摂食障害の患者は，やせると気分が安定し，食事を摂取すると不安になりやすいことが脳内物質（セロトニン機能）の観点でも説明ができる。これには遺伝的な素因が関係している。つまり，もともと食事内容がこころに影響を与えやすい体質かもしれない。

**5　精神神経免疫学に基づいた摂食障害の治療**

規則正しい食事と栄養状態の改善が，セロトニン機能の回復や炎症性サイトカインの改善への基本であることはいうまでもない。非定型抗精神病薬であるオランザピンは，いろいろな受容体に作用するため，MARTA（多元受容体標的化抗精神病薬）と呼ばれ，過剰なドパミンの働きを抑える働きがある。日本では統合失調症，双極性障害における躁症状およびうつ症状の改善する薬剤として保険適応がある。この薬剤は，有意に AN 患者の体重を増加させることが知られている。マウ

ス実験では，オランザピンは神経炎症を抑制する。さらにオランザピンは TNF-α や IL-6 を抑制する。つまりオランザピンは，サイトカインを介して AN の治療に貢献している可能性がある。

● サマリー：オランザピンは脳神経細胞に働き，精神状態を安定させると考えられていたが，神経炎症を抑えるという別のルートから摂食障害の改善に働きかける。

**III　肥満（益崎・島袋，2017）**

肥満は，「脂肪組織が過剰に蓄積した状態」を指す。日本肥満学会の基準では BMI 25kg/㎡ 以上を肥満と判定している。文明の発展により，先進国において，誰でも容易に食事が手に入るようになった。一方，古代より人類は，飢餓に備え，食事から最大限のエネルギー量を摂取できるように進化してきた。この単純なエネルギー量の不均衡（摂取カロリー＞消費カロリー）が肥満をエピデミックにした。動物性脂肪の過剰摂取はレプチン抵抗性を惹起し，視床下部の炎症や細胞ストレス（小胞体ストレスや酸化ストレスなど）を誘発して食欲調節機構を攪乱する。動物性脂肪の摂取後には短期間に視床下部に活性化したマイクログリアが浸潤し，組織ダメージと白血球の遊走をもたらす。近年，動物性脂肪に対する依存とショ糖，麻薬・ニコチン・アルコールなどに対する依存症との類似性が注目されている。依存症における刺激物質の摂取量増加は，衝動性のコントロール不全やパーソナリティの脆弱性とは限らず，脳内報酬の認識閾値が上昇し，それまでの摂取量では脳が満足（報酬）を得られなくなることを意味しているととらえることもできる。

● サマリー：肥満症には脳内の食欲調節機構に乱れが関与している。食事を取る際の喜びが少ないため多量に摂取するという考え方も可能であり，強度の肥満症患者は依存症の一種と考えると病態理解が容易になる。

## IV　気管支喘息
### （一般社団法人日本アレルギー学会，2019）

気管支喘息は，気道の慢性炎症を本態とし，変動性をもった気管狭窄（喘鳴，呼吸困難）や咳などの臨床症状で特徴付けられる疾患である。

喘息は心理社会的影響を強く受ける疾患であり，逆に喘息そのものが患者の心理社会的面に影響を及ぼす（一般社団法人日本アレルギー学会，2019）。喘息児と健常児に5分間ストレスフルな課題をテープに吹き込む課題を与えると，喘息児は，呼吸抵抗が20％増加した。成人喘息の少数例の研究で喘息にみられる炎症過程と情動的因子と間に密接な関係があることが機能的磁気共鳴画像法（functional Magnetic Resonance Imaging：fMRI）を用いた研究で明らかになった（ストレス百科事典翻訳刊行委員会，2010）。ストレスマネジメント訓練は，喘息患者の肺機能に客観的な改善をもたらすなど，臨床上有意な改善をもたらす（ストレス百科事典翻訳刊行委員会，2010）。

- サマリー：喘息は以前より，ストレスイベントと関連することが経験的に知られていた。脳科学の研究では，その解明が進んでいる。心理的アプローチとしては，ストレスマネジメントにエビデンスがある。

## V　過敏性腸症候群
### （日本消化器病学会，2014）

過敏性腸症候群は，腹痛あるいは腹部不快感とそれに関連する便通異常が慢性もしくは再発性に持続する病態を指す。双子研究より過敏性腸症候群（Irritable Bowel Syndrome：IBS）の病態には遺伝が関与することがわかっている。IBSに関与する候補遺伝子研究では決定的な遺伝子は未決定であるが，セロトニントランスポーターの遺伝子多型と内臓知覚過敏などの研究が進んでいる。人生早期に受けた外備的ストレスはIBSのリスクを高める。IBSの大腸粘膜には，上皮内リンパ球，CD3陽性細胞，CD25陽性細胞などが増加しており，その病態には粘膜炎症が関与する。IBSは急性胃腸炎に罹患したあとに発症する群があり，感染性腸炎後IBSと呼ぶ。腸内の常在菌叢が健常とは異なる。この腸内細菌叢の変化はプロバイオティクスにより改善する。

IBS患者の認知様式には破局思考と消化特異的不安があり，心理的治療に対する抵抗性をもつ。これらの心理的異常の背景には，脳画像検査で検出可能な脳機能異常が存在する。大腸進展刺激時の脳の反応性研究のメタアナリシスでは，前帯状回，偏桃体，中脳における信号増強，ならびに内側・外側前頭前野の信号低下がみられ，情動処理と記憶に重要な役割をもつ偏桃体を中心とした神経ネットワークと症状に関連があることが明らかとなった。

- サマリー：IBSは遺伝的な素因もある。また，ストレスで下痢や便秘は悪化するが，精神状態が腸管運動に影響を与えているだけではなく，腸の粘膜には炎症が存在している。実際，直腸を物理的に拡張するような刺激を与えると知覚過敏がある。

## VI　2型糖尿病（日本糖尿病学会，2019）

糖尿病は，インスリン作用の不足による慢性の高血糖状態を主徴とする代謝疾患群である。うつ傾向（うつ病）を有する人は，そうではない人に比べて，2型糖尿病発症のリスクは有意に高い（相対危険度1.38）。一方，2型糖尿病を有する人は，そうではない人に比べてうつ病を発症するリスクは有意に高い（相対危険度1.25）。社会環境では，例を述べると微小粒子状物質（PM2.5）の大気中の増加は，その地域の2型糖尿病の発症リスクや有病率を増加させる。社会経済的な問題では，社会的な立場が低いことは発症リスクの増加と関連するが，貧困率の高い地域から貧困率の低い地域へ転居すると発症リスクは低下する。運動のしやすさや健康的な食品を入手しやすい環境は発症リ

スクを低下させる。

● サマリー：2型糖尿病はうつ状態と関連が強い疾患である。治療には，セルフケアが重要である。セルフケア不良には，患者自身の課題だけではなく，社会・経済環境も影響する。

## VII　自己免疫性疾患（Song et al., 2018）

本来は病原体から身を守るはずの免疫システムに異常を来たし，自分自身の身体を誤って攻撃をするようになった状態を指す。心的外傷後ストレス障害（Post Traumatic Stress Disorder：PTSD）などのストレス関連障害が，アジソン病，自己免疫性甲状腺炎，ギランバレー症候群，クローン病などの41種類の自己免疫疾患の発症と関係することが，大規模コホート研究で示された。平均10年の追跡期間で，PTSD曝露群は対照群に比べて自己免疫疾患の発症リスクが高く，ハザード比は1.36（95% C11.33～1.40）だった。その機序として，ストレス下で活性化された自律神経系は，免疫機能の調節異常と炎症反応の脱抑制を誘発する可能性があると考えられる。さらに，人生早期にトラウマ体験をもつPTSD患者は極端に低コルチゾール・レベルを来たす。この結果は，炎症性サイトカインの産生と免疫の過剰な活性化を増幅させる。

● サマリー：PTSD患者は，免疫能の機能変化や炎症反応を起こしやすくなる。それが自己免疫性疾患の発症率を増加させている。

## VIII　まとめ

遺伝学や精神神経免疫学の側面から，「こころ」と「からだ」の関連を概説した。特に遺伝学・精神神経免疫学の進歩は，「こころ」が関与している身体疾患の病態理解や治療にパラダイムシフトを引き起こす可能性がある。

▶文献

Bulik CM, Sullivan PF, Tozzi F et al.（2006）Prevalence, heritability, and prospective risk factors for anorexia nervosa. Arch Gen Psychiatry 63；305-312.

一般社団法人日本アレルギー学会（2019）アレルギー総合ガイドライン2019. 協和企画.

Karwautz AFK, Wagner G, Waldherr K et al.（2011）Gene-environment interaction in anorexia nervosa：Relevance of nonshared environment and the serotonin transporter gene. Molecular Psychiatry 16；590-592.

河合啓介，藤本晃嗣，杉山真也（2019）摂食障害を精神・代謝調整異常疾患として考える．こころの科学 209；38-41.

益崎裕章，島袋充生（2017）肥満症とメタボリックシンドローム―最近の知見と展望．日本内科学会誌 106-3；477-483.

日本消化器病学会 編（2014）機能性消化管疾患診療ガイドライン2014―過敏性腸症候群（IBS）．南江堂, pp.18, 20, 22, 25, 27, 28.

日本糖尿病学会 編著（2019）糖尿病診療ガイドライン2019. 南江堂, p.352.

Rantala MJ, Luoto S, Krama T et al.（2019）Eating disorders：An evolutionary psychoneuroimmunological approach. Front Psychol 10. doi.org/10.3389/fpsyg.2019.02200.

Song H, Fang F & Tomasson G（2018）Association of stress-related disorders with subsequent autoimmune disease. JAMA 319-23；2388-2400. doi:10.1001/jama.2018.7028.

ストレス百科事典翻訳刊行委員会 編，日本ストレス学会 編集協力（2010）喘息．In：ストレス百科事典―精神医学的・臨床心理的・社会心理的・社会経済的影響．丸善出版, p.382.

Watson HJ et al.（2019）Genome-wide association study identifies eight risk loci and implicates metabo-psychiatric origins for anorexia nervosa. Nature Genetics 51；1207-1214.（www.nature.com/naturegenetics［2020年1月15日閲覧］

[特集] 心身相関の心理臨床

# ソマティック心理学と心理臨床

"架け橋の心理学"の紹介と展望

久保隆司 Takashi Kubo

日本ソマティック心理学協会／早稲田大学文化構想学部

## I　はじめに

「ソマティック心理学（somatic psychology）」とは何を意味するのだろうか？「ソマティック」とは，「生きている身体」を意味する言葉である。そしてソマティック心理学とは，本来的に心と身体は不断に相互対話を行い，影響を与え合っている「1つの実体の2つの相」であるという心身一元論の立場に立つ心理療法である。語源的には，「soma+psyche+logos」の複合語であり，「身体と心（精神，または魂）の統合学」「心身相関の学」という広義の解釈も成り立つ。

「ソマティック心理学」は，身体（呼吸，姿勢を含む身体感覚，身体動作）をアクセスルートとして，無意識（または，非言語的領域）と接し，意識（言語的領域）との統合を図る心身アプローチの総称である。よってさまざまなアプローチがあるが，心身一元論，身心一如的な基本概念，すなわち，ボディ・エモーション・マインド・スピリットの統合性・バランスを尊重する点では共通している。

ここでは「臨床心理学としてのソマティック心理学」を，英語で body (oriented) psychotherapy，または somatic psychotherapy と表記される心理療法に属するアプローチとしておく。日本語では身体指向心理療法，身体心理療法，狭義のソマティック心理学（心理療法）と同義となる。近年の日本において，「ソマティック心理学」の呼称も次第に定着してきているので，以下では，この表記を主に用いることにしたい。

## II　これまでの歩み

近代の臨床心理学の主たる源流は，欧州（特にドイツ語地域）で発展した S Freud の精神分析学にあるとも言えようが，ソマティック心理学の大きな源もそこに求めることができる。Freud 自身，初期の治療では，催眠を基礎に前額法など身体接触を含むさまざまな身体的技法を，さまざまな身体的症状を示すヒステリー症の患者に適用することを試みていた。また理論的にも，性的エネルギーとされるリビドー（欲動説）の（口唇期に始まる）身体的な発達に対応した固着状況に応じて，個別の心理／自我が形成されると考えたことはよく知られている。この頃，精神分析運動とも関わりながら，心身医学（psychosomatics）も誕生した。心身に関心高い時代だったようである。G Groddeck の提唱したエス（イド）は，実にソマティック的な概念である。ソマティック心理学

と心身医学（心療内科など）は，共に心身のつながりを重視する立場でもあり，非常に親和性が高い。

　CG Jung は，リビドーを広く心的エネルギーとして定義した。Jung は身体性を重視した臨床家である。ソーマとサイキの相互作用を橋渡しする機能を情動が担っている考え，類心的情動説を唱えた。情動は心的な状態と，生理学的・身体的な神経作用の状態の双方の性質をもっていて，相互に影響を与え合っている。このような心身未分の原初的領域を，類心的領域（サイコイド）と呼ぶ。ここは心的次元と身体的次元が結びつく，ユング心理学の奥義「アクティブ・イマジネーション」活躍の場である。この技法から，後の米国でオーセンティック・ムーヴメントやプロセスワークも生まれている。

　近年注目を浴びるトラウマ療法には，P Janet に起源を求めるものが多いが，長らく「ソマティック心理学の父」とされてきたのは，リビドーを生物学的な生命エネルギーと捉えた，Freud の異能の弟子 W Reich である。Reich は「性格の鎧」概念を「筋肉の鎧」へと発展させ，心理と身体と生体エネルギー（リビドー改め，オルゴン）の直接的な関係性を探求した。第二次世界大戦中，Reich は北欧経由で米国に亡命し，研究を続けた。その影響下，1960 年代から 1980 年代にかけて，A Lowen のバイオエナジェティックスをはじめ，D Boadella のバイオシンセシス，R Kurtz のハコミメソッドなど，続々と後のソマティック心理療法が生まれることになった。

　特に 1960 〜 1970 年代のカリフォルニア，なかでもエサレン研究所を中心とするヒューマン・ポテンシャル・ムーヴメントの大潮流のなか，F Perls のゲシュタルト療法，A Maslow，C Rogers の人間性心理学，ユング心理学，C Selver のセンサリー・アウェアネスをはじめ，さまざまなボディワーク，さらに Reich 系のセラピー，禅やタオのような東洋思想が一堂に会し，そこから新たな精神文化の動きも生まれた。この

ような環境において，より身体性，心身統合に焦点を当て，ボディワークや瞑想などの身体的実践も取り込む形で，「ソマティック心理学」という概念も生まれたのである。

　ソマティック心理学は，心理療法の傍流的な時代が長く続いた。そもそも心理療法界には，精神分析学系の影響もあり，身体，身体性，身体接触をタブー視する見方が根強いことも大きく影響していよう。戦後の精神医学，心理療法の中心となったのは米国であるが，米国では自我心理学系の精神分析学が精神医学領域で広まった。その後，全体としては認知行動療法系のモダリティ（CBT）がメインストリームとなった。

　そして 21 世紀に入り，米国では，ソマティック心理学がメインストリームの一角に地位を築くことに成功していく。その大きな理由として，ここでは 3 つを挙げておく。1 つ目は，PTSD 対応の心理療法としての地位の確立である。PTSD に対しては，薬物療法は確立しておらず，その多くの症状は身体的・解離的なものとして顕れる特徴がある。そこに注目するソマティック心理学の有効性が定評を得た。その背景には，事故や虐待に起因する心的トラウマによる解離，PTSD が臨床的に注目されたことから，21 世紀前後の一種のパラダイムシフト的現象もあろう。「抑圧」のFreud に敗北したライバル，「解離」の Janet の 100 年ぶりの復権である（Janet は，心（感受性）と身体（運動性）は本来的に相互作用しており，切り離すことのできない統合的な生命体のプロセスと考えていた）。2 つ目は，1990 年代の米国で「脳の 10 年」と呼ばれる脳科学周辺領域での科学技術の進歩がある。たとえば，fMRI ／ PET ／ EGG などの機器の精度が上がり，脳内の画像や脳波の状態を詳しく分析できるようになった。神経心理学者が注目され，たとえば，A Schore の愛着理論など，神経科学ベースドな観点から，新しい心理学の理論仮説が提唱された。ソマティック心理学は，このような医学的・科学的な知識を臨床の場に積極的に取り込むことで，信頼性

の向上に寄与した。3つ目は，メインストリームのCBT（第二世代：Beckの認知療法，EllisのREBTなど）が，いわゆる第三世代になって（例：DBT，ACT），「マインドフルネス」が積極的に導入されたことが，大きな転機となった。マインドフルネス（そして，主たる実践である瞑想）は，つまるところ，身体性・身体感覚の方向，「ソマティック」に至ると考えられ，「身体」に対するハードルも低くなる。

　拙訳『PTSDとトラウマの心理療法』（ロスチャイルド，2009）を出版した2009年当時，具体的なソマティック系トラウマ心理療法はほとんど日本になかった。しかし，この10年間で選択肢に困るほど増えてきている。広くソマティック系の療法が着実に拡大しているといって間違いなかろう。

### III　基本的な効果と諸技法

#### 1　効果

　言葉を使う一般的な心理療法（トークセラピー）は，言語機能を担う大脳新皮質への働きかけが主となる一方，より深い根源，生物的な情動や本能レベルに働きかけるためには，非言語領域に対応するソマティック心理学が効果的とされる。言葉を通して，「かつて・あそこで」というように過去に焦点を当て，発話内容を細かに分析するのではなく，本能や情動と直結する身体性に注目することによる，「今・ここで」に対する焦点化への移行に，ソマティック心理学は適している。なぜなら，身体感覚，身体運動は，常に「今・ここで」体感，体認，体験するものだからである。

　ソマティック心理学が効果的である理由には，クライエントの直接的な行動や体験から，言語だけでは入手困難な「情報」を得られることがある。非言語的コミュニケーションによる共感的理解は，セラピストとクライエントとの間での高レベルの信頼関係を，短時間で構築することに効果がある。また，クライエントにとって，もはや必要のない習性パターン（たとえば，幼少期の体験から形成され，繰り返されるもの）を変化させ，成

長の足かせとなる体験から自由になることに効果がある。それらの身体的な記憶は，潜在記憶に深く刻み込まれ，クライエントの日常生活の気分や思考や行動に大きな影響を与えてきたのである。クライエントはセラピストと一緒に，体験を構成している習性と真摯に向き合い，取り組むことを要求される。動作や感覚的体験を通しての身体への働きかけによって，感情と結びついている無意識的な記憶を効果的に意識化すること，つまりは，身体・感情・心理・スピリットの統合を図ることがソマティック心理療法の目的である。

#### 2　諸技法

　ソマティック心理学では，筋肉に働きかけるものから，マインドフルネスの瞑想状態を使うものまで，さまざまな技法が活用されるが，それらのすべては体験的な方法によって無意識（＝非言語）にアクセスするための手段となる。

　具体的なソマティック心理療法として，バイオエナジェティックス，バイオシンセシス，ハコミメソッド，プロセスワークなどがある。特にトラウマ心理療法として，ソマティック・エクスペリエンシング（SE），センサリーモーター療法（SP），AEDP，ブレインスポッティング（BSP）などがある。ゲシュタルト療法，フォーカシング，EMDR，マインドフルネス系心理療法，臨床動作法，また，エネルギー心理学とも呼ばれて身体へのタッピングを使うTFT，EFTなども，ソマティック心理学関連と捉えられよう。D Siegelの対人神経生物学（IPNB）の分類とも重なるところは多い。

　また，ボディワーク／ダンスワークなどを含む，気づきを重視する身体ワーク（ソマティックス）とも密接な関係がある。その知見，技法の一部をセッションに取り入れることもできる。ソマティック心理療法のサイコセラピストは，いくつかの身体技法のプラクティショナーである場合も多い。臨機応変に，非常に豊かなリソースを活用することができるのである。

以上のように，ソマティック心理学の領域には，多くの手法があり，それぞれ独自の技法をもっている。また，それらの手法の組み合わせも考えられ，新しい展開の余地は多くあり，未来に開かれている。

## IV　ブリッジとしての「ソマティック心理学」，ハブとしての「心身統合」

### 1　「無意識」と「意識」の橋渡し

ソマティック心理学の大きな特徴のひとつは，これまで異なる領域・世界であったものの橋渡し（ブリッジ）が，ストレス少なくできるという点にある。たとえば，実験心理学と臨床心理学，脳科学／神経生理学と臨床心理学，精神科・心療内科（心身医学）と臨床心理学などである。基本的な一例として，「無意識」が存在するかどうかの答えを，ソマティック心理学から知ることができる。心理療法には，「無意識」の存在を否定・無視する認知行動療法から，無意識の存在を重要視する深層心理学（個人無意識の精神分析学派，集合無意識まで考慮する分析心理学を含む）まで，さまざまなものがある。そして，無意識を想定する学派であっても，その定義や理解はさまざまで，主観的なレベルにとどまっているものも多い。

ソマティック心理学では，脳の基本的な三層構造——大脳新皮質（言語領域）・大脳辺縁系（非言語領域）・脳幹（非言語領域）——のうち，非言語領域に関連して，感情や身体感覚，その他姿勢や動作など身体性として蓄積されている，意識・記憶・反応などを「無意識」と定義することが多い。非言語領域に属し，言葉で表現できないので，「無意識」というわけである。「無意識」であり，言語上は存在しないが，強烈な感情は身体に記憶され，確実な存在感を身体症状などの形で顕示するのである。大雑把な説明だが，この定義で無意識の存在は医学的にも無理なく説明できる。臨床心理学が，主観的な心理だけを対象としたり，言語による表現を主たる心理と考えている限り，人間の内面のごく一面しか捉えていないことがわか

る。一人称的な側面（心理，主観的，気づき），二人称的な側面（共感，間主観的・間身体的，絆の構築と維持），三人称的な側面（身体症状，客観的，神経生理学などからの洞察），これらすべてが統合的に活用されることにより，心身に全人的に効果のある療法となる。それがソマティック心理学である。

### 2　「心身相関」と関連分野

「心身相関」や「心身統合」は，ソマティック心理学の橋渡し機能のコア概念である。よって，その研究の対象と目的は，物質と精神との関係性の究明とその分離の統合になる。神経科学，神経心理学的な知見が，ソマティック心理学の基盤となっていることは言うまでもない。たとえば，ソマティック・マーカー仮説やポリヴェーガル仮説など興味深いものがいくつもある。哲学的には，Descartes 以後，特に注目される心身二元論の問題，心身問題，または，科学（物質主義）と宗教（精神主義）の問題に深く関連する。特に現代哲学においては，E Husserl や M Merleau-Ponty らの現象学の流れがある。さらに，D Chalmers らの「ハードプロブレム」に焦点を当てる「心の哲学」「意識研究」の流れは，神経科学とも対話しながら 21 世紀も展開しつづけている。

日本では，上記の流れとは別に，春木豊・早稲田大学名誉教授による新しい学問領域「身体心理学」の提案があった。実験心理学／行動主義的な立場からの発想による，身体性（動き・感覚・感情，そして姿勢・身体接触など）から心理への働きの強調であり，心理学が囚われている脳（認知機能）一元論からの脱却のため，ジェームズ＝ランゲ説（いわゆる「泣くから悲しい」）の再評価，呼吸を中心とするレスペラント反応（無意志的反応と意志的反応の双方が含まれる，主として筋骨格系の反応）などが提言されている。「身体心理学」は行動科学の三人称的視点に立つが，「臨床心理学としてのソマティック心理学」との補完的，シナジー的な効果も期待される。

## V　心理臨床活動との関係
### ——効果，問題点，対応，そして展望

### 1　効果

　トークセラピー（言葉による心理療法）による介入は，言語中枢があり認知機能の領域となる大脳新皮質に主に働きかけるため，神経症などには効果があろう。しかし，脳には新皮質以外に，情動の機能の大脳辺縁系，呼吸や血圧など生命維持の機能をもつ脳幹などがあり，どちらも非言語のエリアである。言語による介入には解剖学的，神経生理学にも自ずと限界がある。PTSD など非言語的な点に主因のある症状には，身体感覚，情動に主に働きかける非言語，ソマティックな手法が効果的であることは，今や世界中のトラウマ心理療法の現場で，前述の各ソマティック心理療法が主流の一角を占めていることからも明白である。

### 2　問題点

　ここでは，基本的な問題点として，「身体接触（タッチ）」に関することを挙げておく。心理療法家において「接触はタブー」だとする風潮があるが，これは，Freud をはじめとする精神分析家における多くの転移関係などの「失敗」（例：Ferenczi），過度な身体への傾斜（例：Reich）の結果でもあろう。「直接的な身体接触（ダイレクト・コンタクト）」は，セラピスト－クライエント間に無数で多層の非言語的コミュニケーション・チャンネルが即時に開通し，無意識レベルにおいても陽性，陰性を問わず転移関係が形成される可能性が高い。つまり，効果が高い分，リスクも高い。

　よって，身体心理療法の教育を受けていない心理療法家が，我流でこのような身体的介入を安易に導入することは危険である。ただ，身体接触をタブーとする立場は，リスク管理上の対応として理解できる面もあるが，機械的に一律に禁止するのでは，生きた人間同士の間でなされる生きた心理療法ではもはやないと考える。

### 3　対応

　タッチケアの有効性は科学的にも確かめられており，たとえば，オキシトシンの分泌度で検証されている。生物学的な原則は当然，人間に当てはまる。ただし身体接触の前に，セラピスト－クライエント間（二人称の領域）の関係性が，安全なものとして構築されていることが前提になる。身体接触が益ではなく害になる場合，その問題点を探求することは，セラピーのプロセスにおけるコアとも考えられる。特に身体接触による性的被害を受けたトラウマをもつクライエントでは，身体接触がトリガーになる可能性は高い。そのようなクライエントには，自分自身で身体に触れてもらうなどの方法から導入するのが妥当であろう。

　もちろん，必ずしも身体接触が必要なわけではない。不得意なセラピストもいるだろう。ただ，セラピストのエゴや力量不足で，身体へのアプローチが適切だと思われるクライエントに対し，身体系の手法を一切拒否するとすれば，そのセラピストは不誠実である。先ほど触れたセルフタッチの導入も含め，セラピストが言葉によって，身体感覚に焦点を与えるようにガイドしていく方法もある。また，他のセラピストにリファーするという選択肢もあるが，セラピスト自身の成長のためにも，ソマティック系のトレーニングを受講することも大切であろう。もうひとつの選択肢として，ボディワーカー（ソマティック・プラクティショナー）など適切な身体技法に習熟した専門家とチームを組む分業制も考えられる。心理士が両方を担う必要はないが，身体面のワークへの理解が必要であり，自身もクライエント的な立場で受け手の体験をすることや，ボディワーカーとの密な意見交換も重要となる。

### 4　展望

　21 世紀前半の臨床実践としての心理学の世界的潮流は，脳科学，神経生理学などの諸科学や意識研究との連携・統合であるといえる。現在，ソマティック心理学は，そのような流れのなかでユ

ニークな存在である。たとえば，身体症状を伴う
PTSD や関連する解離症状は，心身統合とは真逆
の心身分裂を表す重度の症状であるが，そのよう
な病理的な心身分離状態からの回復にとどまら
ず，さらに健康的な統合状態（ウェルビーイング）
にまで導くことが，ソマティック心理学の役割で
あり，心と身体，東洋と西洋，主観性と客観性を
つなげることで全体性の回復を指向するものであ
る。

　ソマティック心理学関連には，非常に大きな未
来，可能性があると実感する。特に，長年にわ
たって蓄積された豊かな身体文化のリソースをも
つ日本での展開に期待が高まる。今後ますます，
AI 技術など社会インフラ化が広がるほど，身体
感覚，情動／感情や，身体同士の関係性の重要度
が増すのは必然であろう。臨床心理学と，神経生

理学，医学，諸科学などとの橋渡し役としても，
ソマティック心理学に果たせる役割は多くあると
考える。これからの心理臨床家が少しでも多く，
適切なソマティック（心身）関連の知識と技能を
もたれることを期待する。また同時に，日本への
ソマティック心理学の導入にかかわった一人とし
て，今後の新たな展開，これからのご縁ある皆様
との協働・連携を楽しみにしている。

▶ 文献

久保隆司（2011）ソマティック心理学．春秋社．
久保隆司（2015）心理療法としてのソマティック心理学を
　概観する．In：久保隆司，日本ソマティック心理学協会
　編：ソマティック心理学への招待―身体と心のリベラル
　アーツを求めて．コスモスライブラリー．
バベット・ロスチャイルド［久保隆司 訳］（2009）PTSD
　とトラウマの心理療法．創元社．
日本ソマティック心理学協会 HP：somaticjapan.org

**告 知** …… **A/CRA/FT 実践報告会**

主旨：東京 A/CRA/FT に関して実践をしている方の報告を聞き，ヘンドリック・ローゼン先生に公開スーパー
　ヴァイズをしていただきます。
場所：東京医科歯科大学 3 号館 7 階　保健衛生学科講義室 4
日時：4 月 19 日（日）14：30 ～ 17：00（14：15 受付開始）
司会：松本俊彦
スーパーヴァイズ：ヘンドリック・ローゼン
報告者：吉田玲夫（医療法人吉田会吉田病院・精神科医），齊藤健輔（東北会病院リカバリー支援部・精神保健
　福祉士）
定員：40 名
参加費：2,000 円
使用言語：英語・日本語（逐語訳）
参加資格：どなたでもご参加いただけます。
申込み：詳細・お申込は次のアドレスをご覧ください。https://www.acraftasia.org/workshop

💬 [特集] 心身相関の心理臨床

# 自閉スペクトラム症の「こころ」と「からだ」の特徴と支援

## 岩永竜一郎 Ryoichiro Iwanaga
長崎大学生命医科学域

## I　はじめに

　自閉スペクトラム症（ASD）には，「からだ」の問題が大多数に見られ，それが生活上の困難を引き起こしていることがある。

　ASD 児者の「からだ」の問題として感覚や運動の問題が知られている。DSM-5 において，ASD の診断項目に感覚の問題が加わったことや，発達性協調運動症が ASD と併記診断可能になったことからも，これらの問題への注目が増していると考えられる。

　本稿では，ASD 児者の「からだ」の問題を感覚と運動の視点からとらえ，その特徴と支援について述べたい。

## II　ASD 児者の感覚面や運動面の問題

　これまでの研究で，ASD 児の 80％以上に感覚刺激に対する反応異常が見られることが報告されている（Marco et al., 2011）。例えば，「サイレンなどの大きな音に耳ふさぎをする」「触られることを嫌がる」「理科室のにおいが気になり入れない」などの感覚刺激への過敏反応はよく見られる問題である。一方，ASD 児は「呼んでも振り向かない」「骨折をしても痛がらない」などの刺激

に対する低反応が見られることもある。

　ASD 児者の感覚プロファイル（Sensory Profile：SP）のスコアと Vineland-II 適応行動尺度（VABS-II）の不適応尺度との相関が高く，感覚の問題は不適応行動と関連が強いことがわかっている（萩原ほか，2012）。

　協調運動面については，ASD 児の 79％に明らかな問題（5 パーセンタイル以下）が，10％に境界級の問題（15 パーセンタイル以下）が認められたことが報告されている（Green et al., 2009）。ASD 児は DCD 児や ADHD 児に比べ，身体模倣が困難であることもわかっている（Dewey et al., 2007）。

## III　当事者からの感覚・運動の問題に関する報告

　ASD 児者の「からだ」の問題を知るためには，当事者の証言に耳を傾ける必要がある。次に ASD 児者の感覚に関する記述を紹介する。

　Donna Williams（ウィリアムズ，1993）は，「なにしろ，私は人に近付かれることと触られることが徹底的に嫌いなのだ。決して悲鳴を上げることはなかったが，人に触れられそうになっただけで，私は猛烈な勢いで逃げ出した」と触覚刺激に対する特有の体験を述べている。Temple Grandin（グ

ランディン，1994）は，「その霧笛が鳴ると，私の頭はくらくらして拷問にかけられているようであった」と苦悩の体験を述懐している。このようにASDの人の記述を読むと，感覚過敏による日々の生活における不快体験についての訴えが多いことに気づかされる。

一方，感覚刺激への低反応のエピソードも紹介されている。Grandin（グランディン，1994）は「コインや蓋が回転する動きに夢中になっている時は，他には何も見えず，何も聞こえませんでした。周りの人たちも目に入りません。どんな音がしても見つめ続け，耳が聞こえない人になったかのようでした。突然大きな音がしても，驚いて我に返るという事はありませんでした」と述べている。いわゆるシングルフォーカスの状態になると，フォーカスが当たっていない他の刺激に対する気づきが起こりにくい可能性がある。

感覚刺激の取捨選択の問題も報告されている。綾屋紗月（綾屋・熊谷，2008）は，次のように書いている。「私はまず，『おなかがすいた』という感覚が分かりにくい。なぜなら，身体が私に訴える感覚は当然，この他にも常にたくさんあるわけで，『正座のしすぎで足がしびれている』『さっき蚊に刺された場所がかゆい』『鼻水がとまらない』など空腹感とは関係のないあまたの身体感覚も，私には等価に届けられているからである」。このような感覚の洪水状態に混乱させられているASD児者がいることを常に思い出す必要がある。

自己の身体感覚が認識できないという話もある。小道モコ（2009）は「見えないもの（背中）はない」など，見えない身体部位の身体認識の問題を述べている。

自叙伝において協調運動を要する動作の困難も紹介されている。Liane Holliday Willey（ウィリー，2007）は「あんな複雑な動き，どうしたって覚えられるはずがない。踊るためには左右対称の動き方ができなくてはならない。でも，私には自分の身体の動きを調節することができなかった。（中略）私の脳には，そんな込み入ったことを身体に指示する能力はそなわっていなかった」と述べている。花咲蜜（2016）は，自身について「身体障害ではないのに身体的自由が奪われる」と述べている。彼女は具体的エピソードとして，「相手の所作を真似ているつもりでも，真似になっていない」「右手でドアを開けた途端，ドアを顔面に打ち付けてしまい衝撃が走った。また，左足が風呂場に取り残されていて，なぜか身体の一部との認識がなさなかったことがある」「紙を押さえておくのが難しかった。右手の動きに集中していると，いつの間にか左手が脱力してしまう」などを挙げている。

## IV　感覚面・運動面のアセスメント

感覚面のアセスメントには，感覚プロファイル（Sensory Profile：SP）を用いることができる。SPは対象児者の日頃の感覚刺激への行動反応についてとらえる質問紙検査である。SPには，乳幼児版（0～6カ月児用と，7～36カ月児用），3～10歳用，青年・成人版（11歳以上）がある。

感覚識別能力や協調運動能力の問題のアセスメントには幼児向けの日本版ミラー幼児発達スクリーニング検査（JMAP）や，3～10歳の子ども向けのJPAN感覚処理・行為機能検査などが使える。これらの検査で体性感覚の識別能力やバランス能力，協調運動能力，運動企画力などが把握できる。

## V　感覚統合療法

ASD児の身体図式，協調運動や視覚−運動機能，感覚刺激への反応を改善するために感覚統合（Sensory Integration：SI）療法を実施することがある。SI療法では，バランス能力や姿勢調整能力を伸ばすためにスイングでの抗重力姿勢の活動や，身体図式や運動企画力を高めるために，平均台，梯子，トンネルなどを組み合わせたサーキット課題などに取り組んでもらったりすることがある。布袋のなかから指定された形のブロックを触って探し出すなど体性感覚の識別能力を高め

るための活動も取り入れることがある。

　感覚刺激に対する異常反応を軽減するために刺激を調整して与える指導も行う。例えば，触覚過敏のある子どもへのマッサージを，手のひらや背中など嫌がらずに受け入れられる部分から始め，徐々にマッサージの範囲を広げるかかわりをすることがある。また，揺れに対する過敏がある子どもに安定性のあるスイングで遊んでもらい，徐々に揺れ刺激を増やしていく方法で，刺激の受け入れの許容力を高めることもある。

　筆者らが ASD 幼児に SI 療法を実施し，日本版ミラー幼児発達スクリーニング検査（JMAP）のスコアの変化を比較したところ，SI 両方群はコントロール群に比べ，協調運動，非言語能力，視覚－運動能力に効果が認められた（Iwanaga et al., 2014）。レビュー研究でも，感覚統合療法はエビデンスの強度は弱いものの感覚と運動スキルの改善に効果ありとされている（Weitlauf et al., 2017）。よって SI 療法を ASD の協調運動の改善のための介入として使用できる可能性がある。

## VI　感覚の問題への対応

　ASD 児の感覚過敏の治療方法はまだ確立されていない。それに感覚過敏のなかには改善が見られにくいものがあるため，不快な刺激に慣れる訓練をして改善しようとすることは危険である。そのため，まず感覚過敏のある子どもの周囲の人の理解を促すことが重要である。

　感覚過敏のある子どもには，不快刺激を遠ざけるための工夫が必要となる。例えば，聴覚過敏がある子どもに避難訓練の時間に学校外を散歩させる，運動会のピストルを旗に変えるなどの対応が挙げられる。また，イヤーマフ，ノイズキャンセリングヘッドフォンなどの不快刺激を防ぐグッズの紹介が必要になることがある。感覚過敏は情動面との関係があることが指摘されているため，不安を軽減することを重視する必要もある。刺激を与えられる際の状況理解を促す方法が奏功することがあるため，歯科治療の流れを写真やスケジュールで説明することもある。また，注意をそらして過敏反応を抑える対応が効果的なことがあるため，触覚過敏がある場合に指導者が子どもの肘を持って"高い高い"遊びをして，動きの刺激に注意を向けてもらうようにすることもある。すると脇を触られることに過敏反応を起こしていた子どもが"高い高い"を楽しめるようになるにしたがい，脇をもって"高い高い"をされても過敏反応を起こさないようになることがある。過反応を起こす感覚刺激を能動的に体験してもらうことも，ひとつの対応策である。例えば，歯磨きをされるのが苦手な子には，子ども自身に歯ブラシを持たせ，その手を大人が動かす方法がある。これは自分をくすぐることはできないという生理的機序から考えられる対応策である。

## VII　ASD 児者のために行われている 「からだ」への支援

　以上のほかに ASD 児者が用いている身体面への介入がある。

　「疲れてくると体が消える」「目を閉じると首から下が消える」と訴える ASD 児者が他の人に乗ってもらったり，マッサージしてもらったり，ぶら下がったりして，強い体性感覚を求めることは頻繁に観察される。エビデンスは出されていないが，このような感覚探求行動は，身体感覚の認識が異なる ASD 児者に見られる傾向がある。そのため，一部の ASD の人の日常的な活動に取り入れても良いかもしれない。

　ヨガを ASD 児に適応したところ，心拍の周波数成分の解析でコントロール群よりも副交感神経の活動を反映する成分が増加したことから，ヨガが身体面だけでなく心理面にも効果がある可能性が指摘されている（Vidyashree et al., 2019）。また，レビュー研究で ASD 児に鍼治療が効果的である可能性が言及されている（Lee et al., 2018）。これらの身体に働きかける介入がどのように ASD 児者に効果を与えているか十分解明されていないが，情動や気分，ASD 症状に効果が示されてい

る報告もあるため，注目すべき介入方法かもしれない。

## VIII　おわりに

　本稿では ASD 児者の感覚面や運動面の問題とそれの対応について説明したが，まだこれらの問題は解明されていない。今後の研究によって ASD 児者の「からだ」の問題への効果的な対応方法が開発されることが望まれる。

▶ 文献

綾屋紗月，熊谷晋一郎（2008）発達障害当事者研究―ゆっくりていねいにつながりたい．医学書院．

Dewey D, Cantell M & Crawford SG（2007）Motor and gestural performance in children with autism spectrum disorders, developmental coordination disorder, and/or attention deficit hyperactivity disorder. Journal of the International Neuropsychological Society 13-2；246-256.

テンプル・グランディン［カニングハム久子 訳］（1994）我，自閉症に生まれて．学研．

Green D, Charman T, Pickles A et al.（2009）Impairment in movement skills of children with autistic spectrum disorders. Developmental Medicine & Child Neurology 51；311-316.

萩原拓，岩永竜一郎，平島太郎ほか（2012）感覚プロフィール日本版の標準化と信頼性，妥当性の研究．厚生労働科学研究費補助金障害者対策総合研究事業（精神障害分野）「発達障害者の適応評価尺度の開発に関する研究 H21-23 年度，pp.194-273.

Iwanaga R, Honda S, Nakane H et al.（2014）Pilot study：Efficacy of sensory integration therapy for Japanese children with high-functioning autism spectrum disorder. Occupational Therapy International 21-1；4-11.

菊池啓子（花咲蜜）（2016）情報の盲人としての自閉症スペクトラム―Autistic な感覚や感性の豊かさが生まれるところ．アスペハート 43；40-46.

小道モコ（2009）あたし研究．クリエイツかもがわ．

Lee B, Lee J, Cheon J-H et al.（2018）The efficacy and safety of acupuncture for the treatment of children with autism spectrum disorder：A systematic review and meta-analysis. Evidence-Based Complementary and Alternative Medicine 11. doi:10.1155/2018/1057539. eCollection 2018.

Marco EJ, Hinkley LB, Hill SS et al.（2011）Sensory processing in autism：A review of neurophysiologic findings. Pediatric Research 69；48-54.

Vidyashree HM, Maheshkumar K, Sundareswaran L et al.（2019）Effect of yoga intervention on short-term heart rate variability in children with autism spectrum disorder. International Journal of Yoga 12-1；73-77.

Weitlauf AS, Sathe N, McPheeters ML, Warren ZE（2017）Interventions targeting sensory challenges in autism spectrum disorder：A systematic review. Pediatrics 139-6；e20170347.

リアン・ホリデー・ウィリー［ニキリンコ 訳］（2007）私と娘，家族の中のアスペルガー．明石書店．

ドナ・ウィリアムズ［河野万里子 訳］（1993）自閉症だったわたしへ．新潮社．

[特集] 心身相関の心理臨床

# 子どもの「こころ」と「からだ」の心理臨床

大堀彰子 Akiko Ohori
帝塚山学院大学大学院／こども心身医療研究所

## I　はじめに

　筆者は約35年前に小児科医が開設した，子どもの症状の背景に心理社会的要因を考える，小児心身医療を行う医療機関で臨床を開始した。この機関では，複数の小児科医と心理士が並行して親子の心身両面への治療——小児科医は身体治療を通して「こころ」に働きかけ，心理士は心理療法を通して「からだ」に働きかける——を行っている。筆者はこの機関での臨床経験を通して，身体症状の背景にある心理社会的要因を見（診）立てる重要性と，子どもや親にとっての身体症状の意味や，「こころ」と「からだ」の関係を常に考えるようになった。

　本稿では，小児科臨床における子どもの身体症状についての基本的な考えや，小児心身症についての概念や見立てについて述べる。そして，身体症状とこころの状態を検討する視点から，筆者がこれまでの経験した事例に修正を加えて報告し，最後にこころとからだを繋ぐ概念としてのアタッチメント理論を検討する。

　ところで筆者は小児心身医学の指導医から，「カラダ」を表記する際，物理的な意味のみの「体」ではなく，心を含めた「身体」と表記することの意味を指導されてきたが，今回の特集号で「こころ」と「からだ」が平仮名表記であることはとても意味深い。本稿においては，心を含めた体＝身体を「からだ」と，身体感覚を含めた心を「こころ」と表記する。

## II　小児心身症とは何か

　心身が未分化な子どもは，日常生活で「なんか変／なんか嫌なことがある」状況や「思い通りにならないこと」が続いても，それを客観的に認識できない，あるいは認識していても言葉での表現が難しいため，「頭が痛い／お腹が痛い」といった痛みや，「食べたくない／眠ることができない／好きな遊びをしたいと思わない」といった欲求の低下，さらに「園・学校に行けない／暴れる」といった行動で表現する。

　小児心身症を専門とする小児科医・冨田（1997）は，こうした子どもの身体症状／精神症状／行動の問題について，心理社会的要因を検討する心身医学的視点をもつべきと提唱してきた。

　また，日本小児心身医学会（2014）は，特にこころが身体症状に大きく関与する疾患を小児心身症として次のように定義している。「子どもの身体症状を示す病態のうち，その発症や経過に心理

社会的因子が関与するすべてのものをいう。それには，発達・行動上の問題や精神症状を伴うこともある」。

　そして，小児心身医療の場で小児科医と共観する心理士の役割として，心理社会的因子を常に検討し見立て（図1），小児科医と共に検討すること，さらにその要因を子どもと親がどのように体験しているかを確認し，推測しながら，身体症状とこころの状態を考えていくことが，こころとからだの治療・支援において重要と考えられている（大堀ほか，2017）。

### III　事例

　ここで，身体症状とこころの関係に焦点を当て，事例を紹介する。

### 1　身体症状がこころを守っていた事例——過敏性腸症候群のA男

　A男は幼児期から消化器系の脆弱性を認め，腹痛や下痢を起こしやすかったが，そのつど小児科を受診し整腸剤などの薬物療法で症状は軽減していた。

　両親はA男が3歳時に離婚し，その後は母親と母方祖母との3人で生活を送っていた。技術職の母親はA男との情緒的な関わりが苦手であったが，母方祖母は過保護過干渉であり，A男のからだを常に心配していた。

　3歳半検診の際，やや言葉の遅れを認めたが，幼稚園時には他児とも外遊びを楽しむなど適応に問題はなかった。小学校入学後は算数の概念理解に時間がかかり，成績も芳しくなかったが，友人も多く適応は良好であった。

　ところが，小学校4年生2学期から，腹痛・下痢が増悪し，朝トイレから出ることができず不登校となった。小児科で過敏性腸症候群との診断を受け薬物療法が開始され，いつでもトイレに行ける席にするなど学校の配慮も得て，4年生3学期には再登校に至った。

　しかし，5年生2学期には再度症状が増悪し不

図1　心理社会的因子の見立て（平澤（2016）一部改変）

登校となったため，小児心身症の専門機関に紹介された。そして心理検査や面接から次のようなことが見立てられた。

　両親の離婚のエピソードや，母や祖母との関係にやや極端さはあるが，情緒的には大きな傷つきもなく良好な対人関係を作る力も備えている一方，知能は境界水準であり情報を聞き取り整理することがかなり難しいこと，論理的思考が極端に弱く，情報を理解するためには具体的にイメージが浮かぶ情報が必要であるという認知特性が推察された。症状の増悪は，抽象概念を使う授業が多い学年になり，一斉授業では理解できない内容が増え，懸命に取り組んでもわからない状態が続き，こころの負担が強くなったためと考えられた。

　その後，学校とも連携し，国語と算数は特別支援学級での指導を受けることになり，身体症状も軽減し登校再開になった。

　A男の身体症状は，生来の消化器系の脆弱性に加え，能力の特性から授業中の苦痛感や腹痛・

下痢への予期不安が強くなり増悪した。本事例は能力の特性からくるストレスでこころに強い負担がかかっており，身体症状がこころを守っていたと考えられる。

## 2　身体症状がこころを不安定にしていた事例
### ——アトピー性皮膚炎のB子

B子は幼児期から重症のアトピー性皮膚炎で皮膚科の治療を受けていたが，母親はアレルゲン除去とアトピー性皮膚炎の治療については強迫的に情報を集めていた。

B子が中学校1年生時，母親はステロイド外用剤治療への批判に注目し，ステロイド外用剤治療を中断させ，ある民間療法を受けさせた。その結果，ステロイドの離脱症状で浸出液分泌や全身倦怠感がひどく，B子は寝たきりの状態になった。

その後，アトピー性皮膚炎を心身症として治療する専門の医療機関を受診，短期の入院治療後，外来治療が継続され，通常の日常生活が送れるまでに回復したが，登校は継続できなかった。B子はカウンセリングで，小学校4年生頃から症状の比較的軽い間に友人関係を楽しみたいという思いから，友人には強引な態度を取っていたこと，友人との適度な距離感がわからず対人緊張が強くなったことなど，アトピー性皮膚炎に影響されているこころの状態を語りはじめた。一方，母親はB子のこころではなく「アトピー性皮膚炎」に注目し過ぎていたことに気付きはじめた。

こうして母子共に，「アトピー性皮膚炎に支配された」生活であったことを振り返り，アトピー性皮膚炎にこだわらず，こころの成長を目指す治療・支援となった。

この事例では，アトピー性皮膚炎が子どものこころの発達を阻害し，親子共にこころを不安定にしていたこと，病気は寛解していないが，B子のこころに沿った治療・支援を続けることで，こころは確実に安定していったことが示唆された。

## 3　こころの不安定さが身体症状に表れた事例
### ——摂食障害のC子

中学校2年生のC子は，友人グループと共にダイエットを開始した。他生徒が次々ダイエットに挫折するなか，C子だけ標準体重の−25％にまで減少し月経も止まった。C子は頑なに医療機関受診を拒否していたが，体毛のひどさや，テレビに映された自分と同じ体重の女性の身体を見て「魚の骨と皮」と捉えたショックから，ようやく医療機関を受診し，医師と心理士による治療が開始された。

治療経過で両親が不仲で父親は母親に対して否定的な言動が多いこと，母親は注意集中困難の特性があったために，C子はじっくり話を聞いてもらったことが少なく，心地よさを実感する情緒的交流が欠如していたことがわかった。また，父親は些細なことに対する叱責が多く，C子には怖い存在であったが，痩せたことでとてもやさしくなっていた。

治療は母子入院に近い形態で，母親との関係修正を図った。経過で母親への依存と攻撃が繰り返されたが，少し安定した後，父親が怖い存在であったこと，摂食障害が治るとまた元の父親に戻るのではないかと心配である，と泣きながら強く語ることができた。それに対して父親は，C子の思いを初めて知り，外出時に送り迎えをするなど積極的に関わるようになった。こうして，C子のこころに両親が徹底的に付き合うことで，関係の修復が図られ，食事の偏りはあるものの，徐々に母親の作った食事を摂り入れるようになった。

この事例は，こころの不安定さを摂食障害という身体症状で表現したが，両親との関係を修復し，育て直しとなったことで，こころの安定に繋がり症状が改善した。

## 4　身体症状とこころの安定が変化した事例——
### チック症のD男

D男は幼児期から言語発達が優れていたが，こだわりが強く，痙攣を起こしやすかったため，育

てにくさを感じていた母親は，小児科の心理相談を受けていた。また父親はいわゆる仕事人間で，帰宅は深夜になることがほとんどであり，D男との関わりはたまの休日にPCゲームを介してのみであった。

小学校入学後，成績は優秀だが正義感の強さから他児とのトラブルが絶えなかった。小学校4年生時から音声チックを認めたため小児科で薬物療法を開始し，チック症状は軽減したが，6年生2学期頃よりチック症状が増悪，薬物療法を再度調整したが状態は安定しなかった。中学入学後は不登校傾向となったため小児心身症専門機関を紹介され，母子並行面接と共に，不登校児に対する集団治療に参加することになった。

集団治療での言動や個人面接から，チック症状については，①ムズムズ感など前駆症状を伴うもの（金生，2019），②情緒的に不安定になった際に認めるもの，③注目してほしいときに認めるものがあると推察した。薬物療法により①は軽減したものの，対人関係での困難感や思い通りにならない場面でこころが苦痛になった際，その場から回避できる，また注目される症状として，チック症状をやや意図的に使っているのではないかと考えた。

その後，D男のこころの成長を支持する治療・支援を開始すると，「勉強が思うようにいかない」「イライラすることが多い」と自分の状態への言語化が進み，それに対して具体的な対応を考えはじめた。また，父親への不満ばかり語っていた母親は，言葉かけを少し変えるだけで父親の行動に変化が見られたこと，それによってD男と向き合う力が回復してきたことに気付きはじめた。そして，徐々にチック症状が軽減し，現実適応も良好となった。

この事例は，薬物療法で一旦チックは軽減したが，こころの成長が追い付かず，異なる要因によるチック症状が増加した。その後，子どもや家族の問題に対する治療・支援を継続させることで，ようやくこころが安定した。

## IV　「こころ」と「からだ」を繋ぐもの ——アタッチメント理論からの考察

以上，身体症状とこころの関係について事例を通して考えてきた。これらの事例はすべて経過のなかで，「こころ」と「からだ」の関係が安定し，症状が軽減する，あるいは症状にとらわれなくなっていった過程をたどったと言える。

こうして「こころ」と「からだ」を繋ぎ，安定する要因を考える際に，アタッチメント概念は欠かすことができないという点を指摘しておきたい。

アタッチメントとは，不安や苦痛感，恐怖感を体験するなど危機的な状況となった際，安全感覚を回復しようとし，母親（養育者）に保護を求め「くっつく」ことである。そして，Winnicott（1965）が言う，母親（養育者）が「holding（抱える）／handling（あやす）／object-presenting（対象を差し出す）」ことを繰り返すなかで，子どもと親（養育者）の絆が形成され，子どもにとっては母親（養育者）が「安全基地」となる（図2）。つまり，身体感覚の心地悪さ（不安定感）を体験したときに母親（養育者）を求めると，ほどよい心地よさ（安定感）を得られる体験が繰り返されることで，子どもの基本的な安定感が育つのである。

遠藤（2018）は，アタッチメントのみをその後の病理と直線的な因果関係で結びつけるのは危険であるが，発達臨床の実践において必ず考慮されなければならない，と述べている。また，林（2010）は，心理的な援助全般において，治療者とのアタッチメント関係の詳細を分析し，その関係が基盤となることを紹介している。

先に紹介した事例をこのアタッチメント概念から考えてみると，なんらかの要因で子どもと親の「安全基地」感が弱まったために，子どものこころとからだが不安定になり症状を認めたこと，症状を使うことや症状に対する治療・支援のなかで，「安全基地」感が回復し，こころとからだが安定

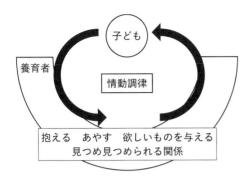

図2　基本的安定感の形成

していった経過と言えそうである。

　そして，医師は身体治療を通して，心理士は心理療法を通して，子どもと親の「からだ」と「こころ」に働きかけつづけること，つまり治療者が「安全基地」の役割を担うことで，親と子の安定したアタッチメント関係に繋がると考える。

## Ⅴ　おわりに

　ところで，こころとからだの臨床において，近年はデジタルメディアの影響を考えざるを得ない。

　冨田（2015）は，電子機器が子どもの触覚を阻害する恐怖を，鷲見（2018）は，デジタルメディアでは触覚や嗅覚は用いられず視覚情報に偏っていると報告している。また，郷間（2017）は，新版K式発達検査結果の最近の傾向として，視覚情報が優れているが言葉で説明する能力や手先の巧緻性の成績が劣っていると報告するなど，確実に五感の発達，からだとこころの発達は変化していることが示唆されている。

　筆者も，ある3歳女児が，30分で必ず終わる幼児番組ではなく，終わりのないネット配信で見ていた番組を母親が消したところ大パニックと

なったこと，（タブレット端末を操作するように）指でスライドしても絵本のページが切り替わらないときに強い癇癪を起こす，という相談を受け，改めて，デジタルメディアでは「終わる感覚」「制限の経験」が少なくなること，そして，次のページを開くまでのワクワク感といった感覚が育たないことに気付いたのである。

　おそらく，今後，こころとからだの臨床は，デジタルメディアでは育ちにくい感覚に働きかけるなど，かなり具体的な支援が必要になってくるのではないかと推察する。時代の変遷に応じたこころとからだの臨床について，さらに検討を続けたいと思う。

▶文献

遠藤利彦（2018）アタッチメント理論における基点と現代的展開．こころの科学 3；10-16.

林もも子（2010）思春期とアタッチメント．みすず書房.

平澤伸一（2016）ストレスの人間学．哲学堂出版.

金生由紀子（2019）強迫性と衝動性に関する問題と関わって．児童青年精神医学とその近接領域 60-3；269-276.

小柳憲司（2014）小児科医のための心身医療ガイドライン．In：日本小児心身医学会 編：小児心身医学会ガイドライン集 改訂第2版—日常診療に活かす5つのガイドライン．南江堂，pp.2-23.

大堀彰子ほか（2017）第35回日本小児心身医学会学術集会 医師—心理士協働セミナー．子どもの心とからだ 26-2；409-411.

鷲見聡（2018）インターネット依存．こころの科学 7；101-107.

冨田和巳（1997）日本小児心身医学会．In：日本小児科学会 編：小児科学会の百年．日本小児科学会，pp.185-186.

冨田和巳（2015）スマホ・ネットゲーム中毒（依存）—電子機器が子どもを取り囲む恐怖．ふたば 79；11-17.

Winnicott DW（1965）The Family and Individual Development. London：Tavistock Publications.（牛島定信 監訳（1984）子どもと家庭—その発達と病理．誠信書房）

[特集] 心身相関の心理臨床

# 女性の「こころ」と「からだ」の特徴と臨床

平島奈津子 Natsuko Hirashima

国際医療福祉大学三田病院精神科

## I　はじめに

「こころ」は，どこにあるのだろうか。

ある人は，「脳にある」と言うかもしれないが，果たして，そうだろうか。

確かに，脳は記憶し，思考し，「からだ」の働きをコントロールしている。しかし，ひとつのお伽噺のように，心臓を移植された人が元の心臓の持ち主の記憶を宿すという話を聞いたことがある。もっと身近な例をあげれば，ストレスフルな体験をしたときに，きまって胃がシクシクと痛む人もいれば，首や背中が板のように硬くなって往生する人もいる。つまり，誰もが長い年月をかけて作り上げた「からだ」のクセをもっている。そして，それは時に「こころ」とも関連をもつ。

「こころ」は，「からだ」に包含された，目に見えない複雑なネットワークのようなものではないだろうか。「からだ」が失われたとき，「こころ」が「たましい」として生き延びるかどうか，私は知らない。

一方，私たちは普段，「こころ」に比べて「からだ」のことには無頓着で，何の不思議も感じていない。しかし，ひとたび，「からだ」が不調を来たすと途端に，自分の「からだ」について何も

わかっていないし，思い通りにもならないことを思い知る。その意味では，「こころ」と違って「からだ」は実体をもってはいるものの，やはり「こころ」がそうであるように，「からだ」も一種のファンタジーである。

そんなことを考えている私は，総合病院で働く精神科医である。その視座から，本稿は女性の「こころ」と「からだ」の特徴や関連について，性ホルモンの影響に絞って概説し，読者の臨床の一助となることを目的としている。

## II　月経のしくみと，その影響

日常会話のなかで「月経（menstruation）」という言葉が避けられ，婉曲的な表現で語られるのは，世界共通の現象（武谷，2012）だそうである。確かに，日本でも「月経」ではなく「生理」と呼ばれることのほうがフツーかもしれない。ちなみに，この「生理」とは「女性の生理現象」の略だが，こうした表現は世界でも珍しいらしい（武谷，2012）。しかし，いまや，月経について「もっとオープンに語ろうよ」というムーヴメントが起こっているのだと，企業で働く知り合いの保健師さんが教えてくれた。それを聞いて，私は，月経が女性の心身の健康に大きく関わっていることを多くの

人たちが学びはじめた，ということの現れであるように感じた。

　言うまでもなく，月経は女性特有のものであり，初経（人生で初めて訪れた月経）は，その女性の身体が妊娠可能な状態にまで成熟した証しである。月経は，妊娠しなかった場合に起こる，妊娠の準備状態として肥厚した子宮内膜が不用なものとして剝がれ，血液や内分泌液などと共に体外に排出され，その一部は卵巣から腹腔内へと逆流するという周期的な現象である。その周期（月経開始日から次の月経開始日までの期間）について，日本産婦人科学会では，25 〜 38 日の範囲で，その変動は ± 6 日であれば正常であると定めている（日本産婦人科学会ホームページ（www.jsog.or.jp）より）。

　月経周期を作り出す子宮内膜の変化は，卵巣から分泌されるエストロゲン（卵胞ホルモン）とプロゲステロン（黄体ホルモン）の作用によって起こる。さらに，これらのホルモンはそれぞれ，脳下垂体から分泌される卵胞刺激ホルモン（FSH）と黄体化ホルモン（LH）によってコントロールされ，さらに FSH と LH の分泌は視床下部から分泌されるゴナドトロピン放出ホルモン（GnRH）によってコントロールされる。一方，エストロゲンやプロゲステロンの量はフィードバックされて中枢のホルモン量をコントロールする。

　具体的には，月経が始まってから排卵が起こるまでの約 2 週間は，子宮内膜にエストロゲンが作用し，子宮内膜を増殖させる。排卵とは，卵巣から卵が放出されることである。排卵後は，エストロゲンに加えてプロゲステロンも子宮内膜に作用するようになって，受精卵が接着し発育しやすい子宮内膜環境が整えられる。しかし，妊娠が成立しなかった場合は，排卵後 2 週間ほどでエストロゲンとプロゲステロンの分泌量が急激に低下し，それによって子宮内膜組織は壊死して脱落する——これが月経である。

　このような月経周期を生み出す性ホルモンの変動は，女性の「こころ」や「からだ」に少なから

表　月経前に増悪する身体状態と精神障害
（Pinkerton et al.（2010）を一部改変）

| | |
|---|---|
| 痤瘡（ニキビ） | 多形性紅斑 |
| 偏頭痛 | 発作性上室性頻拍 |
| 急性虫垂炎 | アレルギー・アナフィラキシー |
| 遺伝性血管水腫 | 急性間欠性ポルフィリン症 |
| アフタ性潰瘍 | 過敏性腸症候群 |
| 気管支喘息 | 多発性硬化症 |
| 糖尿病 | 関節リウマチ |
| 緑内障 | てんかん |
| うつ病 | 双極性障害 |
| 不安障害 | 統合失調症 |
| 摂食障害 | 月経前不快気分障害 など |

ず影響を与える。たとえば，健常女性の 3 割ほどに，排卵後ほどなくしてから月経が開始されるまでの期間，不安や落ち着かなさ，沈んだ気持ち，強い眠気や食欲亢進などの心身の変調が認められる（Payne et al., 2007）。また，表で示すように，月経前にうつ病や統合失調症などの精神障害や，片頭痛や気管支喘息などの身体疾患で，一過性に症状が増悪する傾向がみられる（Pinkerton et al., 2010）。そのなかでも特筆すべきなのは，月経があるうつ病女性の 6 〜 7 割に症状の月経前増悪傾向が認められることであり，この傾向が慢性化や再発の危険因子になることである（Haley et al., 2013）。

　このような月経前増悪の要因やメカニズムは未だ十分に解明されていないが，ひとつの仮説として，月経周期における性ホルモンの変動と免疫系や神経内分泌系との複雑な相互作用による結果であると考えられている（Pinkerton et al., 2010）。

　ところで，月経困難症は，月経期間中に起こる下腹部痛，腰痛，頭痛，吐き気，腹部膨満感などの症候群で，月経がある女性の 70%程度に認められる（相良，2009）。婦人科受診を躊躇う若年者が何の知識をもたないがゆえに不安を募らせることがあり，その場合には適切な疾病教育が必要となる。

## III　月経前不快気分障害

　2013年に発表された，アメリカ精神医学会による精神障害の診断分類（通称DSM分類）の第5版に初めて，月経前不快気分障害（Premenstrual Dysphoric Disorder : PMDD）が正式な診断名として登場した（American Psychiatric Association, 2013）。

　PMDDがひとつの疾患単位として認められた根拠の第1には，その症状の発現と消失のタイミングが月経周期と関連している点が挙げられる。すなわち，PMDDの症状は月経前7〜10日に出現し，月経開始後速やかに軽減し，月経終了後1週間には消失する。第2の根拠は，精神症状の一部はうつ病に類似しているものの，うつ病に特徴的な興味関心の喪失や抑うつ気分は必ずしも顕著ではなく，PMDDではむしろ情動不安定や易怒，それに伴う対人摩擦が特徴的に認められるという症状の特異性にある。そのため，月経周期との関連を見落とすと，パーソナリティ障害と誤診することがある。その他の根拠として，PMDDは月経を有する女性の2〜5％にみられること，家族発現性を有すること，特定の文化圏にだけ出現するような文化結合病ではないことなどが明らかになったことから，疾病単位として承認されるに至った（Epperson et al., 2012）。

　なお，PMDDは性ホルモンの測定などの生物学的な指標では診断できず，月経周期に関連した症状の発現・消退の特徴を少なくとも2月経周期にわたって確認することが診断に必要となる（American Psychiatric Association, 2013）。そこで注意すべき点は，前方視的に症状を記録する必要があるということである。人の記憶というものは曖昧で，恣意的である。現に，自ら「PMDDではないか」と疑って外来を受診した患者の多くが，前方視的症状日誌をつけることによって初めて，自分の不調が「月経周期とは関係がなかった」ことに驚く。

　PMDDの治療では，選択的セロトニン再取り込み阻害剤（Selective Serotonin Reuptake Inhibitor : SSRI）の有効性が報告されている。本邦でも，SSRIの保険適用承認に向けて治験が行われているところである。SSRIのPMDDに対する効果は，この時期に低下していると仮定されているアロプレグナノロン（プロゲステロンの主要な代謝産物）を増やし，GABA-A受容体の機能を増強することによって抗不安作用を発揮することによると考えられている（Epperson et al., 2012）。

　ちなみに，個人的な臨床経験からの印象に過ぎないが，服薬によりPMDD症状がおさまった後から，むしろ，彼女たちが抱える悩みの本質に関わる治療が始まるように感じることが少なくない。その意味では，PMDDの発症前から続いているストレス因に着目することは意味があると思う。

## IV　女性のライフステージにおける性ホルモンの変動

### 1　周産期

　卵巣から分泌されていた性ホルモンは，妊娠期には胎盤から分泌されるようになり，出産によって再び卵巣から分泌されるという大きな変動が起こる。また，性ホルモンは妊娠の時期によって変動し，それによって睡眠障害や情動調節障害がみられることがあり，時に不安障害やうつ病などの疾病化へと発展することがある。

　産後うつ病の，特に産後直後の発症には，何らかの形でエストロゲンの減少が作用していることが多くの研究で示唆されているが，未だ決定的な知見が見出されているとは言い難い。一方，プロゲステロンは産後うつ病の危険因子であるという報告がある（Lawrie et al., 1998）。なお，産後にうつ病を初発した女性は非産褥期よりも産後にうつ病を再発する危険が高いという報告があり，産後うつ病の疾患特異性が指摘されている（Cooper & Murray, 1995）。

## 2　更年期

更年期とは，閉経をはさんだ前後10年あまりの期間を指す。閉経とは，月経が自然に停止して1年以上無月経が続いた場合に認定される。日本女性の閉経年齢の中央値は50.5歳である（玉田・岩崎，1995）ため，更年期は45〜56歳頃になる。この時期には，エストロゲンの急激な低下によって，ネガティブ・フィードバックが作動して，視床下部は持続的な機能亢進状態となり，視床下部に存在する自律神経中枢に影響をおよぼす。一方，更年期の女性をとりまく心理社会的要因も，大脳皮質－大脳辺縁系を刺激して，やはり視床下部の自律神経中枢に影響をおよぼす（若槻，2008）。すなわち，更年期女性の「こころ」は，容姿や体力の衰えなどから老いを自覚したり，自分自身や周囲の人たちの病気や死を体験することによって，以前よりも死が身近なものに感じられるようになったりする。また，更年期は家庭や社会での役割が変化するなど，それまでの人生を見直し，これからの半生のための新たな自己像や家族像を構築していく転換期の意味をもっている。このような「こころ」と「からだ」をとりまく大きな変化によって生じた，血管運動系を中心とした自律神経症状（のぼせ，発汗，動悸など）と軽度の精神症状（不眠，おちこみ，不安焦燥など）からなる症候群が更年期障害であるが，明確な診断基準はない。また，更年期障害は閉経後も続くことが少なくなく，症状の長期化によって，うつ病のリスクが高まる。更年期障害とうつ病の鑑別は困難なことが少なくないため，婦人科的治療で軽減しない更年期障害は，精神科専門医の診察を受けることが推奨される。

## 3　更年期以降

エストロゲン補充療法が更年期以降の女性の記憶・認知機能の劣化の改善に有効であることが明らかになっている（McEwen & Milner, 2017）。このように，エストロゲンには神経保護作用があるが，その例としてよく挙げられるのが統合失調症の好発年齢の性差である。すなわち，男性の統合失調症の好発年齢が10〜25歳であるのに比して，女性では25〜35歳と，40歳以降の2相性の好発年齢を示す（Sadock et al., 2015）。

エストロゲンの減少は，更年期以降の女性の「からだ」にもさまざまな影響をおよぼす。たとえば，エストロゲンの減少は骨吸収を亢進する結果，骨粗鬆症は更年期以降のほとんどの女性で罹患のリスクが想定される。骨粗鬆症に起因して腰痛や膝痛などの運動器の異常が発現すると，女性のQOL（Quality of Life：生活の質）を下げ，セルフ・エスティームにも大いに影響する。本邦では約1,000万人の患者が潜在しているが，実際に治療を受けているのは，そのうちの15〜20%にとどまるという（細井，2009）。その他，脂質異常症や高血圧のリスクも，更年期以降のエストロゲンの減少に伴って増加する（若槻，2012；黒田，2012）。

## Ⅴ　おわりに
## ──語らなかったセクシュアリティについて

女性の「こころ」と「からだ」を考察するとき，セクシュアリティは，さながら眼前に広がる未開の大地のようである。それは大いなる謎を秘めていて，だからこそ，そこにファンタジーが生まれ，時に精神病理が忍び寄り，それゆえに治療的な営みが必要になることがある。

セクシュアリティは，「こころ」と「からだ」の中間領域に位置する。あるいは，自分という領域を超えて，相手（対象）との間に発現する，得体のしれない「なにか」である。

セクシュアリティに関する思索は，きわめて個人的なところから始まるような気がしている。しかし，それは，サイコセラピーの領域では，セクシュアリティに限ったことではないのかもしれない。

▶文献
American Psychiatric Association（2013）Diagnostic and

Statistical Manual of Mental Disorders. Fifth Edition. American Psychiatric Publishing.（高橋三郎，大野裕監訳（2014）DSM-5 精神疾患の診断・統計マニュアル．医学書院）

Cooper PJ & Murray L（1995）Course and recurrence of postnatal depression evidence for the specificity of the diagnostic concept. The British Journal of Psychiatry 166；191-195.

Epperson CN, Steiner M, Hartlage SA et al.（2012）Premenstrual dysphoric disorder：Evidence for a new category for DSM-5. American Journal of Psychiatry 169；465-475.

Haley CL, Sung SC, Rush AJ et al.（2013）The clinical relevance of self-reported premenstrual worsening of depressive symptoms in the management of depressed outpatients：A STAR*D Report. Journal of Women's Health 22；219-229.

細井孝之（2009）女性のライフステージと医療的課題．日本医会誌 138；881-893.

黒田せつ子（2012）女性と高血圧．In：武谷雄二 編：女性を診る際に役立つ知識．新興医学出版社，pp.157-165.

Lawrie TA, Hofmeyr GJ, De Jager M et al.（1998）A double-blind randomized placebo controlled trial of postnatal norethisterone enanthate：The effect on postnatal depression and serum hormones. British Journal of Obstetrics and Gynaecology 105；1082-1090.

McEwen BS & Milner TA（2017）Understanding the broad influence of sex hormones and sex differences in the brain. Journal of Neuroscience Research 95；24-39.

日本産婦人科学会 編（2003）産科婦人科用語集・用語解説集 改訂新版．金原出版，pp.182-183.

日本産婦人科学会：月経について教えてください（https://www.jaog.or.jp/qa/youth/%E6%9C%88%E7%B5%8C%E3%81%AB%E3%81%A4%E3%81%84%E3%81%A6%E6%95%99%E3%81%88%E3%81%A6%E4%B8%8B%E3%81%95%E3%81%84%E3%80%82/［2019年12月15日閲覧］）.

Payne JL, Roy PS, Murphy-Eberenz K et al.（2007）Reproductive cycle-associated mood symptoms in women with major depression and bipolar disorder. Journal of Affective Disorders 99；221-229.

Pinkerton JV, Guico-Pabia CJ & Taylor HS（2010）Menstrual cycle-related exacerbation of disease. American Journal of Obstetrics & Gynecology 202；221-231.

Sadock BJ, Sadock VA & Ruiz P（2015）Kaplan & Sadock's Sypnosis of Psychiatry Behavioral Science/Clinical Psychiatry. Eleventh Edition. LWW.（井上令一監訳（2016）カプラン臨床精神医学テキスト—DSM-5診断基準の臨床への展開．メディカル・サイエンス・インターナショナル）

相良洋子（2009）月経随伴症状に対する心身医学的対応．心身医学 49；1163-1170.

武谷雄二（2012）月経のはなし—歴史・行動・メカニズム．中央公論新社.

玉田太朗，岩崎寛和（1995）本邦女性の閉経年齢．日本産科婦人科学会雑誌 47；947-952.

若槻明彦（2008）更年期障害．In：泉孝英 編集主幹：ガイドライン外来診療2008．日経メディカル開発，pp.213-219.

若槻明彦（2012）女性と脂質異常．In：武谷雄二 編：女性を診る際に役立つ知識．新興医学出版社，pp.151-156.

🐢 [特集] 心身相関の心理臨床

# 災害被災者の「心のケア」における「からだ」の役割

岩井圭司 IWAI Keiji

兵庫教育大学大学院 人間発達教育

## I　心理職と「からだ」

　本稿では，自然災害発生時および災害後の「心のケア」について，「からだ」へのアプローチを中心に述べる。

　さて，心理職（公認心理師等の臨床心理技術職）がどのようにしてクライエントや患者（以下，「援助対象」と呼ぶ）の身体（からだ）を扱うことができるかということは，実は我が国において十分な議論がなされていない。一定の資格（医師，看護師・保健師，理学療法士，臨床検査技師，あん摩マッサージ指圧師，はり師，きゅう師，柔道整復師，養護教諭等）を有する者でなければ，援助対象の身体に一切触れてはいけないと考える医師，法律家は少なくない。実は筆者も，上述の資格を有さない心理職の援助対象への身体接触は認められない，とする立場である。米国では州によって若干事情が異なるものの，心理職が身体接触を伴う心理療法を行うために acupuncturist（鍼師）の資格を取る，という現象がみられる。

　我が国では，介護サービスの基盤強化のために社会福祉士および介護福祉士法が一部改正され，2012 年 4 月より一定の研修を受けた介護職員等は一定の条件の下に痰の吸引等の医療的ケアがで

きるようになった。このことを受け，学校教員等は，研修を修了し都道府県知事に認定された場合には，「認定特定行為業務従事者」として一定の条件の下で登録特定行為事業者（認定を受けた特別支援学校等）において 5 つの「特定行為」（口腔内の喀痰吸引，鼻腔内の喀痰吸引，気管カニューレ内の喀痰吸引，胃ろう又は腸ろうによる経管栄養，経鼻経管栄養）を実施することが可能になった。それに倣うなら，心理職が援助対象への身体接触を伴うケア活動を行うためには，やはり法改正が必要ということになろう。

　もっとも，現時点でも心理職は，直接の身体接触を伴わない，身体イメージおよび身体感覚を介入点とした援助を行うことはできる。本稿では，この意味での「からだ」のケア，とくに被災者の「心のケア」のための「からだ」への介入のことを，「からだのケア」と呼ぶことにする。

## II　「心のケア」と「からだのケア」

　「心のケア（こころのケア）」という語は，1995年の阪神・淡路大震災を機に一気に人口に膾炙する言葉となった。もとより災害発生後の被災者に対するメンタルヘルス活動を指す語として広まったのである。ここでは「心のケア」を，正

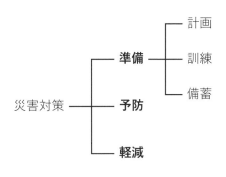

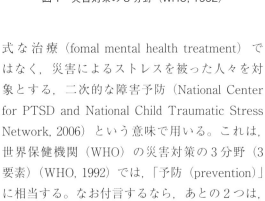

図1　災害対策の3分野（WHO, 1992）

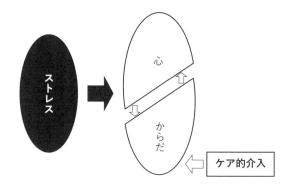

図2　身体的アプローチ

式 な 治療（fomal mental health treatment）で はなく，災害によるストレスを被った人々を対象とする，二次的な障害予防（National Center for PTSD and National Child Traumatic Stress Network, 2006）という意味で用いる。これは，世界保健機関（WHO）の災害対策の3分野（3要素）（WHO, 1992）では，「予防（prevention）」に相当する。なお付言するなら，あとの2つは，災害発生前に行われる「準備（preparedness）」と，災害後に生じたストレス関連障害に対する「軽減（mitigation）」である（図1）。

したがって，「からだのケア」もまた二次予防策であって原因療法的ではなく，そのうえ「心」に関しては間接アプローチである（図2）。しかし，それゆえの利点ということもあるので，次々節以降で述べていきたい。

### III　被災者への早期介入──そのエビデンス

災害やテロの被災者のためのエビデンスに基づく予防的介入方法は確立されていない，という言われ方がされることがある。確かに，早期介入によってその後の心的外傷後ストレス症（PTSD）の発症を減少させることができるかどうかについてのエビデンスの集積は，未だ十分ではない（岩井，2011）。とはいえ，被災者のストレス症状を減少させ精神健康を増進し，PTSDを予防するための援助方法のエビデンスはある（明石ほか，2008；岩井，2011）。

そういったエビデンスのある援助方法を組み合わせてまとめたものが，『サイコロジカル・ファーストエイド 実践の手引き』（National Center for PTSD and National Child Traumatic Stress Network, 2006）（以下，PFAと略記）である。ただし，1つの援助パッケージとしてのPFAが対照研究による検証を十分に経ているとは言い難い──そもそもそういった検証を災害被災者を対象に行うことは，実際には非常に多くの困難を伴う──ため，PFAは「エビデンスに基づく（evidence-based）」ではなく，「エビデンスが知られている（evidence-informed）」援助方法であるという表現がなされている。なお，ほぼ同趣旨に基づいて世界保健機関（WHO）が作成したサイコロジカル・ファーストエイド（WHO, 2011）もある。

### IV　サイコロジカル・ファーストエイド（PFA）に添った「からだ」のケア

以下本稿では，サイコロジカル・ファーストエイド（PFA）（National Center for PTSD and National Child Traumatic Stress Network, 2006）と，その復興期版であるサイコロジカル・リカバリー・スキル（National Center for PTSD and National Child Traumatic Stress Network, 2010）とに基づいて「からだのケア」について述べる。

PFAは，次の8つの活動内容によって構成され，ほぼこの順番で施行される：

①被災者に近づき，活動を始める
②安全と安心感
③安定化
④情報を集める
⑤現実的な問題の解決を助ける
⑥周囲の人々との関わりを促進する
⑦対処に役立つ情報
⑧紹介と引き継ぎ

すべての活動内容で「からだのケア」が必要であり有効なことは当然であるが，ここでは，①被災者に近づき，活動を始める，②安全と安心感，③安定化，⑦対処に役立つ情報，をとりあげる。

## 1　被災者に近づき，活動を始める──援助の開始において

被災者のなかには，援助が必要と思われるが自分からは援助を求めない，場合によっては拒否する，という人が少なくない（安，2019；岩井，2013；Myers, 1994；National Center for PTSD and National Child Traumatic Stress Network, 2006）。とくに災害被災者は，「心のケア」を受け入れることで，「自分が弱いために心くじけてしまった」という烙印を押されはしないかということを恐れる（Myers, 1994）。

そのような人に援助を提供しようとするときには，まずは睡眠，食欲，身体的持病の有無とその状態といった体調について問うことが有用かつ有効である。体調を問われることで被災者は，自分に対して侵襲的でない関心が注がれていると感じることができる。

## 2　安全と安心感の確保──環境の改善に向けて

また援助を提供しようとする際には，睡眠，食欲といった個人的な身体状態にとどまらず，例えば避難所では，照明や空調，提供されている水分や食料の質や量は適切かなど，避難者の体調に影響する環境因子についても尋ねるようにする。そうすることによって，「私の体調がすぐれないのは，自分の健康管理が悪いからだ」という避難者にありがちな自責感を軽減することができるし，もちろん避難所の環境改善にもつながる。

## 3　安定化

援助対象の人がひどく興奮しているときや，ひっきりなしにしゃべり続けているとき，あるいは周囲との接触を失っているとき，PFA では次のような介入を推奨している。

- 「私の言うことが聞こえますか。こちらを見てください」と声をかける。
- 「あなたはどなたですか」「いまどこにいるかわかりますか」「何かありましたか」と，基本的なことを尋ねる。
- 周囲の状況と，いま自分たちがいる場所について説明してもらう。

この方法だけで落ち着きを取り戻す人も多いが，これだけでは効果が不十分な場合には，「からだ」の感覚を用いて現実感を取り戻すためにグラウンディング（grounding）に導入する。PFA の推奨するグラウンディングの実施方法を表に示す。

## 4　対処に役立つ情報──心理教育

災害被災者はさまざまな情報を得ることで，より適切に事態に対処できるようになる。そしてその一部として，心理教育を位置づけることができる。すなわち，被災者が自分たちがとりまくストレス状況とそれによって引き起こされるストレス反応について正しい知識を持っていれば，ストレスに対してより適切に対処できるし，ひいては被災者が自己効力感，自尊感情を回復していくことにつながるのである。

心理教育では，「災害ストレスによってもたらされた心身の反応は，"異常な事態に対する正常な反応"である」などのよく知られた標語を被災者に伝達する際にも，常に「からだ」に配慮して行うようにする。実際，PTSD 症状のうちでも

表 グラウンディングの実際
(National Center for PTSD and National Child Traumatic Stress Network, 2006)

> 導入：「恐ろしい体験をしたあとには，感情に圧倒されるように感じたり，起こったことが頭にこびりついて離れなくなったりすることがあります。この圧倒されるような感じを減らすために，役に立つ方法があります。グラウンディングといいます。グラウンディングは，あなたの注意を頭のなかの考えから外側の世界へと移すことで，効果を発揮します。ではやってみましょうか……」
>
> ● 楽な姿勢で座ってください。足や腕は組まないで，ゆったりとリラックスさせてください。
> ● ゆっくりと深く呼吸してください。
> ● まわりを見渡してみましょう。目に映るもので嫌な気持ちにならないものを，5つあげてください。たとえばこんな感じです。「床が見えます。靴が見えます。テーブルが見えます。椅子が見えます。人が見えます」
> ● ゆっくりと深く呼吸してください。
> ● 次に，音を聞きましょう。嫌な気持ちにならない音を，5つあげてください。たとえばこんな感じです。「女の人が話しているのが聞こえます。自分が呼吸する音が聞こえます。ドアが閉まる音がします。誰かがタイプしているのが聞こえます。携帯の鳴る音がしています」。
> ● ゆっくりと深く呼吸してください。
> ● 次は，からだの感覚を感じましょう。苦痛ではないからだの感覚を，5つあげてください。たとえばこんな感じです。「両手に木のひじかけが触れているのを感じます。自分の足が靴の中にあるのを感じます。背中が椅子にもたれているのを感じます。両手で毛布をつかんでいるのを感じます。唇があわさっているのを感じます」。
> ● ゆっくりと深く呼吸してください。

侵入症状と過覚醒症状は身体症状を伴うことが多い。

侵入症状（再体験症状，フラッシュバック）は基本的に，トラウマ体験当時の身体感覚の記憶の不如意かつ唐突な再生現象である。フラッシュバックが視覚記憶像（トラウマ体験時の光景）として語られるときにも，実際には聴覚や嗅覚，触覚が伴っていることは少なくない。阪神・淡路大震災（1995年）は未明に起こったので，その被災者には聴覚，振動覚中心のフラッシュバックを訴える人が多かった。過覚醒症状は知覚過敏，ことに知覚刺激に対する過大な驚愕反応という形で現れる場合が多い。また，一定の知覚刺激がリマインダーとなって，身体症状を含むさまざまな侵入症状を惹起することがある。

こういったさまざまな「からだ」に関連する症状はいずれも，先述のように"異常な事態に対する正常な反応"であることを，繰り返し明確に伝えておく。これは被災者の不安の軽減に役立つつし，災害時のトラウマ体験について語りたがらない，あるいは否認の強い被災者，言語表現の未発達な子どもが「からだ」の症状を報告してくれるよう

になれば，援助的介入の間口が広がる。

そのほか，災害後の一般的な生活ストレスについても「からだのケア」が必要になるが，ここは成書に譲る。

## V おわりに

本稿では，災害被災者の「心のケア」のための「からだ」への介入，つまり「からだのケア」について述べた。ここで述べたことは，重点の起き方の違いこそあれ，復興期の被災者援助（岩井，2013）についても適用可能である。

「からだのケア」は，援助への導入にあたってスティグマ化を伴いにくく，したがって被災者に受け入れられやすい。また，「からだ」の状態を把握することは，被災者自身にとっても援助者にとっても，被災者の心身の状態とその回復の指標となり，援助の上での介入点ともなる。

「からだ」は被災者援助の上で，まさに導きの糸であると言えよう。

▶ 文献
明石加代，藤井千太，加藤寛（2008）災害・大事故被災集

団への早期介入―「サイコロジカル・ファーストエイド実施の手引き」日本語版作成の試み. 心的トラウマ研究 4；17-26.

安克昌（2019）心の傷を癒すということ―大災害と心のケア 新増補版. 作品社.

岩井圭司（2011）PTSD 発症の予測と対応―救命救急センターにおける予防に向けて「サイコロジカル・ファーストエイド（PFA）」の活用を中心に. 精神科治療学 26-10；1277-1281.

岩井圭司（2013）復興期の精神保健活動のあり方. 教育と医学 61-3；192-198.

Myers D（1994）Disaster response and recovery : A handbook for mental health professionals（DHHS Publication No.SMA 94-3010）. U.S. Department of Health & Human Services.

National Center for PTSD and National Child Traumatic Stress Network（2006）Psychological First Aid Field Operations Guide. 2nd Edition. https://www.ptsd.va.gov/professional/treat/type/psych_firstaid_manual.asp［2020 年 2 月 1 日閲覧］.（兵庫県こころのケアセンター 訳（2009）サイコロジカル・ファーストエイド 実施の手引き 第 2 版（http://www.j-hits.org/psychological/［2020 年 2 月 1 日閲覧］））

National Center for PTSD and National Child Traumatic Stress Network（2010）Skills for Psychological Recovery（SPR）Manual. https://www.ptsd.va.gov/professional/treat/type/skills_psych_recovery_manual.asp［2020 年 2 月 1 日閲覧］.（兵庫県こころのケアセンター 訳（2011）サイコロジカル・リカバリー・スキル実施の手引き（http://www.j-hits.org/spr/［2020 年 2 月 1 日閲覧］））

World Health Organization（1992）WHO Psychological Consequences of Disasters : Prevention and Management. Geneva : World Health Organization.（中根允文，大塚俊弘 訳（1995）WHO 災害のもたらす心理社会的影響. 創造出版）

World Health Organization（2011）Psychological First Aid : Guide for Field Workers. Geneva : World Health Organization.（金吉晴，鈴木友理子 監訳（2012）心理的応急処置（サイコロジカル・ファーストエイド : PFA）フィールド・ガイド（https://saigai-kokoro.ncnp.go.jp/pdf/who_pfa_guide.pdf［2020 年 2 月 1 日閲覧］））

**告 知** …… **第 15 回（2020 年度）九州「森田療法セミナー」受講者募集のお知らせ**

**日時**：2020 年 5 月から 7 月の土曜日・日曜日（全 12 講義）午後 2 ～ 6 時（1 日 2 講義）／ 5 月 16 日，5 月 23 日，5 月 24 日，6 月 27 日，7 月 4 日，7 月 11 日の 6 日間

**会場**：九州大学病院ウエストウイング（精神科神経科カンファレンス室）／〒 812-8582 福岡市東区馬出 3 丁目 1-1 ／ TEL：092-642-5627

**受講対象者**：メンタルヘルスに関心のある，医師，臨床心理士，看護師，社会福祉士，介護福祉士，養護教諭，その他の教育関係者。

**受講料**：医師 5 万円（全 12 講義）2 万 8,000 円（6 講義のみ）／メンタルヘルス従事者 3 万円（全 12 講義）1 万 8,000 円（6 講義のみ）

**講師（予定）**：内村英幸（福岡心身クリニック），梅野一男（見立病院），久保田幹子（法政大学），黒木俊秀（九州大学），村山després太郎（九州大学），岩木久満子（顕メンタルクリニック），松浦隆信（日本大学），森山成林（通谷メンタルクリニック），山下 洋（九州大学病院），川嵜弘詔（福岡大学），竹田康彦（福岡心身クリニック）

**連絡先**：〒 812-8582 福岡市東区馬出 3 丁目 1 番 1 号 九州大学大学院医学研究院 精神病態医学 九州森田療法セミナー事務局（代表：黒木俊秀）／ TEL：092-642-5627（精神科医局）

[特集] 心身相関の心理臨床

# マインドフル瞑想における「こころ」と「からだ」

井上ウィマラ　Vimara Inoue

健康科学大学健康科学部福祉心理学科

本稿では，マインドフルネス瞑想の原典ともいえる「気づきの確立に関する教え（sati-paṭṭhāna sutta：念処経・念住経）[注1]」に基づいて，2,600年前にマインドフルネスに関する教えを説いたブッダが「こころ」と「からだ」をどのようにとらえていたのか，実際の瞑想指導ではどのように「こころ」と「からだ」を観察するように教えていたのかについて述べることにする。

## I　マインドフルネス瞑想が説かれた背景

マインドフルネス瞑想を体系的に教える以前のブッダは，性欲対策として風葬の墓場で腐敗してゆく死体を見つめる瞑想（不浄観）を推奨していたときがあった。修行者の性格や直面している問題に合わせて指導していたからであろうし，それほど多くの修行者たちが性欲に悩まされていたということであろう。異性の「からだ」が視覚や嗅覚や触覚の記憶などを介して性欲を刺激するのに対して，死体が腐敗してゆく姿を体験的に知ることを，その解毒剤として用いたのであろう。「からだ」の全体性に触れることで，一時的な高揚を中和しようとする方法論である。筆者も司法解剖の見学を中心に実践したことがあり，一時的なものではあったが確かな効果があった。

ところがあるとき，ブッダの目の届かないところで，準備のできていない修行者たちが死体を見つめているうちに，恐怖と嫌悪感のあまり気が動転し，発狂して集団自殺事件が起こってしまった。現代でいう惨事ストレスにも通じる現象であり，瞑想の危険性を如実に示す事件であった。状況を知ったブッダが侍者のアーナンダから「もっと安全性の高い瞑想法を教えてください」という要請を受けて，最初に説いた瞑想法が「呼吸によるマインドフルネス（ānāpāna-sati：出息入息念）」であった[注2]。

## II　マインドフルネスの語源

マインドフルネスの語源となっているパーリ語のサティは，「思い出す」を意味する動詞 sarati の名詞形である。漢訳仏教では「念」と訳されてきたが，マインドフルネスが定訳となったのは，多くの先達の試行錯誤を経て 1910 年に Rhys Davids が mindfulness と訳してからであった[注3]。

思い出される対象との時間的距離が十分にある場合には，「私は，いつ，どこで，誰と，何をしていた」というような言語的思考が成立する。ところが一秒前を思い出すというように十分な時間的距離がない場合には，思い出そうとする思考が

成立する前に時間が過ぎてしまい，思い出そうと
する意識的行為は，呼吸や心拍などの感覚体験の
流れに触れているだけの意識状態になってしま
う。これは，見えているだけ，聞こえているだけ
の純粋体験と呼ばれるものである。

　思い出すという「こころ」の活動と言語的思考
の成立に必要な時間的要素との関係から，「今こ
こ」の状態を忘れないで自覚しておこうという意
識的な営みは，日常的な言語意識レベルの体験と
純粋体験との間を自覚的に往復する体験へと到達
する。こうした往復体験のなかで，「私」という
概念を創り出していたいくつもの思い込みの束が
自然に緩みやすくなってゆく。こうした経緯から，
筆者は mindfulness を「気づき」と訳すことが少
なくない。これがマインドフルネスの意識戦略な
のである。「念」という字が，「今」と「こころ」
とから組み立てられているゆえんでもあろう[注4]。

### III　呼吸観察に託されたもの

　「呼吸による気づきの教え（ānāpāna-sati sutta：
出息入息念経）」によると，ブッダは出る息と吐
く息の長さや短さの違いをありのままに観察する
ことから説きはじめている。筆者は，出る息と吐
く息の温度や湿度の違いを感じることを含めて指
導することにしている[注5]。呼吸は命を支える現
象であり，そこには反対方向のリズムがある。自
律神経によって支配されているために日常的に意
識されることは少ないが，意識的にコントロール
することもできるものなので，その長さや深さや
速さなどを意識的にコントロールすることによっ
て自律神経に働きかけることもできる。

　苦行時代に息こらえや断食を極限まで探求し尽
くしていたブッダのことだから，こうしたことは
体験的に熟知していたであろう。しかしマインド
フルネスを説くときのブッダは，呼吸法のように
意識的に呼吸を数えたりコントロールしたりする
ことではなく，その時々に変化している呼吸の様
相をありのままに感じながら観察することを奨励
したのである。もちろん初心者には，数息観や腹

式呼吸法のようなものが補助技法として許されて
いた。

　一期一会の呼吸のありように心を向けた後に
は，呼吸には始まりと終わりがあることを意識し，
呼吸全体を意識し，さらには全身を意識してみる
ように説かれている。これは，呼吸には外呼吸と
内呼吸があることに呼応するものであろう。瞑想
対象としての呼吸はガス交換としての外呼吸なの
だが，出入りする息の流れを感じているうちに代
謝としての内呼吸に「こころ」が誘われて，外界
から取り入れられた酸素がヘモグロビンによって
全身の細胞に運ばれるように，意識は代謝する内
呼吸としての「からだ」全体へと向かってゆく。
いわゆる「気」の流れを感じることがあるのも，
こうした経緯によるものであろう。

　呼吸のリズムに乗って「からだ」全体に「ここ
ろ」が行き渡るようになると，呼吸も動作も自然
とゆったりとして落ち着いてくる。それまで無意
識的に行っていた「からだ」の動きには，その直
前に「こころ」の意図が働いており，その意図が
自覚化されることによって，動作自体が緩やかに
なり，不必要なものは自然に終息してゆくからだ。
呼吸も同様で，息を吸いはじめる前の微妙な息苦
しさや，息をどこまで吐ききるかという感覚を繊
細に意識するようになると，呼吸は自然にゆっく
りとした深い呼吸に落ち着いてゆく。筆者は，意
識的な呼吸法は行っていなかったが，有田秀穂氏
との共同研究で呼吸のマインドフルネスを実践し
ているときの生理学的変化を測定した際に，呼吸
数が1分間に2回ほどに減少してしまっているこ
とを知らされて驚いたことがあった。

---

注1）Majjhima Nikāya の第10番目に収められている。邦
　　訳としては『念処経』（片山，1997）が学術的に優れている。
注2）この事件は，殺人を禁じる戒律が制定されるきっか
　　けとなった。『南伝大蔵経1』(pp.113-116) を参照のこと。
注3）Gethin (2011, p.264) を参照のこと。
注4）井上 (2005, pp.6-10) を参照のこと。
注5）ブッダは呼吸の観察法を16に分けて説いたが，そ
　　の解釈については，井上 (2005, pp.32-75) を参照のこと。

## Ⅳ　呼吸から心身相関の探求へ

　呼吸によるマインドフルネスによって集中力が高まってくると，自然に心の曇りが晴れて爽やかになり，生命活動のエネルギーが歓喜（pīti）として感じられるようになる。エクスタシーのような生きる喜びを観察することから，マインドフルネスは「こころ」と「からだ」の相関関係の探求へと展開してゆく。pīti は光として体験されることが多く，鳥肌が立つような感じ，身体が軽くなったような感じとして体験される場合もある。一般的に刺激的な高揚を伴うため，ほとんどの修行者が「もう一度あの体験を……」と期待してしまう。マインドフルネス瞑想は，その期待を「こころ」の活動として丁寧に見つめる[注6]。

　修行仲間の間ではこうした体験による優劣が問題になり，スピリチュアルな競争にまで発展しかねないものだが，そうした人間関係における「こころ」の動きにも注意が向けられる。そして，その期待が叶わなかったときの絶望感や敗北感も見守られる[注7]。

　こうしてマインドフルネスの実践が進むと，喜びに潜む刺激性や興奮性に気づき，それらが終息した後の安らぎにも気づくようになる。これは幸福感の転換につながる重要な体験でもある。それまでは，獲得や競争による興奮に基づいた自我の満足体験を幸せだと思っていたのに対して，欲望や怒りの興奮を離れた静けさや安らぎのなかに，別なレベルの幸せがあるかもしれないことに気づくのである。

## Ⅴ　マインドフルネス瞑想の実践環境

　このように説かれたマインドフルネス瞑想は，出家修行者たちのコミュニティのなかで実践されていた。彼らは家族を離れて数人から数十人のグループを形成し，長老と呼ばれる先達のリーダーシップと具体的な指導の下で，托鉢によって命をつなぎながら共同生活をしていたのである。彼らは自分の抱える課題と性格に合わせて，さまざまな瞑想法を実践していた。そのひとつが不浄観と呼ばれる死体観察の瞑想であり，そのなかには感覚や認知現象の観察が含まれており，自他の幸せを祈る慈悲の瞑想なども含まれていた。

　サンガと呼ばれる修行共同体では，病気になった修行者の看病が死の看取りを含めて実践されていたようで，「よき看病者の5条件」や「看病しにくい人の5条件」などが列挙されている[注8]。看病しにくい人の5条件の第5番目は，「痛みに耐えることのできない人」となっているのだが，今も昔も「痛み」は耐え難いものであり，マインドフルネスがメインストリームに取り入れられる画期点となった MBSR が，慢性疼痛に苦しむ患者のためのプログラムとして出発したこととも深いつながりがあるように感じられる。

　また，サンガは出家して身寄りのない者たちの共同体であることから，こうした相互扶助が必要不可欠だったと思われる。解脱や悟り[注9]という目標を共有する修行コミュニティのなかで実践されていたということもあり，解説書では，「マインドフルネスの確立（sati-paṭṭhāna）」という言葉は「マインドフルネスそのものがケア（upaṭṭhāna）

---

注6）仏教瞑想の最も総合的な解説書である『清浄道論』では，光をはじめとする神秘的な体験が，自覚されない欲望によって，瞑想智の妨げとなることについて観の汚染（vipassanā-upakilesa）と呼んで解説している。禅宗などでいう「魔境」に相当するものである。井上（2012, p.84）を参照のこと。

注7）宗教教団のような権威的な秩序関係のなかで神秘体験を競うような関係性は，上下関係のなかで搾取や虐待を引き起こす温床となる。オウム真理教事件がその典型であろう。ブッダは神秘体験や超能力を見せびらかすことを禁じたが，こうした戒律的導きの倫理的意味合いを現代社会のなかにどのように再構築してゆくかも重要な要素である。

注8）井上（2010, pp.40-63），『南伝大蔵経3』（pp.525-528）を参照のこと。

注9）ここでは，人を生と死の再生産（輪廻）に結びつける束縛から解放されることを「解脱」と呼び，解脱したときにその人の心に浮かぶ物語（ナラティブ）を悟りと呼ぶことにする。解脱にはパターンと段階があるが，悟りにはその人の人生と修行歴に合わせた無限のバリエーションがある。詳しくは井上（2012, pp.78-79）を参照のこと。

である」という解釈が可能性であると説かれている[注10]。

## VI　マインドフルネス瞑想の目的

さて，ストレスフルな状況下での瞑想の危険性を予防する対策として説きはじめられた，呼吸によるマインドフルネスの実践は，それまでの多様な実践法を統合して解脱に進む道のりとして体系化されてゆき，冒頭で紹介した「気づきの確立に関する教え」に結実していったものと思われる。大惨事を招いた不浄観も，身体に関する観察のひとつとして収められている。マインドフルネス瞑想の根本聖典とも呼べるこの経の冒頭で，ブッダはマインドフルネス瞑想の到達目標を次のように述べている。

> 「修行者たちよ，この道は生き物たちを清め，憂いや悲嘆を乗り越え，苦しみや煩悶を消滅させ，理にかなった方法論を獲得し，苦しみの消えた幸福である涅槃を実現するための一路である」
>
> （Majjhima Nikāya, 1888, p.55［引用者訳］）

これらは次の5項目にまとめることができる。①浄化，②悲嘆の統合，③人生の苦悩からの解放，④合理的な方法論の獲得，⑤究極的な幸福の実現。

「一路」という言葉の注釈では，修行法にはさまざまな入口があったとしても，涅槃に至るにはすべての道のりがこのマインドフルネスの一点に収束してゆくと解釈されている。ブッダは宗教の範疇を超えて，人生の苦しみや悲しみを克服し，究極的な幸福を実現するための合理的な方法論としてマインドフルネスを構想していたことが読み取れる。

また，人生の苦脳には現代的な意味でのトラウマやPTSDが含まれること，病理学的な視点からみた複雑性悲嘆とPTSDとうつ病とは三つ巴の関係性にあること[注11]などを考え併せてみると，トラウマケアやグリーフケアという領域を総合したシームレスなケアの中軸として，マインド

フルネス瞑想がブッダとその弟子たちによって臨床的に開発されていったであろうことが推測できる。これは，PTSDの治療においてマインドフルネスのような心身へのアプローチが極めて有効であるという，ヴァン・デア・コークの研究[注12]にも合致している。

## VII　マインドフルネス瞑想の概観

ブッダは「気づきの確立に関する教え（sati-paṭṭhāna sutta）」において，マインドフルネス瞑想の対象を4領域・13項目に分類して説いている。それらは以下の通りである。

1. 身体（kaya）：①呼吸，②姿勢，③日常活動，④身体部分，⑤構成要素，⑥死体観察
2. 感受（vedana）：⑦快・不快・中性の身体感覚
3. 心（citta）：⑧心の状態分析
4. 法（dhamma）：⑨5つの心を曇らすもの，⑩人だと思い込まれる5つの集合体，⑪6感覚処，⑫目覚めを支える7要素，⑬4つの聖なる真理

⑧心の状態分析においては，その瞬間の心が欲望（貪）や怒り（瞋）や自動思考による思い込み（痴）によって色づけられているかいないかを観察してゆく。貪瞋痴は根本煩悩とも呼ばれる。⑪6感覚処におけるマインドフルネスでは，目，耳，鼻，舌，身[注13]，意[注14]という6つの感覚器官において，対象との接触からどのように感覚が発生

---

注10）Anālayo（2003, pp.29-30）を参照のこと。
注11）Simon et al.（2007）を参照のこと。
注12）ヴァン・デア・コーク（2016, pp.340-343）を参照のこと。
注13）身の感覚対象が「触」であるとされることから，身体を覆う皮膚のことが感覚器官のひとつとして考えられていた。皮膚が外面であるとすると，口から肛門まで体内を貫く腸管の表面である粘膜は内面の感覚器官に相当する。マインドフルネスの熟練者たちは，摂食活動に伴う感覚などを観察しながら，こうした体内感覚も「からだ」として瞑想していたであろうことがうかがえる。
注14）感覚器官としての「意」は，心臓のあたりに存在すると考えられ，意識活動の流れが意識内容を映し出すスクリーンの働きをしていると解釈されている。

し，自我意識の成立に伴ってどのように執着が発生するかをつぶさに観察する。除夜の鐘を 108 回打つのは 108 の煩悩を打ち払うためだと言われているが，その 108 の煩悩とは，貪瞋痴の根本煩悩が，6 つの感覚器官のどこから発生し，自他のどちらを主人公として，過去・現在・未来時制のいずれで物語を展開しているか（3 × 6 × 2 × 3＝108）というナラティブのパターン分析になっている。

⑩人だと思い込まれる 5 つの集合体[注15] では，物質的身体（色：rūpa），身体感覚（受：vedanā），知覚（想：saññā），意思（行：saṅkhāra），意識（識：viññāna）という 5 つの集合体（五蘊）の活動がいかにして「私」だと思い込まれてゆくのかを観察する。ここでの「識」には，無意識的な記憶情報も含まれ，一般的に「魂」と呼ばれるものもこの領域に分類される。

⑨5 つの心を曇らすもの[注16] についてのマインドフルネスでは，欲望，怒り，眠気と不活発性，浮つきと後悔，疑念という 5 つの現象について，それらの発生してくるプロセスを観察し，どのように反応することが再発につながり，どのように対応することが再発を防ぐのかについても繰り返し観察されてゆく。こうした観察を通して，欲望には「一体感（ekaggata：一境性）」，怒りには「喜び（pīti：喜）」，眠気と不活発性には「心を向ける思考（vitakka：尋）」，浮つきと効果には「リラックス（sukha：楽）」，疑念には「観察的思考（vicāra：伺）」が解毒剤として作用することを理解してゆく。これら 5 つの解毒剤は，集中力を支える力（jhāna-aṅga：禅支）としても働く。

## VIII　マインドフルネス瞑想における 3 つの観察視点

「気づきの確立に関する教え」における観察方法の大きな特徴は，すべての対象を，①自分の（ajjhata：内的）呼吸など，②他人の（bahiddhā：外的）呼吸など，③自他の（ajjhata-bahiddhā：内的外的）呼吸などという 3 つの観察視点から繰り

返し見つめることである。筆者はこれらを主観的観察，客観的観察，間主観的観察と呼ぶことにしている。これら 3 つの観察視点は，ミラーニューロンの発見によって明らかになりつつある自他の関係性と「私」という意識の発生に関する理解を先取りしたものである。

こうした間主観的観察におけるマインドフルネス瞑想の最も臨床的な実践形態は，③日常動作の観察における「正しく遍く知ること（sampajañña）」として，「話すにも，黙るにも正しく遍く知りながら行う（bhāsite tuṇhībhāve sampajānakārī）」という表現によって説かれている。話しているときにも，黙って（人の話を傾聴して）いるときにもマインドフルであれという教えである。

呼吸には生きるための呼吸とコミュニケーションのための呼吸があり，言葉を発するときには息を吐いているのであるが，どのように息を吐きながら言葉を発しているかという息遣いについてはほとんどが無意識になっている。言語的表現活動をしているときにも，息遣いに注意を払うことによって，非言語的なレベルでの前意識的な活動について自覚できるように努めるのである。これは「こころ」と「からだ」を巡る最も微細なレベルでの観察に属すマインドフルネスの実践である。

人は沈黙を恐れるあまり，会話のなかでの沈黙をすぐに言葉で埋めようとする。その不安や衝動を見守って，相手が自分の体験や感情に見合った言葉を探して発することができるまで，静かに温かく待つ。そして相手の発する言葉の息遣いに深く耳を傾け，傾聴しながら自分の「からだ」のなかでどんな反応が起こっているのかも観察する。さらに，話してくれた相手に対して言葉を返すときの自らの息遣いに気をつけ，その言葉にどのような「こころ」が込められているのかも自覚する。こうしたマインドフルネス瞑想の実践を，ブッダは

---

注 15）伝統的には「五取蘊」と呼ばれる。井上（2012, pp.32-33）を参照のこと。

注 16）伝統的には「五蓋」と呼ばれる。井上（2012, p.51, 75）を参照のこと。

「正遍智」と呼んだ。筆者はこの実践を「治療的沈黙（therapeutic silence）[注17]」と呼び，セラピストやケアギバーのための基本的トレーニングとして課すように心がけている。

## IX　気づきの作法

筆者は，以上のようなマインドフルネス瞑想の基本について，呼吸を見つめている際に，心が呼吸から離れて雑念にとらわれていたことに気づいたときの対応法として，次の3つのステップにまとめて指導している。

①心が呼吸から離れて何をしているのかを，「思い出していた」「後悔していた」「期待してワクワクしていた」……などと，ありのままに確認する。言葉で確認すること（ラベリング）は，一区切りつけるために役立つが，必ずしも言語化する必要はない。気づいたときに自分を責めてしまっていたら，「自分を責めた」などと自覚する。
②何かの思いにとらわれていた場合には，その思いが身体にどのような影響を与えたのか，身体の部分を特定して，「肩が凝っている」「歯を食いしばっていた」「胸が熱くなった」などと丁寧に感じる。
③思いの身体への影響をしっかりと味わい切ったら，緊張を緩め，姿勢を整えて，ゆっくりと優しい気持ちで呼吸に戻る。

以上はそのつど自分なりの仕方で工夫すればよいのだが，「雑念」に気づいて呼吸に戻る際に，「見張る」ような固くて冷たい感じが溶けて，「見守る」ような柔らかくてあたたかな感じになってゆくことが，マインドフルネス瞑想の基本が身についてゆくためのポイントになる。硬くて冷たい「見張る」習慣の中核にある超自我が溶けてゆき，柔らかくて暖かい「見守り」のなかに自尊感情が生まれると，それが思いやりの種へと成長してゆく。

そしてこの「気づきの作法」が身につくと，「雑念」だと思っていたものが，自分の本心を知るためのサインとして利用可能なものであることに気がつくようになる[注18]。このように自分の雑念を

見守ることができる地点が，マインドフルネスと精神分析が出会い，本当の意味での自由連想が可能となる場なのではないかと筆者は考えている。

## X　「私」が解ける瞬間について

「気づきの確立に関する教え」のハイライトは，それぞれの瞑想対象に関する説明の後に洞察の部が続き，そこでは自他の生命現象を繰り返し見守るうちに「からだ（呼吸……）がある（atthi kāyo）」「こころ（怒り……）がある（atthi citto）」という気づき（sati：マインドフルネス）が生じると記されているところである。注釈によると，この表現は，実際には「からだがある」だけであり，「こころがある」だけであり，「私」という思いは実体的なものではなく概念的な仮想現実に過ぎないものであったという洞察について述べたものであると解説されている。これが，ブッダの説いた無我や空の臨床レベルにおける描写である。

これに続いて，そうした洞察は，「（マインドフルネスのありようを）振り返るマインドフルネス（paṭi-sati）[注19]に応じて生じてくる」ことが述べられている。自らのマインドフルネス瞑想のありようを俯瞰的に見守る視点であり，今でいうところの心理学的な「脱中心化」や「メタ認知」を先取りした表現である。

日常におけるマインドフルネス瞑想は，こうして「私」という思い込みから脱出してゆく作業になると同時に，この「私」という仮想現実をより自由に使いこなして，自他のために活用することができるように学んでゆく[注20]ための体験学習の過程となってゆく。

---

注17）筆者はエプスタイン（2009, pp.254-261）の翻訳とその後のやりとりのなかでこの言葉を思いついた。
注18）筆者はこうした気づきを促すために「雑念劇場」というエクササイズを考案した。詳しくは井上（2016, p.49）を参照のこと。
注19）paṭi は，返照の意味を表す接頭辞である。

## XI　洞察から思いやりへ

　マインドフルネス瞑想の実践智は，最終的に私たちを自他への慈しみ（コンパッション）へと導いてゆく。人生のさまざまな状況下で，多くの感情的なアンビバレンスを見守っているうちに，それらが自然に統合され[注21]，自他をありのままに見守り受容することが，最も安らかで創造的な生き方であり道のりであることが理解される結果である。それは，誰のものでもない「こころ」と「からだ」を大切に使わせていただくための学びの道である。

▶ 文献

Anālayo（2003）Sati-Paṭṭhāna. Windhorse Publications.

マーク・エプスタイン［井上ウィマラ 訳］（2009）ブッダのサイコセラピー．春秋社．

Gethin R（2011）On some definitions of mindfulness. Contemporary Buddhism 12-1；263-279.

井上ウィマラ（2005）呼吸による気づきの教え．佼成出版社．

井上ウィマラ（2010）看護と生老病死．三輪書店．

井上ウィマラ（2012）中道／五蘊／五蓋／禅定／観の汚染／解脱．In：井上ウィマラ，葛西賢太，加藤博己 編：編仏教心理学キーワード事典．春秋社．

井上ウィマラ（2016）負の感情の見守り方．心身変容技法研究 5；48-54.

片山一良 訳（1997）念処経．In：根本五十経篇．大蔵出版．

Majjhima Nikāya I（1888）Pāli. Text Society.

Simon NM et al.（2007）The prevalence and correlates of psychiatric comorbidity in individuals with complicated grief. Comprehensive Psychiatry 48；395-399.

上田天瑞 訳（1936）南伝大蔵経 1．大蔵出版．

ベッセル・ヴァン・デア・コーク［柴田裕之 訳］（2016）身体はトラウマを記録する―脳・心・体のつながりと回復のための手法．紀伊國屋書店．

渡辺照宏 訳（1938）南伝大蔵経 3．大蔵出版．

ドナルド・W・ウィニコット［牛島定信 訳］（1977）情緒発達の精神分析理論―自我の芽ばえと母なるもの．岩崎学術出版社．

注20）このように自他の利益になるように使いこなすことを方便（upāya）と呼ぶ。方便は，移動を意味する語根（√i<aya）に近接を意味する接頭辞（upa）が付加された組み合わせになっている。初期の仏教が真実を大切にしたのに対して，後期の大乗仏教では，その人なりの真実へのアプローチである方便を重視する流れに傾いていった。この現象は，ウィニコット（1977, p.160）が「本当の自己は隠蔽されてはいるがそれなりの生活を持っており，偽りの自己は対社会的態度となる」と述べていることと比較してみると感慨深い。

注21）伝統的には，こうしたアンビバレンスの統合のことを「中道（majjhima paṭipadā）」と呼んでいる。詳しくは井上（2012, pp.12-13）を参照のこと。

[特集] 心身相関の心理臨床

# 「こころ」と「からだ」を支える
# 臨床動作法の技法

## 藤吉晴美 Harumi Fujiyoshi
吉備国際大学心理学部心理学科

## Ⅰ　はじめに

　「臨床動作法」は，1960年代半ばから成瀬悟策を中心とする研究者らによって開発され発展してきた日本生まれの心理援助法である。

　臨床動作法には，「心理療法としての動作療法をはじめ，動作訓練法，教育動作法，災害・被害支援動作法，高齢者動作法，赤ちゃん動作法，健康動作法等がある」（鶴，2018）とされ，さらに今日では産業領域での実践も報告されるようになり，幅広い年齢層を対象として多岐にわたる分野で適用されている。これほど多様な分野での実践報告がありながらも，なお視点が当てられてこなかった領域がある。それは病後の心理的ケア領域である。本稿で取り上げる事例は，後縦靭帯骨化症・黄色靭帯骨化症と診断され，外科的手術後の外来通院が終了した人への臨床動作法による心理援助である。はじめに臨床動作法における見立て，援助仮説を述べ，援助の実際の一部を詳細に示し，最後に今後の心理臨床実践について提案をしていく。

## Ⅱ　臨床動作法における体験様式

　臨床動作法では，動作を手段として，クライエント（以下，Cl.）のこころの問題を変えていく。その機序を考えるにあたって重要な鍵概念となるのが体験様式である。たとえば，教師の指導を受け，ひとりの生徒は「自分を否定した。あの教師は最悪だ」と腹を立て，別の学生は「先生がこんなに指導してくれた。自分への期待があるかもしれない」とわずかに心を躍らせる。指導された体験をどうとらえ，いかに感じ，どのような反応をするのかいった個別のスタイルを体験様式と呼び，臨床動作法ではこれらに焦点を当てる。ただし「相手の体験や感じ方などというものは，本当のところ，他人である治療者や援助者にとってその真相は分かるはずがない」と成瀬（2000）が言うように，体験様式の理解はけっして容易なことではない。ところが体験様式は，からだの動かし方や動作の不調に実はそのまま反映されている。あの教師は最悪だとこだわりつづけると，両肩や背中，両腕に怒り緊張を持続することになろう。それは背肩まわりなどの動作不調となって顕在化する。

　臨床動作法では，動作不調を改善することで，Cl.の不適切な体験様式を変化させる。動作不調として現れやすい不適切な体験様式について鶴（2019）は，非現実的体験様式，受動的体験様式，

非統制的体験様式などを挙げている。こうした不適切な体験様式が動作課題を通してどのように変化するのかについて，以下の事例で示していきたい。

### III　臨床動作法における援助の実際
#### ——クライエントA（男性・60代後半）

#### 1　相談の内容

　後縦靭帯骨化症・黄色靭帯骨化症の外来通院が終了したが，この病気や加齢によって筋力の低下が著しい。脚のしびれもある。先行きが暗い。焦りと不安で毎日がつらい。臨床動作法は脳性まひの動作訓練で使われていることを知っていた。臨床動作法をしている先生にからだの使い方を教えてほしい。

#### 2　問題の経緯

　X−5年2月，脚の動きの違和感と背中の硬直感を覚え，同年3月，人間ドックの検診医に背および右脚の違和感を相談したところ，整形外科への受診を勧められ，X−5年4月，整形外科にて後縦靭帯骨化症・黄色靭帯骨化症と診断された。同月，脊髄への圧迫を解除するため頚椎部の手術を受けた。腰から下にしびれが残り，歩行困難となった。X−2年3月，排尿・排便の異常が進んだため胸椎部の手術を受けた。このとき，上半身を動かすことができないよう，肋骨を覆うようにコルセットでガチガチに固めて数カ月過ごした。コルセットが外れたときは，ようやく自由になれると期待したが，実際は原因不明の圧迫感に襲われた。その後は外来通院を続け，筋力低下の不安や右脚のしびれを主治医に相談したが，積極的な治療やリハビリはないと言われ，X年3月，経過観察が終了となった。Aは筋力低下などに対して何をしてよいのかわからず，途方に暮れた。自分の先行きが暗く，無力感と焦燥感に襲われ，相談に至る。

#### 3　見立て——動作アセスメント

　セラピィ室へ移動するため，Aは杖をつきながら慎重にゆっくりと待合の椅子から立ち上がる。歩行では脚を一本棒のように突っ張らせたまま，上体を左に傾け右脚を出し，次はその逆といった歩様である。足裏は地面からほとんど上がらず，すり足で歩く。

　動作テスト（成瀬，2014）を行う。特に目立ったのは，立位での横腹押さえである。脇の下とウエストの中間部を支点に左に届げ，次に右に届げ，左右差をアセスメントするつもりであったが，差どころか胴は丸太のごとく不動である。また，肩まわりでは，左右とも肩甲骨周囲の慢性緊張は著しく，特に左の肩まわりのほうが強い。

#### 4　動作不調と援助仮説
#### 1．脚にみられる動作不調

　歩行は，先述した通り一本棒のような脚で，足裏を地にする状態である。しかしAは脚の関節が屈がらないわけではない。椅子に腰かけることもでき，立ち上がりもできたからである。そうであるにもかかわらずAが脚を一本棒のようにしているのは，脚のしびれに対する恐怖心や脚を動かすことへの不信感からであり，自分ではどうにもしようがないとする非統制的体験様式，あるいは臆病・萎縮体験様式が脚に反映され，動くはずの股関節，膝，足首を不自由なものとし，無意識のうちに動かさないよう力を入れて，こわばらせていると言える。Aの脚の動作不調の改善を図ることは，非統制的体験様式，臆病・萎縮体験様式を，統制的体験様式，自由闊達体験様式へと変化させることとなり，こころに自信を取り戻し，それによって不安感や焦燥感，絶望感から解放されていくと考える。

　そこで脚にみられるこわばり動作不調に対しては，両膝立ち股関節屈げ課題，立位膝前出し課題，足踏み課題，歩行課題を行うこととした。

## 2．胴体部分にみられる動作不調

　動作テストの横腹押さえで明らかとなった胴体部分の不動は，胸椎部の術後にコルセットで固定していたとＡが示す部分と一致する。コルセットという "お守り" がなくなったことによる自己不確実感が胴体部分に反映され，不確実さを補うため必要以上の緊張を入れて，固めることを常態化させた結果と考えられる。Ａの胴体部分の動作不調の改善を図ることは，自己不確実体験様式を自己確実体験様式へと変化させることであり，自己の確かさ・拠り所を取り戻し，無力感・不安感から解放されていくであろう。

　そこで胴体部分にみられる過剰緊張による動作不調に対しては，坐位での腰前屈げに加え，胴体部分の弛め課題を行うこととした。

## 3．肩まわりにみられる動作不調

　肩まわりに慢性緊張を居すわらせていることは，胴体部分および両脚の動作不調によって，背・肩を腰と両脚の上にあずけられず，上に吊り上げるような緊張を入れつづけた結果と考えられる。さらには，右脚の不自由さをより強くＡが感じていることから，できる限り左半側に依存しようとした結果，左の動きに不自由さが生じていると考えられる。

　そこで肩まわりの動作不調については，両脚および胴体部分の改善が図られた後に，肩弛め課題を行うこととした。

## 5　援助の実際

　本稿では，脚にみられる動作不調に対する援助の実際を示す。援助の詳細を記すため，セッションの1コマを切り取って報告したい。

## 1．思い通りに動かせない体験

　両膝立ちのＡにセラピスト（以下，Th.）は，〈ゆっくり坐っていきますよ〉という。Ａは「ゆっくり？」と戸惑い，お尻を後ろに少し突き出そうとするが，股関節を屈げないままなので動かない。

「ちょ，ちょっと待ってくださいよ。できませんね。脚の筋力が低下しているからかな」と少し焦り気味となる。Th. はＡの手の上から股関節が屈がる方向へ援助を加える。少し折れたところで，Ａは腰へ反りの力を入れる。Th. が腰の力を指摘すると，「わかるような……途中から腰で支えようとしますね。筋力がないからな」と言う。股関節を屈げるという課題は，Ａにとってこわばらせて安定している自分の様式の変更を迫られることになる。からだの使い方を変えることへの不安感から腰に力を入れ，それを無意識的に避けていることがわかった。

　2回目は〈少し重心を前に移し膝でしっかり支えていきましょう〉と言うと，Ａは「あ，こうすると腰が楽になりました」と重心の安定に伴って腰の緊張を弛める。表情が少し和む。坐りこんでいくＡに〈腰，いい具合に調整していますよ〉と返す。Th. はＡが自らからだの使い方を変えた瞬間をとらえ，明確化することを心がける。自体を変えることができたという体験をＡが重ねることで，からだへの統制感が出てくるからである。

　両膝立ちからの坐り込みを半分で止め，そこから両膝立ちに戻す課題を行う。〈膝に重心をしっかりのせて，頭から膝までの一本の軸を頼りに，ゆっくり両膝立ちになりましょう〉と言うと，Ａは焦ったように上体をよじらせつつ大腿部の筋力で起き上がろうとする。「筋肉が，悲鳴を，上げて，いる……」と額に汗をかいている。軸が完全に崩れており，Ａひとりでは両膝立ちになれないとTh. は推測する。失敗体験をさせないよう，いったん他動でゆっくりと起き上がらせ軸を整える。〈今のからだの感じはどうですか〉と尋ねると，「いや，疲れました。筋力がやはりだめになっていますね。ただ，今は楽ですよ。頭から膝にズドーンと力が通っている感じです」と軸の感じを体験していることがわかる。

## 2．自分のからだを動かせる手ごたえ体験

　同じ課題を出すが，Aはすぐに応じない。筋力低下があるので，この課題を乗り越えていくことは難しいと臆病になっている。後に引かないTh.を前に，やがてAは決意を固め課題に入る。Aが股関節を屈げると同時に，Th.はAの軸が安定する援助をわずかに行う。Aは自分の軸をとらえたので腰に反りの力も入れない。股関節をさらに屈げ坐り込む。動きをいったん止め，次にTh.はそこから起き上がるよう伝え，起こす方向を示すわずかな援助の力を加える。Aはそれを手がかりに自分のからだの動きに集中し，軸を保ったままゆっくりと起きる。「えー，できた。先ほどのは何だったんだ」と意外そうな表情になる。その後，Aは自らこの課題をひとりでゆっくりと繰り返す。「なんでこんな簡単なことができなかったんだろう。できないことのほうが不思議です」と言うAの紅潮した顔からは，自分で股関節を意識しながら屈げて伸ばすことができた手ごたえを感じている様子がうかがえる。

## 3．成功体験を次の課題に活かす体験

　立位姿勢での膝前出し課題に入る。Th.は股関節を屈げながら膝を前に出すように言う。「さきほどと同じことですよね」と，Aは成功体験を手がかりにゆっくりと股関節を屈げる。「これでいいんですよね」と股関節，膝の動きを確かめている。立位膝前出し課題は両膝立ち課題での自信が利いて難なくこなす。

　続いて足踏み課題を行う。足踏みをゆっくり繰り返すたびに，Aの足裏は高く，そしてまた高く，しっかり上がっていく。高く上げるたびにAから笑いがこぼれ，自分のからだを自分で変えていく実感を楽しんでいる。〈そのまま少し前に踏み出してみましょう〉と言うと，右脚を前に踏み出す。次に左脚を前に踏み出す。脚のこわばりはなくなり，膝と股関節を屈げる歩行に変わっている。

## 6　援助終了後のAの様子

　まずAは，「生き返った気分」と言う。その言葉通りにAの歩様は援助開始時とまったく違うなめらかで安定したものとなり，表情からも確かな自信の回復と，こころの活性化が読みとれる。さらにAは笑顔で「まだ死ねないですね」と言う。Th.は〈まだまだこれからですよ〉と返しつつ，Aの体験様式の大きな変化を確認する。

## IV　おわりに

　鈴木（2008）は，身体疾患に罹患した患者のメンタルケアについて触れるなかで，治療が終了した後の支援について言及している。現行の医療制度における治療終了後のケアは，「定期的な診察や検査はあるにしても，患者の社会適応への支援や病気にかかわる不安やストレスの緩和，あるいは受容プロセスの促進などについての積極的な支援が医療機関で行われることは稀である」と実情を述べる。そして視点を患者に移し，「一連の治療が終了したからといって，すぐに再発や病状悪化への不安が消えるわけではない。つまり，医療的に見た『一区切り』が，必ずしも患者の人生にとっての『一区切り』になっているとは限らないのである」と指摘し，「心理社会的問題への支援に関する患者のニーズは大きく，心理士が貢献できる範囲は大きい」としている。

　本事例に戻ると，Aは指定難病の後縦靭帯骨化症・黄色靭帯骨化症の手術を受け，退院後の外来通院を続けていたが約2年の経過観察が終了した。これが医療的に見た一区切りであろう。鈴木がいうように，医療的に見た一区切りは，患者にとってイコールとはならない場合があることを，外来通院終了後になおも続くAのこわばり歩行や，胴体部分の不動，肩周りの慢性緊張という動作不調が的確に示していた。

　身体疾患の治療について，現在はインフォームド・コンセントに従って医療内容を患者が主体的に選択することになっている。しかし，方針が決まれば後は治療をお任せするほかはなく，そこに

主体的関与はほぼない。医療行為を受けつづけることによって，患者はある共通した対応の仕方に収束していく。「よろしくお願いします」と両肩をすぼめ頭を下げて依頼する対応の仕方である。これは受け身的体験様式，非統制的体験様式，さらには臆病・萎縮体験様式と言えよう。また手術などによる侵襲をはじめ，身体が物理的に変化したことによる自己不確実体験様式もみられやすい。今回，紙幅の都合により記すことができなかったが，胴体部分にAが感じていた圧迫感，動作不調としての不動は，Aが緊張を弛め坐位でのタテ軸を実感したときに改善した。Aはコルセットを外してから，上半身が空洞のようになっていて，前後ではさんでいないと不安だったと振り返りながら，今は自分のなかに支えができたと自己確実感を身体レベルで獲得していた。

　現在，医療の分野ではほとんど取り上げられることのない病後の心理的ケアであるが，積極的な治療を終えた身体疾患の患者の心理援助は，うつなど二次的な問題の予防にもなりうる。自分のからだを能動的に自己統制できる体験は，Aが「生き返った，まだ死ねない」と言った通り，患者の新たな人生への向かい方を心理的に支えることとなろう。からだを通してこころを支える臨床動作法の有用性を示す事例を，今後も蓄積していきたい。

▶ 文献

成瀬悟策（2000）動作療法―まったく新しい心理治療の理論と方法. 誠信書房.

成瀬悟策（2014）動作療法の展開―こころとからだの調和と活かし方. 誠信書房.

鈴木伸一（2008）医療心理学の新展開―チーム医療に活かす心理学の最前線. 北大路書房.

鶴光代（2018）臨床動作法. In：野島一彦，岡村達也 編：臨床心理学概論. 遠見書房.

鶴光代（2019）臨床動作法の実際. 日本臨床動作学会［研修会講義用資料］.

**告知** …… 第 23 回（2020 年度）森田療法セミナー開催のお知らせ

**日時**：2020 年 5 月〜 10 月（全 10 回）木曜日 19：00 〜 21：00

**会場**：家庭クラブ会館（JR 新宿駅南口より徒歩 8 分，都営地下鉄新宿線・大江戸線新宿駅より徒歩 4 分）

**内容**：このセミナーは，森田療法初心者向けのものです。森田療法の基本的な理論と治療の実際についての講義を行います。本セミナーは，日本森田療法学会公認です。

**受講対象者**：メンタルヘルスに従事されている方，具体的には医師，公認心理師，臨床心理士，カウンセラー（学生相談，スクールカウンセラー，産業カウンセラーなど），ソーシャルワーカー，精神保健福祉士，教育関係者，その他森田療法セミナー資格審議会が適当と認めた方です。原則的には，症例に対する守秘義務を持つ職業に就いている方。

**受講料**（テキスト代 3,200 円含む）：医師 60,000 円／メンタルヘルス従事者 40,000 円／大学院生（医師・社会人大学院生は除く）20,000 円

**お問い合わせ先**：〒 194-0298　東京都町田市相原町 4342
　　　　　　　　　法政大学現代福祉学部久保田研究室内　森田療法セミナー事務局
　　　　　　　　　E-Mail：morita.seminer@gmail.com
　　　　　　　　　お問い合わせ，ご連絡は事務局まで e-mail にてお願い致します。
　　　　　　　　　行き違いを避けるため，お電話によるお問い合わせはご遠慮ください。

[特集] 心身相関の心理臨床

# 森田療法における心身相関

竹田康彦 Yasuhiko Takeda
福岡心身クリニック

黒木俊秀 Toshihide Kuroki
九州大学大学院人間環境学研究院

## I　はじめに

　今日，自己の感情や衝動をうまくコントロールできない思春期・青年期の事例に対峙するとき，彼らは，その発達史において親子が身体レベルで共鳴し，言葉レベルで互いに理解を深めるという原初的な体験が乏しかったのではないかと思われることがしばしばある。その上，物心ついたときからコンピューターゲームやインターネットに晒されてきたため，直接，体験から身体感覚や知覚・感情・行為の意味をバランス良く微調整し，体現化する機会を奪われ，一貫した自己の全体へ統合することができない。それゆえ，未統合かつ断片的な自己が形成された彼らは，自分が自分でも分からないと訴える。さらに，身体感覚レベルの共感や共鳴ぬきに複数の相手と表面的で多様な関係をもとうとするため，安定した自己と他者意識が育たない。彼らが，過度に自己愛的でありながら，他罰的でもあり，他者のみならず自己の存在にも怯える所以である。

　こうした思春期・青年期の事例に対して，筆者らは森田療法の身体知を治療の枠として活かし，個々の症状や問題行動に対しては行動療法やマインドフルネス瞑想の技法を適用している（内村・竹田，2018）。森田療法では，その伝統的な入院治療において定式化された絶対臥褥－軽作業期－重作業期－社会復帰期の４段階において一貫した体験的理解，すなわち，実践行為的認知が重視されている。そのプロセスは，臥褥や作業を介して自己の身体感覚や感情への注目が促され，さらに体を通しておのれの願望や欲求を捉え，それを行動や運動に展開する過程の反復であり，その結果，「体得」に至る。伝統的な森田療法では，そのプロセスはあえて意識する必要もない自明のこととされていたが，現代の事例に適用する際は，行動する過程（身）と認知する過程（心）とを独立して扱い，それぞれに働きかけるエクササイズとして提示して意識化し，両過程の連動により機能的な生活が創発されることを目指すのが有用である。

　本稿では，筆者らが思春期・青年期の事例に適用している森田療法を基調とする統合的なアプローチ（内村・竹田，2018）について，精神科ショートケアを利用した事例を提示したい。なお，本事例のモデルとなった患者本人には発表について同意を得ているが，個人のプライバシー保護の観点から，生活歴や現病歴はごく簡単に記載する。

## II　事例提示

事例：Ａ・10代・女性

生活歴・現病歴：幼少期の発達には異常なし。元々は好奇心旺盛な子。中学2年時より学校で緊張するようになり，不登校が始まった。ダイエットに取り組むと，過食と嘔吐を繰り返した。次第に人が怖くなり，外出も控えるようになって，自室にひきこもり，スマホに依存するようになった。それを母親にとがめられて，手首を自傷した。さらに，自殺企図も生じ，筆者（竹田）の勤める医療機関を受診した。

治療経過：初診時，母親同伴。年齢よりもやや幼く見える。ひどく緊張し，肩を挙上させ，呼吸は浅かった。面接中もずっとスマホをいじりつづけた。母から聞いた経緯を訊ねるが，「わからない」と答える。かように対話が深まらない若年者では，相互の身体間の交流から始める。「（治療者が）同じ状況だったら，体がこうなり，こんな気持ちや考えが湧き，死にたくもなるよ」と身体感覚・感情・思考をひとつの流れとして伝え，同時にＡの身体感覚や情動の揺らぎを捉えるように努めた。Ａの呼吸がゆっくり治療者の呼吸と合うようになり，肩が下がってくると，涙声で「いつも頭がモジャモジャして，自分がわからない。ヒョロヒョロしている暮らしで治りますか？」と言った。

　まず「心身の心地よい状態を作ること」を提案し，治療者と一緒に筋弛緩法とみぞおちのマッサージを行った。Ａは，「気持ちいい」と笑い，次いで「過食が出ないダイエット法を知りたい」と希望した。過食・嘔吐の悪循環を図示し，食事の取り方と体操を指導した。毎週1回の面接のほか，精神科ショートケアに導入するとともに，日記をつけることを指示した（日記指導は，外来森田療法の技法のひとつである）。

　以下に治療経過を，伝統的な入院森田療法の定式に準じて，安静期，作業期，および生活拡大期に分けて述べるが，紙幅の都合上，ここでは身体の感覚と運動の連関に焦点を当てる安静期の技法を中心に紹介する。実際には，神田橋（2019）の技法や弁証法的行動療法の行動連鎖分析（リネハン，2007），さらにブレインスポッティングやEMDRのようなトラウマ治療法（グランド，2017）等々，さまざまな技法を参考にした独自の統合的アプローチを行なっている（内村・竹田，2018）。

### 1　安静期

　この時期は，ショートケア部門にある安静室を利用して，まず，身体反応−感覚−感情−本能に基づく衝動をつかむマンドフルネスのエクササイズを行う。しかしながら，Ａのような若年の事例では，呼吸法によるマインドフルネスの実施は難しい。そこで看護師が次の立位と臥位のエクササイズで，Ａに体の力を抜くことを指導した。

### 1．立位のエクササイズ

　①最初に，重力に従い，上半身を前屈させブラブラと揺らす。次に上半身を起こし，先ほどと身体の姿勢の違いでどう違うかという気づきを問う。そのまま両下肢を腰幅に開き，前後左右に体をゆっくりと微かに動かし，体が楽に安定する位置を探す。

　②爪先立ち，踵をトンッと床に落とし，体を安定させ，丹田にある体の重心への気づきを促す。Ａは，体が安定し，力が抜けると頭のなかがスッキリし，モジャモジャが消えたと驚いた。

　③微かに前後左右にゆっくりと身体を傾け，足裏から頭までの各部位を順次どのように感じるかを述べる。肩や首が緊張し力が入ることや「腰が感じられない」と気づいた。腰に手を当てると，「そこに（腰が）ある」と驚いた。

　④さらに微かにゆっくり前後に体を揺らし，右半身の足裏の重さの感じ方の移動や膝から頭までの各部位の骨や関節，および肩甲骨の位置の移動の仕方に注意を向けさせた。動きの最中における各部分の変化と連動を感じ，バラバラに感じていた体の部分が微かな動きでも統合して動いているという感覚を体験する。Ａは，踵から爪先へ重

心を移動させると，後ろ向きの考えが減り，前へ行こうと思うと同時に自分の「かくあるべし」思考の強さを感じた。思考にとらわれずに，体に心地良いくらいに重心の移動を行えば，前に進めるような気がするという。足裏全体で地面を感じると体全体が浮くように感じ，肩甲骨が自然に脊椎に寄り，自然と胸を張るようになった。今までは怖くて余計な力が入り，自分も他人も自然体では受け入れられなかったことに気づいた。

⑤体を揺らすのをやめ，右半身と左半身の感じ方の違いを比較させた。右半身では，「右が大きく，ずっしりと感じる」「左の頭がスッキリする」と驚き，歩行すると「右足がしっかり地面につく感じで，安心できる」という。左半身では，「視野が広がった感じがし，左足がしっかり地面につく感じで安心する」と述べた。Aは，肩の締め付けと得体の知れぬ恐怖に圧倒されるときは，「治りたい自分と言い訳して動かぬ自分の両方がいる。心は前に行くが，体はそれに付いてこないので，悲しいのだ」と気づいた。こうして体の感覚が思考・感情・行動に影響することを洞察し，体という地盤を固めることで自分の願いが叶うのかもしれないと希望を抱くようになった。

## 2．臥位のエクササイズ

①ベッドに横になり，ベッドに接触している身体部位に注意を向けさせる。「背骨が反っている，膝が曲がっている」と知らずに力が入っていることや，第3足趾と第4足趾の区別がつかないことに気づいた。

②右の足底に板を当て，板をゆっくりと微かに動かし，足を反らしたり，伸ばしたりさせ，その時の右側の膝，骨盤から頭部までの部位の上下や胸郭，肩甲骨の動きに順次注意を向けさせる。この過程で腹部が上下することに気づき，腹式呼吸を理解する。左右の体の感じ方を比較させると「右側がしっかりベッドにつき，大きく，ずっしりと感じる」と驚いた。次に左でも行うと，左右の体がしっかりベッドにつくように感じ，最初よりも

体を重く，かつ大きく感じるようになった。Aは，「寝ているときも余計な力が入っているので，起きていても疲れている」と気づいた。

③足趾を1本ずつ優しくつかみ回転させ，どの指を触れているか答えさせ，わからないときは教えた（神田橋，2019）。第3足趾趾と第4足趾の区別がつくようになり，ひと塊りと感じていた足趾がそれぞれ独立した部分であると気づいた。足底に板を当てると板の表面を鮮明に感じた。上半身と下半身の連動がつかめると，全身の血液のめぐりを感じ，腹部が心地よいと感じるようになった。体が自然に「今，ここ」の状態になり，健康な感じがわかり，「あるがままになれる」と述べた。

④骨盤の右側左側を交互にわずかに上下させ，ベッドに当たる部分の変化を感じながら，足先から頭部まで動きに注意を促すと，わずかな身体の動きも全身を使っていると気づいた。骨盤を動かすときに，恐怖感や悲しみ，焦燥感がわき，骨盤と全身が連動してしなやかに動くようになると，それらの感情が和らいだ。肩の位置を胸よりも後ろにすると堂々とした気持ちになり，周りに人がいても本が読めると語った。また，毎日，体の状態は違い，それに応じて感情や思考も変化することに気づいた。Aの自宅に同居している高齢の祖母が，毎日，元気に家事をしていることに感動し，スタッフにも感謝を述べ，素直に甘えることができるようになってきた。この頃になると，Aは，体が硬直したときは，悲しみと恐怖を感じ，なんとかしようと焦り，「かくあるべし」思考が次々に生じて混乱し，自分を見失う連鎖を理解するようになった。悲しみと恐怖を「あるがまま」に受け止め，力を緩め，ゆっくりと目の前のことだけを行えば良いのだ。ゆっくりと行えばできるし，すると，無力感が弱まる。ゆっくりと話せば，対話する相手との距離感もつかめる——こうした変化がAに起きた。

以上のように，安静期における立位－臥位のエクササイズは，断片化し非機能的となった身体の

感覚や動きに注意を向け，その部位ごとの差異を感じ取ることにより，機能的な統一した身体への再組織化を促し，さらに認知−思考系との新たな連動を形成することを目標にしている。事例によっては，トラウマの身体反応を伴っている場合があり，ブレイン・スポッティング（グランド，2017）やEMDRに類似した技法を加えることもある。

安静期における一連の身体エクササイズの実施時間は，毎回30分程度であり，ショートケア中に実施している。最初の2，3セッション目で心身の不調を訴えることがあり，入院森田療法の絶対臥褥期に生じる煩悶に似ている。7，8セッションまで進むと，今後の意欲や願望を語ることが多い。治療の開始当初のAは，自分がわからず，日記を書くことが苦痛であったが，次第に心身の連関を体得できるようになると，「今，ここ」の自分がわかるようになり，過去の悲しみや未来への恐怖を放っておいて，今日，起きたことだけを書けるようになった。

## 2　作業期

安静期が退屈になってくると，スタッフと掃除のような作業を開始した。潔癖症のAにとって不潔恐怖の程度の低い作業から段階的に役割を与え，思考や感情は放っておき，目的本位に活動に専念する。作業時の身体感覚に注意を向け，自己の身体に，そして作業そのものになりきること（没我的体験）を指導した。瞬間の身体的現実の経験である「今，ここ」への気づきを養った。

例えば，パン作りの作業では，Aは，テーブルに並べられたパン生地の状態を瞬間的に判別できるようになった。さらに，硬い一塊のパン粉をうまく捏ねたときの柔らかさを想起し，テーブルに生地を叩き付ける力加減をイメージし，上手にパン生地ができるようになるまで作業を繰り返した。Aは，パンを捏ねる際の「柔らかい，温かい」といった触覚から安心感を得るようになった。この頃になると，Aの活動範囲は広がり，ショートケアに参加している他の利用者との接触も増えた。自宅でも，

体の使い方や感覚に注意を向けることで思考や感情の負の連鎖を断てるようになったと語った。

## 3　生活拡大期

復学したAは，当初，会話やSNSにおいて相手の反応に一喜一憂していた。認知行動療法的アプローチを併用して，自他の感情や思考の両義性を客観視できるようにした。すでにAには想像力や共感能力が育まれていたので，それが可能だった。次第に，「純な心」をつかみ，「生の欲望」が触発され，創造的になり，本来の好奇心が増えた。「一呼吸，間を置いて，相手の気持ちを考える」ことの大切さに気づき，「人間関係の仕方や自分がわかり，ヒョロヒョロしなくなった」と語った。事実，家庭でも学校でも安定した生活を維持できていた。

## III　おわりに

心身の相関についての森田正馬の認識は，心身二元論ではなく心身同一（一元）論である。彼は，「精神と身体とは同一のものであり，之を静的物質的に観る時身体であって，之を動的変化の過程として観る時之が精神である」（森田，1974）と明言する。したがって，気分や意識だけを精神ととらえるのではない。こうした森田療法の視点は，Aの治療経過に見るように，感情や思考（心）と感覚や運動（身）がひとつの自己の身体として統合されていない現代の思春期・青年期の事例に対する心理的支援を構築する際にも有意義と思われる。

▶ 文献

デイビッド・グランド［藤本昌樹，鈴木孝信 訳］（2017）ブレインスポッティング入門．星和書店．

神田橋條治（2019）心身養生のコツ．岩崎学術出版社．

マーシャ・M・リネハン［小野和哉 監訳］（2007）弁証法的行動療法実践マニュアル．金剛出版．

森田正馬（1974）精神療法の基礎．In：高良武久，中川四郎，大原健士郎 編：森田正馬 全集1巻．白揚社，pp.152-171．

内村英幸，竹田康彦（2018）精神科クリニックにおける精神療法—認知行動療法・マインドフルネス・森田療法をむすぶ弁証法的治療．金剛出版．

[特集] 心身相関の心理臨床

# トラウマ・ケアと身体
## EMDR および他の技法

**南川華奈** Kana Minamikawa
兵庫教育大学連合学校教育学研究科

**天野玉記** Tamaki Amano
神経発達症研究推進機構／京都大学医学研究科

**市井雅哉** Masaya Ichii
兵庫教育大学大学院

## I　PTSD とトラウマに関する障害

　トラウマは「心的外傷」と訳され，PTSD（post traumatic stress disorder）という言葉とともに一般に広まった。ICD-11 の診断基準において PTSD は，「再体験」「過覚醒」「回避」の 3 つを主要症状とするが，DSM-5 では認知と気分の陰性の変化，さらに「特定項目」として，離人体験や現実感消失などの解離症状を加えている。さらに，ICD-11 に取り入れられた複雑性 PTSD も重要な概念である。虐待や家庭内暴力など，逃れることの困難な状況で日常的に反復されてきた恐怖や脅威となる出来事によって生じたトラウマを指す。このような環境で育った子どもや成人は，感情の調節困難，無力感や無価値感，人間関係上の困難を抱えるとされており（自己組織化の障害），一連の逆境体験研究（Felitti et al., 1998）でも，さまざまな精神健康上の問題が指摘されている。

　また，解離性障害群や人格障害（特に境界性人格障害）などもトラウマとの関連が非常に深く，本論では詳述できないが，トラウマ・ケアの現場では念頭に置いておくべき障害である。

## II　通常のストレス反応からトラウマへ

　従来，人間の恐怖対象へのストレス反応は交感神経の高まりを経て，闘争（fight）逃走（flight）反応を取ると考えられてきた（Cannon, 1932）。通常，人間には自己調整機能が備わっており，危険が去り状況が落ち着けば，PTSD のような症状が継続することはなくなる。しかし，何らかの理由で安定を取り戻すことができないなど，調整が阻害される状況にあると，当時と似たような状況に過敏に反応し，過覚醒状態が続き，再体験が繰り返されるようになる。他方，麻痺や凍りつき（freeze）反応，解離症状を説明する理論として「ポリヴェーガル理論」（Porges, 1995）がある。闘争－逃走反応が有効でないと感じると人間は，副交感神経のひとつ「背側迷走神経」を活性化させ，失神や無呼吸，麻痺など「不動」状態を招くことで，生存を可能にする。この「不動」状態の固定化がトラウマ症状として表れる。Porges はほかにもストレスへの防衛反応として，「腹側迷走神経」を活性化させ，助けを求めたり加害者をなだめようとする「社会的関与システム」を指摘しているが，近年，ストレス反応における性差を考慮した tend-and-befriend（Taylor et al., 2000）という考えもあ

る。恐怖にさらされる前に恐怖対象（加虐者）の怒りに触れないよう機嫌を取り，被害を最小限に抑えようとする生存機能である。ただ，これが繰り返されると，後に恐怖の対象がいなくなっても，自身に対して恥や罪悪感を抱きつづけ，否定的な自己認知にとらわれてしまうようになる。

## III　トラウマの記憶
### ——脳画像研究からトラウマケアを考える

近年の脳画像研究によって，トラウマ出来事を思い出している脳は，情動を司る扁桃体を含む右の大脳辺縁系，および視覚野が活性化されているのみならず，言葉を司る「ブローカ野」が不活化されているということが明らかになった（van der Kolk, 1994）。トラウマ記憶は，情動反応，感覚，身体感覚と直接結びつく記憶であり，しかも，断片化された要素として記憶されているため，言葉として記録されにくい。「理性を司る理性脳（新皮質）は情動脳（脳幹と視床下部および大脳辺縁系）を説得できない」のである。一方，トラウマ記憶の想起時に解離反応を示す場合の脳は，ほぼ全領域が反応を示さない（Lanius et al., 2003）。そのような状態では，言葉で考えることも，身体を感じることもできない。一方，特に幼少期の未解決のトラウマや未処理の情動が大脳の右半球に保持されていることも指摘されている（Shore, 2001）。右半球では，無意識的で非言語的な潜在記憶が保持される。つまり，左半球に保持される意識的，言語的，論理的な顕在記憶を扱うのみでは，トラウマ記憶にアクセスしにくい。ここに，従来の「言葉」のみのカウンセリングの限界，そして，「身体」感覚を扱うことの重要性が見えてきたのである。

以上のことから，トラウマ・ケアでは，情動脳の過活性あるいは理性脳の不活化，もしくは脳全体の機能不全を正常な機能に戻し，適応的情報処理を促すことが重要となる。情動脳が安心・安全を感じられる状態で記憶と向き合い（ボトムアップ），また理性脳の働きを取り戻し，断片化され過去と現在が混在された記憶を，言葉を使って新たな物語として書き換えていく作業（トップダウン）が必要となる。Daniel Siegel（1999）は，治療をクライエントの「耐性の窓」内で進めることの重要性を示しているが，これはEMDR（眼球運動による脱感作と再処理法）をはじめ，多くの身体指向的心理療法の臨床家から受け入れられている。

## IV　EMDR という治療

EMDR は，トラウマ記憶を眼球運動やその他の両側性刺激（左右交互の繰り返しの音刺激，触覚刺激）を用いて再処理する方法である。再処理では，この外部からの刺激により，脳内で連想的処理を活性化し，当該記憶のネットワーク周辺にある他のネットワークと連結をもたらすことで本来の自然治癒力を引き出す。それまで機能不全の形で保存され，停滞していた情報処理を再開し，個人がより受け入れ可能な状態まで情報パッケージを移行し「適応的な解決」を導く。

この刺激が身体に加えられることで，脳へ直接的に刺激が伝わり，左右の前頭前野の脳波（ガンマ波）のコヒーレンスが高まること，また，右側の前後のコヒーレンスも高まることが示されている（Yaggie et al., 2015）。

EMDR の手続きのなかでは，アセスメントの段階である第3段階において，処理するトラウマ記憶へと接近する方法のひとつとして，感情を感じる身体の部位を尋ねる。トラウマへの接近は，トラウマを再体験することで，記憶を不安定にし，新たな意味づけを取り込んで再固定化されやすくするためには必須である。眼球運動を加えることで起こる変化は，記憶の構成要素である映像，思考，身体感覚などに及ぶため，再処理段階（第4〜6段階）のどの時点においても，身体感覚が変化する可能性が仮定されている。再処理段階の一部を成す，否定的な感情を減弱させる脱感作の第4段階，肯定的認知の妥当性を上げていく植え付けの第5段階に続く，第6段階に，ボディスキャンの段階が置かれている。これは，記憶にアクセ

スして，否定的感情が感じられないレベルまで低下させ，さらには，肯定感が十分に高まった状態で身体にアクセスし，緊張感や違和感などを探ることで，否定性の残余を洗い出す段階となっている（Shapiro, 2001）。

## Ⅴ　EMDRの治療メカニズム

EMDRの治療メカニズムについては，「ワーキングメモリー説」「レム睡眠説」「定位反応説」などさまざまな仮説が唱えられてきたが，まだはっきりわかっていない。そこで，最新の脳神経学的な研究を元に治療メカニズムについて言及したい。

EMDRによる治療は大きく2つのステップで構成されていると考えられる。第1のステップはトラウマ記憶と情動の恐怖条件付けを軽減するステップ，第2のステップはトラウマ記憶により歪んだネガティブな認知傾向を正常なバランスの取れた認知傾向へと変容させるステップである。EMDRセッションでは，この2つのステップが上手く組み込まれていくことで記憶全体の変容（再処理）が起こり，治療が進んでいく。第1のステップでは，進化の過程で獲得してきた扁桃体の恐怖条件付けシステムを変化させる必要がある。この恐怖条件付けは個体の生存の可否を左右する第一優先の課題であるため，扁桃体が異常発火すると，たちまち脳の多くのネットワークが混乱し，全神経を集中させて緊急事態に対応しようとする。PTSD患者は，度重なるフラッシュバックにより扁桃体と直接つながる内側前頭前野の神経ネットワーク（恐怖反応抑制に関与すると言われている）を破壊してしまうことも知られている（Marek et al., 2013）。そこで，Amano et al.（2013）は，近赤外線分光法（Near-Infrared Spectroscopy : NIRS）を用いて，PTSD患者のEMDRセッション中の全行程の脳血流変化をモニターし，EMDRセッション中に脳内で何が起こっているのかを調べた。すると，PTSD患者はトラウマ記憶を想起してトラウマの内容を詳しく語っているにもかかわらずブローカ野はほとんど

賦活せず，扁桃体と直接コネクションのある右脳の側頭溝（Superior Temporal Sulcus : STS）だけに顕著な脳血流の増加が見られた。そしてトラウマ記憶を想起したまま左右交互の眼球運動をすると，刺激に呼応して即座に側頭溝の脳血流が低下した。しかし，眼球運動を止めて再び想起を始めると，また脳血流が増加した。そして，想起と眼球運動を繰り返してEMDRセッションを進めていくと，徐々にトラウマ記憶を思い出しても側頭溝の脳血流があまり増加しなくなっていった。このような脳血流動態は，PTSD患者による「だんだん怖くなくなってきました」または「思い出しても平静でいられます」という発言と合致していた。つまり，左右交互の眼球運動により右脳の側頭溝の脳血流が徐々に減少していくデータと，トラウマ記憶に付随する恐怖の情動が減弱していく状況が合致していた。そこでAmano et al.（2013）は，トラウマ記憶を想起すると恐怖条件付けされた扁桃体が異常発火し，脳全体が何も考えられなくなるような混乱状態に至るが，そこへ眼球運動を加えることで，扁桃体への干渉作用が起こり，「トラウマ記憶と情動の条件反射にあたかも絶縁体を徐々に差し込んで切っていくように」，扁桃体を徐々に鎮静化することができると考えた。これが，前述のボトムアップである。

次に第2のステップについて，そのままNIRSでEMDRセッションを継続して測定すると，側頭溝の脳血流が減ってくるのと反対に，前頭前野の脳血流が増加する傾向が観察された（天野ほか，2012）。つまり，恐怖条件付けが解消されると，前頭前野を中心とする健全な社会的活動を行うネットワークが再開され，本来人間がもつポジティブな認知活動が復活し，出来事に対して適応的に対処できるようになるのである。そして左半球に保持される意識的，言語的，論理的な顕在記憶を扱い，トップダウンで適応的な情報処理を行うことができるようになり，ポジティブな方向での情報の活用ができるようになるのである。しかし，この第2のステップのメカニズムについて，

最近では記憶研究の知見と，「ヘッブの法則」と言われる Donald Hebb によって提唱された脳のシナプスの可塑性についての知見から，よりミクロの神経細胞のモデルを提唱している研究者もおり（Khalfa & Touzet, 2017），興味は尽きない。

## VI　その他の治療

EMDR 以外にも，身体指向的心理療法としてさまざまな治療法が開発されてきている。Roger Callahan により開発された Thought Field Therapy（思考場療法）は，鍼のつぼを指でタッピングし，不快感を消失させようというものである。そのほかにも，Peter Levine により開発された，ソマティック・エクスペリエンシング（SE）や，EMDR や SE をベースに David Grand により開発されたブレインスポッティング，Pat Ogden のセンサリモーター・サイコセラピーなどもあり，一定のエビデンスの確立が待たれる。

上記で紹介した心理療法と併せて，呼吸法などはすでに多くの臨床家が取り入れているだろうし，近年はマインドフルネス，ヨガや音楽，アロマ，動物介在などの要素を取り入れている臨床家もいるだろう。いずれにしても，今・ここでの「身体」の安全感の獲得・活性化を治療に取り入れることがトラウマ・ケアには不可欠であり，それには治療者との安定した関係が治療の第一歩となるのは自明のことである。

本論では，トラウマ・ケアに「身体」からのアプローチを取り入れる「ボトムアップ」治療の重要性を指摘した。しかし併せて，言葉，認知を中心とした「トップダウン」治療をいかに組み合わせていくかが重要になることを再度強調しておきたい。

▶ 文献

天野玉記，精山明敏，十一元三（2012）眼球運動による脱感作と再処理法（EMDR）と自我状態療法を併用した面接過程で見られた脳血流変化―近赤外分光法（NIRS）による検討．EMDR 研究 4；18-28.

Amano T, Seiyama A & Toichi M（2013）The activity of the brain cortex measured by near-infrared spectroscopy（NIRS）during a session of phantom limb pain（PLP）protocol of eye movement desensitization and reprocessing（EMDR）. Journal of EMDR Practice and Research 7-3；144-153.

Cannon W（1932）Wisdom of the Body. New York：W.W.Norton & Company.

Felitti VJ, Anda RF, Nordenberg D et al.（1998）Relationship of childhood abuse and household dysfunction to many of the leading causes of death in adults：The Adverse Childhood Experiences（ACE）Study. American Journal of Preventive Medicine 14-4；245-258.

Khalfa S & Touzet CF（2017）EMDR therapy mechanisms explained by the theory of neural cognition. Journal of Traumatic Stress Disorders & Treatment 6；4. doi:10.4172/2324-8947.1000179

Lanius RA, Hopper JW & Menon RS（2003）Individual differences in a husband and wife who developed PTSD after a motor vehicle accident：A functional mRI case study. American Journal of Psychiatry 160-4；667-669.

Marek R, Strobel C, Bredy TW et al.（2013）The amygdala and medial prefrontal cortex：Partners in the fear circuit. The Journal of Physiology 591；2381-2391.

Porges SW（1995）Orienting in a defensive world：Mammalian modifications of our evolutionary heritage. A Polyvagal Theory. Psychophysiology 32-4；301-318.

Shapiro F（2001）Eye Movement Desensitization and Reprocessing：Basic Principles, Protocols and Procedures. New York：The Guilford Press.（市井雅哉 監訳（2004）EMDR―外傷記憶を処理する心理療法．二瓶社）

Shore A（2001）Effects of a secure attachment relationship on right brain development, affect regulation, and infant mental health. Infant Mental Health Journal 22-1, 2；7-66.

Siegel DJ（1999）The Developing Mind：Toward a Neurobiology of Interpersonal Experience. New York：The Guilford Press.

Taylor SE, Klein LC, Lewis BP et al.（2000）Biobehavioral responses to stress in females：Tend-and-Befriend, not Fight-or-Flight. Psychological Review 107-3；411-429.

van der Kolk BA（1994）The Body Keeps the Score：Brain, Mind, and Body in the Healing of Trauma. New York：Penguin Books.

Yaggie M, Stevens L, Miller S et al.（2015）Electroencephalography coherence, memory vividness, and emotional valence effects of bilateral eye movements during unpleasant memory recall and subsequent free association：Implications for eye movement desensitization and reprocessing. Journal of EMDR Practice and Research 9-2；78-97.

第**4**回 金剛出版主催ワークショップ

# 対話・言語・可能性

**日 程** **2020 年 5 月 23 日**（土）

**会 場** **TKP市ヶ谷カンファレンスセンター**（東京都新宿区市谷八幡町 8 番地 TKP 市ヶ谷ビル）
（会場に駐車場はございませんので公共の交通機関をご利用ください）

**定 員** **400 名**（定員になり次第締め切ります）

**参加費** **8,000 円**（税込）

**お申し込み方法** 参加には事前登録が必要となります。金剛出版ホームページにて募集を開始しております（http://kongoshuppan.co.jp）。

**臨床心理士資格更新ポイントについて** 本ワークショップは，公益財団法人日本臨床心理士資格認定協会の定める臨床心理士資格更新ポイントを取得できます。

**プログラム** ［各コース］**10：00 ～ 16：30**（休憩 12：00 ～ 13：30）

※ワークショップの各コースは選択制となります。4 つのコースから 1 つを選んでお申込みください。お申込み後のコース変更はお受けできませんので，あらかじめご了承ください。

| コース | 講師 | 内容 |
|---|---|---|
| コース **1** | **斎藤 環**（筑波大学） | オープンダイアローグ |
| コース **2** | **東畑開人**（十文字学園女子大学／白金高輪カウンセリングルーム） | ローカルな心理療法論<br>● ケアとセラピー，そして社会を考える |
| コース **3** | **向谷地生良**（北海道医療大学／浦河べてるの家） | 家族はつらいよ，たのしいよ<br>子どもと家族の当事者研究 |
| コース **4** | **矢原隆行**（熊本大学） | リフレクティング<br>● 会話を重ねる |

※コースの並びは講師 50 音順

**備考** 開催内容およびプログラム内容は変更になる場合もございます。今後更新される詳しい内容は，金剛出版ホームページ（http://www.kongoshuppan.co.jp）にて随時ご案内いたします。

**お問い合わせ** 株式会社 金剛出版 ワークショップ係（2020kenshu@kongoshuppan.co.jp） ※お問い合わせの際には必ずお名前をフルネームでお書き添えください。

次号予告 『臨床心理学』第 20 巻第 3 号

# 感情の科学

## リサーチマップとアプローチガイド

## 岩壁 茂 [編]

## 1 −［総論］感情の「正体」をつきとめる!

感情の「正体」──基礎心理学と臨床心理学のクロストーク_____（お茶の水女子大学）岩壁　茂

## 2 −感情ってなに?──リサーチマップ

ソマティックマーカー（アントニオ・ダマシオ）──神経心理学と感情_____（名古屋大学）大平英樹
共感──霊長類研究から_____（京都大学）山本真也
アタッチメント（ジョン・ボウルビィ）──発達心理学と感情_____（横浜国立大学）井上果子
「情の理」論_____（東京大学）遠藤利彦
幸福感覚（マーティン・セリグマン）──ポジティブ心理学と感情_____（法政大学）浅川希洋志
妬み・自己愛──シャーデンフロイデと感情_____（東京医科歯科大学）高橋英彦
恥・健康──社会心理学と感情_____（上智大学）樋口匡貴
スポーツ・パフォーマンス──生理学と感情_____（大阪体育大学）手塚洋介
表情読解・ノンバーバルコミュニケーション──パーソナリティ心理学と感情_____（大阪経済大学）藤原　健
トラウマ──ポリヴェーガル理論と感情_____（京都大学）岡野憲一郎
脳・無意識──神経精神分析と感情_____（京都大学）成田慶一

## 3 −感情を拓く!──アプローチガイド

エモーション・フォーカスト・セラピー──恥_____（国立精神・神経医療研究センター）山口慶子
AEDP──痛み_____（AEDP Japan）花川ゆう子
スキーマ療法では感情をどう扱うか_____（洗足ストレスコーピング・サポートオフィス）伊藤絵美
コンパッション・フォーカスト・セラピー──うつ・不安_____（目白大学）浅野憲一
弁証法的行動療法──怒り_____（長谷川メンタルヘルス研究所）遊佐安一郎
メンタライゼーション──愛着_____（文教大学）池田暁史
動機づけ面接──意欲_____（青森家庭裁判所）山田英治
グリーフケア（悲嘆カウンセリング）──悲嘆_____（就実大学）山本　力

## リレー連載

「臨床心理学・最新研究レポート シーズン 3」_____（University of Calgary）和田香織
「主題と変奏──臨床便り」_____（松下記念病院）前原寛子

## 書評

藤井真樹＝著『他者と「共にある」とはどういうことか』（ミネルヴァ書房）_____（長崎純心大学）田崎みどり
井上祐紀＝著『子どものこころ・発達を支える親子面接の 8 ステップ』（岩崎学術出版社）_____（市立吹田市民病院）吉田三紀
藤岡淳子＝編著『治療共同体実践ガイド』（金剛出版）_____（法務省法務総合研究所）小林美智子
江口重幸＝著『病いは物語である』（金剛出版）_____（大正大学）村瀬嘉代子

バックナンバー！

# 臨床心理学

Vol.20 No.1（通巻115号）［特集］ **人はみな傷ついている**──トラウマケア

臨床心理学
**115**
第20巻 第1号
Japanese Journal of Clinical Psychology
橋本和明［編］

人はみな傷ついている──トラウマケア

**1──総論**
人はみな傷ついている──"悲しみ"と"哀しみ"の交錯｜橋本和明
日本におけるトラウマケアの歴史と系譜｜飛鳥井望

**2──トラウマセオリー──概論と理論**
［インタビュー］トラウマとリカバリー｜宮地尚子
2つのトラウマ｜松本卓也
複雑性トラウマ（Complex PTSD）──慢性反復性の外傷｜田中究
心的外傷後成長（Post-traumatic Growth：PTG）──逆境とレジリエンシー｜菊池美名子

**3──トラウマケア──技法と症例**
トラウマ・インフォームド・ケア──傷を理解して接する｜大江美佐里
トラウマフォーカスト・アプローチ──傷に相対する｜亀岡智美
ナラティヴ・エクスポージャー・セラピー──傷を語る｜森茂起
マインドフルネス──傷と生きる｜大谷彰
トラウマケアと支援者の傷つき──傷に憑かれる｜稲本絵里

**4──語られる傷・語りえぬ傷**
虐待・DV｜杉山春
「気づかない男たち」──ハラスメント・スタディーズ｜清田隆之
自死遺族｜中森弘樹
戦争・トラウマ｜中村江里
傷とアジール──ハンセン病療養所生活者の戦後史から｜有薗真代
カルト・脱カルト｜櫻井義秀
受刑者の痛みと応答──映画「プリズン・サークル」を通して｜坂上香

---

## ★ 好評発売中 ★

Vol.14 No.3 〈特集 発達障害研究の最前線〉下山晴彦・辻井正次 編
Vol.14 No.4 〈特集 学校教育と発達障害〉増田健太郎・辻井正次 編
Vol.14 No.5 〈特集 成人期の発達障害支援〉辻井正次・村瀬嘉代子 編
Vol.14 No.6 〈特集 発達障害を生きる〉村瀬嘉代子 他編
Vol.15 No.1 〈特集 医療・保健領域で働く心理職のスタンダード〉下山晴彦 他編
Vol.15 No.2 〈特集 学校・教育領域で働く心理職のスタンダード〉森岡正芳 他編
Vol.15 No.3 〈特集 産業・組織領域で働く心理職のスタンダード〉下山晴彦 他編
Vol.15 No.4 〈特集 司法・矯正領域で働く心理職のスタンダード〉村瀬嘉代子 他編
Vol.15 No.5 〈特集 福祉領域で働く心理職のスタンダード〉村瀬嘉代子 他編
Vol.15 No.6 〈特集 スキルアップのための心理職スタンダード〉下山晴彦 他編
Vol.16 No.1 〈特集 発達障害のアセスメント〉下山晴彦 他編
Vol.16 No.2 〈特集 発達支援のアセスメント〉下山晴彦 他編
Vol.16 No.3 〈特集 臨床的判断力〉村瀬嘉代子・岩壁茂 編
Vol.16 No.4 〈特集 認知行動療法を使いこなす〉熊野宏昭 他編
Vol.16 No.5 〈特集 治療的コミュニケーション〉森岡正芳 編
Vol.16 No.6 〈特集 いじめ・自殺──被害・加害・社会の視点〉増田健太郎 編
Vol.17 No.1 〈特集「こんなときどうする？」にこたえる20のヒント〉

Vol.17 No.2 〈特集 知らないと困る倫理問題〉
Vol.17 No.3 〈特集 心理専門職も知っておきたい精神医学・医療の現在〉
Vol.17 No.4 〈特集 必携保存版 臨床心理学実践ガイド〉
Vol.17 No.5 〈特集 レジリエンス〉
Vol.17 No.6 〈特集 犯罪・非行臨床を学ぼう〉
Vol.18 No.1 〈特集 もっと知りたいあなたのための認知行動療法ガイド〉
Vol.18 No.2 〈特集 発達的視点を活かす〉
Vol.18 No.3 〈特集 治療構造論再考〉
Vol.18 No.4 〈特集 公認心理師のための職場地図〉
Vol.18 No.5 〈特集 加害と被害の関係性〉
Vol.18 No.6 〈特集 心理職も知らないと困る医療現場の常識〉
Vol.19 No.1 〈特集 生きづらさ・傷つき──変容・回復・成長〉
Vol.19 No.2 〈特集 CBT for psychosis──幻覚・妄想に対処する〉
Vol.19 No.3 〈特集 心理専門職必携 ピンチに学ぶスーパーヴィジョンガイド〉
Vol.19 No.4 〈特集 公認心理師のための法律入門〉
Vol.19 No.5 〈特集 オープンダイアローグ──心理職のために〉
Vol.19 No.6 〈特集 臨床にかかわる人たちの「書くこと」〉

★ 欠号および各号の内容につきましては，弊社のホームページ（URL http://kongoshuppan.co.jp/）に詳細が載っております。ぜひご覧下さい。

◉ B5判・平均150頁 ◉ 隔月刊（奇数月10日発売） ◉ 本誌1,600円・増刊2,400円／年間定期購読料12,000円（税別）※年間定期購読のお申し込みに限り送料弊社負担

◉ お申し込み方法 書店注文カウンターにてお申し込み下さい。ご注文の際には係員に「2001年創刊」と「書籍扱い」である旨，お申し伝え下さい。直送をご希望の方は，弊社営業部までご連絡下さい。

 金剛出版
〒112-0005 東京都文京区水道1-5-16 URL http://kongoshuppan.co.jp/
Tel. 03-3815-6661 Fax. 03-3818-6848 e-mail kongo@kongoshuppan.co.jp

原著論文

# 初回面接におけるセラピストの肯定はクライエントにどのように評価されるか
## 模擬面接ビデオを用いて

横田悠季 [1, 2] ・吉田寿美子 [3] ・岩壁　茂 [4]

1）国立精神・神経医療研究センター　神経研究所　疾病研究第三部
2）国立精神・神経医療研究センター　メディカル・ゲノムセンター
3）国立精神・神経医療研究センター病院　臨床検査部
4）お茶の水女子大学

　本研究では心理療法初回においてセラピストの「肯定」技法がクライエントにどのように評価されるか，模擬ビデオを用いて検証を行った。うつ病群，健常群各16名に，肯定または反射を用いたセラピストの心理療法の模擬ビデオを視聴してもらった。視聴後，日本語版カウンセラー評定尺度短縮版（CRF-S）およびうつ病自己評価尺度（CES-D）を評定してもらった。またどちらのセラピストの心理療法を受けたいか，その理由について自由記述式で回答を求めた。分散分析の結果，肯定は反射よりもCRF-Sにおける好意感や信頼感の得点が有意に高かった。また自由記述データをコード化し，うつ病群と健常群ごとにコード数を比較した結果，うつ病群のほうがこれまでの行動を肯定的に評価する発言に良好な印象をもっている傾向が見られた。肯定技法はセラピストへの好意感や信頼感を向上させる効果があることが示されたが，セラピストの性別の変数を完全に統制することに課題が見られた。

キーワード：肯定，治療関係，反射，初回面接

| 臨床へのポイント |
| --- |

- 初回面接時においてセラピストが積極的にクライエントの肯定的な側面を見出す関わり方は，クライエントのポジティブな感情の喚起を促進させることやセラピストへの好意感や信頼感を向上させることに効果的である。
- 特に，セラピストがクライエントのこれまでの努力を肯定的に認めることがクライエントの感情の変容を促進させる。
- 初回面接時においてセラピストが過度にクライエントのネガティブな側面を反射することは，クライエントがネガティブな感情を増大させセラピストへの評価にも悪影響を及ぼす恐れがある。

Japanese Journal of Clinical Psychology, 2020, Vol.20 No.2 ; 209-219
受理日──2019年11月11日

## I　研究の背景と目的

　心理療法はクライエントとセラピストとの治療関係が根幹である。特に初期の段階でクライエントがセラピストと良好な関係を築いていると感じることが効果の予測指標となる（Horvath, & Symonds, 1991）ことが明らかにされている。では，初期の段階においてどのようなセラピストのコミュニケーションが効果的で

あるか。Bedi, Davis, & Williams（2005）は心理療法を受けた40名に，治療関係を築くうえで役に立ったことをインタビューし，カテゴリー化を行った。376の出来事に関するリストを生成し，最も該当数が多かったのが「治療者の技法行為」，つまり治療者の成果に焦点づけた技法や戦略に関するカテゴリーだった。その後，「Therapeutic alliance critical incidents questionnaire（TACIQ）」を生成し，Duff, & Bedi（2010）

は79名の心理療法を受けている者に，TACIQと治療同盟尺度簡易版でセラピストについて評定してもらった。重回帰分析の結果，TACIQの「励ましの言葉を送る」「クライエントに関して肯定的なコメントを送る」「クライエントに笑顔で挨拶する」という項目が治療関係の説明率として62％であったことを明らかにした。また，Fitzpatrick, Janzen, Chamodraka, Gamberg, & Blake（2009）は15名の心理療法を利用した者に，面接早期で治療関係を築くうえで重要であった出来事をインタビューした。質的分析から「セラピストがクライエントに新たなやり方で思考するまたは行動するように手助けしてくれた」というカテゴリーが最も該当数が多い結果となり，ポジティブな感情を伴った探索が治療関係の構築に関わることを示唆した。

これらの研究から，心理療法初期においてセラピストが積極的にクライエントの感情や行動を肯定することが重要であることが考えられる。セラピストが積極的にクライエントの肯定的な側面を見出して伝える技法として，「肯定（affirmation）」があげられる。例えば「無条件の肯定的配慮」（Rogers, 1957）のように，セラピストの肯定は肯定的にクライエントを受け入れるといった「態度」としてみなされることもあった。しかし近年発展している心理療法では，肯定を「技法」として着目している。そのうちのひとつとして，関係論的精神分析療法とアタッチメント理論にもとづく心理療法である加速化体験力動療法（AEDP）（Fosha, 2000/2017）では，セラピストがしっかりと聴いていることを反射によって伝えるのみにとどまらず，積極的にクライエントを肯定し，ポジティブな感情の自己開示を行うことを重視している（Fosha, 1992）。また，クライエントの行動変容の動機づけを高めることを目的とする技法である動機づけ面接（MI）（Miller & Rollnick, 2012）における中核スキルのなかに「是認（affirmation）」があげられる。これは「すごいですね」や「頑張っていますね」といった漠然とした誉め言葉は是認とみなされず，クライエントのスキルや努力などを積極的に見出し，肯定的に評価することが是認とみなされる（中島, 2017）。したがって，肯定は近年の理論オリエンテーションにかかわらず着目されている技法であり，今後理論的発展の余地があると考える。

理論的発展の余地があることを裏返せば，肯定とは何かという概念がはっきりと統一されていないという

課題点がある。改めて肯定（affirmation）とは何かという概念を整理したい。有森・堀越（2017）は対談のなかで「褒める」ことと「affirmation」に関して次のように述べている。まず，英語圏の「褒める」は"You got it!"や"You did it!"のように賛辞やお世辞の意味合いがある「compliment」よりも「認める」という意味に近い「affirmation」に近いということである。そして「affirmation」は「praise」つまり"素晴らしい，あなたは偉い"という意味合いよりも，"あなたがやったことはどういうこと？　なるほど，私はそれを認めますよ"という意味合いをもつということを述べている。そのことを踏まえてAEDPやMIにおける肯定をまとめると，肯定は次のように定義できると考える。それは，クライエントのある側面（行動やスキルなど）を，セラピストが肯定的に認めそれを伝えること，ということである。では肯定は他の技法とどのような点で異なるか。例えば「受容」はクライエントが語ったことや価値観をそのまま受け入れることである（諸富, 2015）。一方肯定は，セラピストの価値判断が伴う点で異なる。また，クライエントの発言を別の枠組みで捉え直す「リフレーミング」と異なり，肯定はクライエントが肯定的な側面に目を向けさせること自体を介入意図としない。また，肯定と類似する技法として承認（validation）があげられる。承認は弁証法的行動療法（Dialectical Behaviour Therapy : DBT）（Linehan, 1993）で理論化された技法である。クライエントの機能のすべての側面で，傍にはどれほど機能不全に見えようとも，その反応が理にかなっている，すなわち妥当であるとみなす（Michaela, & Heard, 2009/2015）。DBTは主に境界性パーソナリティ障害がある者を対象とした心理療法であるが，感情調節不全に陥りやすいクライエントに対して変化を目標とした戦略を成功させるには承認は不可欠であるとLinehan（1993）は述べている。肯定および承認はいずれも積極的にクライエントを認める技法であることが共通している。しかし，肯定は上述したようにセラピストのポジティブな感情の開示を伴う点で承認と異なると考える。

上述したように肯定の技法は心理療法初期においてクライエントにとって良好な治療関係を築き，クライエントの感情を促進させるうえで重要な技法であると考える。ただし，セラピストの肯定の効果を検証した研究は少ない。例えば，"Positive Regard and

Affirmation" の効果に関する研究（Farber, & Doolin, 2011 ; Orlinsky, Grave, & Parks, 1994）があるが，この研究では肯定だけでなく受容の技法が含まれている。「共感」や「受容」は類似する技法ではあるが，上述したように肯定はセラピストの自己開示や評価を表明するという点で共感や受容と異なる技法であると考える。一方我が国で，肯定の技法に着目しその機能について分析した研究がいくつかみられる。久間・藤岡・隅谷・福島・岩壁（2016）は実際に行われた心理療法のビデオ場面を対象としてセラピストの肯定的発話を分析した結果，肯定には治療関係構築とクライエントの感情の変化を促す機能があることを報告した。また関口・岩壁（2016）は，健常の大学生・大学院生に対し，エモーション・フォーカスト・セラピー（EFT）による3回の施行カウンセリングを行い，セラピストの肯定に対して相談者がどう感じたかについて，対人プロセス想起法(Kagan, 1980)を用いてインタビューを行った。その結果，セラピストの肯定は相談者の安心感や自信の増幅につながる効果があることを報告した。

　先行研究では，実際の心理療法あるいは試行カウンセリングの面接場面をデータとしている。このような場合，セラピストの年齢や経験年数といった特性や発話が統制できないため，肯定を意図して介入をしたとしても，研究で定義された肯定を全てのセラピストが同一の水準で行っていることを実証することは困難である。また，肯定の効果を検証するうえで，肯定技法以外のセラピストの特性や発話といった変数は統制する必要がある。肯定を「クライエントのある側面（行動やスキルなど）を，セラピストが肯定的に認めそれを伝えること」と定義した場合，言語的コミュニケーションの技法として着目していることになる。セラピストのコミュニケーション技法は非言語的コミュニケーションも含まれるが，肯定というコミュニケーション技法に焦点を当てた場合，非言語的コミュニケーションを統制する必要がある。例えばセラピストが笑顔で肯定技法を用いた場面と，無表情で肯定ではない技法を用いた場面をクライエントに評定してもらったとする。肯定技法のほうが良い評価を得たとしても，肯定技法に効果があると結論を下すことはできないだろう。よって，セラピストの非言語的コミュニケーションを統制したうえで効果を検証する必要がある。さらに，先行研究では研究者あるいは健常学生が評定者であった。臨床群を評定者とした場合，心理療

法早期に研究を行うと次のような倫理的問題が生じる。まず，治療関係を構築していない段階で研究が介入することで，その後の関係性に影響を及ぼす可能性がある。あるいは心理療法を継続する意思があれば，たとえ担当セラピストに結果を伝えないとしても，セラピストに対して実際以上に肯定的な評価をしてしまう可能性が高まる。

　そこで本研究は上記の課題を克服するために模擬ビデオの作成を試みた。これにより，セラピストとクライエントの発話やセラピストの年齢などの変数を統制することが可能である。また，模擬ビデオであれば，臨床群であっても精神的侵襲性が低く倫理的な問題が生じにくい。ただし模擬ビデオとなると，実際に評定者が体験していない心理療法が対象となるというデメリットが生じる。しかし，肯定技法以外の変数を統制させることができるということ，臨床群を評定者に含められるというメリットを考えれば，模擬ビデオを用いた研究は本研究の仮説を検証するうえで適していると考える。

　そこで本研究は，心理療法初回におけるセラピストの肯定技法がクライエントにどのように評価されるか，クライエントの視点による治療関係構築に有効であるかを明らかにすることを目的とした。

## II　方法

### 1　参加者

　16名のうつ病または抑うつ症状で精神科治療を受けている者（以下，うつ病群）に，年齢と性別をマッチングさせた16名の精神疾患の既往がない者（以下，健常群）を対照群として，計32名を対象とした。国立精神・神経医療研究センター（NCNP）に治療および研究のために来院した者に本研究への参加を依頼した。不安障害を除く他の精神疾患の併存，重篤な神経疾患および身体疾患，中等度以上の知的障害または認知症がある者，担当医により研究参加が不適切だと判断された者は除外とした。

### 2　調査手続き

　本研究はNCNP倫理委員会の承認を受けて実施した。研究者が書類を用いて研究の説明を協力者に対して行い，書面にて同意を得た。調査は第三者の出入りがない個室で約50分実施した。終了後，参加謝金としてギフト券3,000円を参加者に奉呈した。

表1　セラピストの発話技法の定義

| |
| --- |
| 肯定：クライエントの過去の体験や行動に対して肯定的に評価する |
| 承認：クライエントの思考・感情が理解可能であることを伝える |
| 反射：クライエントの体験の背景にあると想定される感情を伝え返す |
| 繰り返し：クライエントの発言を繰り返す |
| 相槌：「うんうん」などクライエントの発言の調子に合わせ，理解を示す |
| 要約：クライエントの発言の中心的な内容を抽出する |
| 質問：クライエントの発言に対して質問する |

表2　肯定群・反射群のシナリオの違い

| 群 | 面接時間 | 発話数 | | | | | | 各シナリオの違い（一部抜粋） | |
| --- | --- | --- | --- | --- | --- | --- | --- | --- | --- |
| | | 繰り返し | 相槌 | 要約 | 質問 | 肯定・承認／反射 | 合計 | クライエントの発話 | セラピストの発話 |
| 肯定群 | 7分15秒 | 2 | 3 | 2 | 3 | 10 | 20 | 何とかかろうじて仕事をこなしている感じですね……。集中力を維持するのがすごく大変で……。(略)で，家に帰ると何もできなくて，毎日その繰り返しです。 | 本来ならそこまでつらい状況だとくじけてしまうかもしれないところを，何とか耐えて頑張ってきたのですね。 |
| 反射群 | 7分35秒 | 2 | 3 | 3 | 3 | 9 | 20 | | ミスしないように周囲を気にしながら，何とか精一杯仕事をこなしているけれど，強い不安と緊張を絶えず抱えている状態。 |

注：面接時間は，男女の各面接時間の平均を表す。

## 3　面接ビデオ

　以下，面接ビデオの作成過程を述べる。まず，心理療法を初めて利用するクライエントの初回面接場面を想定したシナリオを作成した。以下をクライエントの基本情報とした。

　28歳，女性。半年前に雑貨店での接客業から一般企業の事務職に転職した。最初の3カ月ほど教育係のもとで業務を行った後に独り立ちしたが，その1週間後に重要な書類を紛失してしまった。書類は見つかったが，「自分にはこの仕事は向いていない」という気持ちが大きくなり，3カ月前から不眠，出社前の腹痛が出現するようになった。内科を受診したところ，精神科受診を勧められ，近隣の精神科を受診した。担当医より「抑うつ状態」と言われ，薬物療法と心理カウンセリングを受けることとなった。

　次に，2種類のシナリオを作成した。すなわち，クライエントのセリフは同一であるが，セラピストの発言が異なるものを作成した。ひとつはセラピストが肯定を主に使用しているシナリオ(以下，肯定群)とした。また，肯定と類似する技法として承認もシナリオに含めた。もうひとつは反射を主に使用しているシナリオ（以下，反射群）とした。それらだけでは不自然な会話となることから，肯定と反射以外の言語技法として「言い換え」「要約」「質問」「相槌」をいずれのシナリオに取り入れた。各技法の定義を表1に示す。また，各シナリオの字数に偏りがないように設定した。両群ともにクライエントの発話の字数は1,427字，セラピストの発話の字数は784字とした。各面接場面の時間（男女の平均時間），セラピストの各発話数およびセラピストの発話の違いを表2に示す。

　作成したシナリオおよびセラピストの言語コミュニケーション技法の妥当性と信頼性を確保するために以下の手続きを行った。まず，心理療法の専門家に言語コミュニケーション技法の定義が適切かどうか確認してもらった。そして心理療法のシナリオ全体の適切さや，各技法と発話適切に対応していることを専門家に認証されるまでシナリオの修正を行い，内容的妥当性を確保した。次に，本研究の目的を知らない13名の臨床心理士（男性：5名，女性：8名，年齢平均：32.8 ± 8.9歳，臨床経験年数：6.2 ± 7.4年）に各セラピストの発話がどの言語コミュニケーション技法に当

てはまるかを評定してもらった。級内相関係数（ICC）を算出し評定者間一致度を検証した結果，単一測定における相関係数は 0.84（95％信頼区間：[0.78, 0.90]）であった。

　セラピストの特性の変数を統制するため，次の手続きを行った。セラピストの年齢の変数を統制するため，男性と女性のセラピストは同世代（30 代中盤）を採用した。セラピストの性別とシナリオの変数を統制するため，「肯定群－男性（AM）」「肯定群－女性（AF）」「反射群－男性（RM）」「反射群－女性（RF）」の 4 種類のビデオを作成した。そして，AM － RF，RM － AF を組み合わせたビデオを作成し，参加者には AM － RF か RM － AF のいずれかを割り当てた。

#### 4　質問紙票

　質問紙票は以下の尺度で構成された。

#### 1 . カウンセラー評定尺度短縮版（CRF-S）（Corrigan, & Schmidt, 1983/2014）

　セラピストの印象評定に関する尺度である。12 項目で構成され，7 件法で評定される。そして項目から「好意感」「専門性」「信頼感」の 3 因子で構成される。

#### 2 . うつ病自己評価尺度（Center for epidemiologic studies depression Scale : CES-D）（Radloff, 1977/1985）

　うつ病の発見を目的として米国国立精神保健研究所（NIMH）により開発された尺度であり，有用性の高さから世界中で普及しているうつ病の尺度のひとつである。直近 1 週間の気分について評定し，20 項目で構成され 4 件法で評定される。一般的に 16 点がカットオフ得点である。

　まず，2 種類のシナリオのビデオをそれぞれ視聴した後，セラピストの印象について CRF-S によって評定してもらった。2 種類の面接場面を視聴した後，最初の面接場面に戻り，セラピストの各発言を視聴させ「あなたがクライエントだった場合，その発言がどの程度役立つか」と教示した。「どの程度役に立つか」という表現を用いた理由として，セラピストの発話に対する参加者の主観的な有用度を把握することが可能となるということがあげられる。以降，この評価を「発話の主観的な有用度評価」と表記する。評定は 1（全く役に立たない）から 7（非常に役に立つ）の 7

件法を採用した。その後，「あなたがクライエントだった場合，どちらのセラピストに相談したいか」という教示によって肯定群または反射群のセラピストのいずれかを選択してもらった。そして，選んだ理由と選んだセラピストで印象に残っている発言，および選ばなかった理由について自由記述式で回答を求めた。最後に CES-D によって 1 週間のうつ症状について評定してもらった。

#### 5　統計解析

　統計解析ソフトは Statistical Package for Social Science（SPSS）version 23.0（IBM Japan, Ltd.）を使用した。全ての検定で両側検定を採用し，$p$ 値が 0.05 以下を有意であるとみなした。まず，肯定群，反射群の各変数の分布が正規分布に従っているか検証した。Kolmogolov-Smirnov 検定により正規分布に従っていることが確認された。また，尖度・歪度の絶対値が 1.0 以下であることが確認された。よって，パラメトリック検定を採用した。

　また，自由記述式データは，質的データ分析ソフト MAXQDA 2018（VERBI GmbH, German）を用いた。QDA（Qualitative Data Analysis）は，分析者個人の感性や直感で質的分析を行う危険性を回避するうえで有用であり，自動的・機械的に質的分析がなされるものではなく分析を補助する役割を持つ（参考：佐藤，2006）。まず，「どちらのセラピストに相談したいか」という質問で肯定群を選んだ者（反射群を選ばなかった者）を選択し，自由記述式データから「肯定群を選んだ理由」と「印象的な発言」および「反射群を選ばなかった理由」と「印象的な発言」に関わる内容を抽出した後，類似する内容をまとめコード化した。その後，うつ病群および健常群で生成したコードの頻度をコードマトリックスという機能を用いて分析した。コードマトリックスは，各参加者の回答において，生成したコードがどのぐらいの頻度で出現しているか集計し，表として視覚化する機能である。この機能を用いて，うつ病群および健常群で生成したコードの出現数を比較した。参考までに MAXQDA を用いたコード化を図 1 に示す。

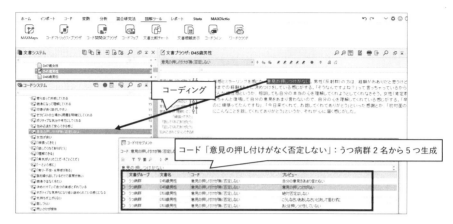

図1　MAXQDA を用いたコード化の一例

## III　結果

### 1　うつ病群，健常群における参加者の特性の比較

うつ病群，健常群における各参加者の性別の内訳として男性 9 名，女性 7 名であった。またうつ病群の平均年齢は 37.0 ± 11.0 歳（22–53 歳），健常群の平均年齢は 37.0 ± 11.7 歳（23–57 歳）で各群の年齢に有意差は見られなかった。一方，CES-D の合計点でうつ病群（平均：26.9 ± 12.2 点）のほうが健常群（平均：12.2 ± 7.6 点）よりも有意に得点が高かった（$t(30) = -4.101, p = 0.0003$）。

### 2　CRF-S における肯定群，反射群の比較

32 名中 24 名（75%）が肯定群のセラピストを選択し，$\chi^2$ 検定の結果，期待値よりも有意に高い結果となった（$\chi^2 = 13.26, p = 0.004$）。

まず CRF-S における各因子のモデルの適合性について，確認的因子分析によって検証を行った。「信頼感」因子の GFI は 0.93 と高い値であったが，項目「正直である」のみ因子負荷量が 0.3 を下回った。これは田中（2014）の先行研究と類似した結果となり，本研究でも「信頼感」因子において「正直である」の項目を除外した。

次に肯定，反射における CRF-S 得点の比較を行った。参加者（うつ病・健常）とセラピスト（肯定・反射）を独立変数，CRF-S の下位項目および因子の平均値を従属変数とした 2 要因分散分析を行った結果，項目「親しみやすい」（$p = 0.001, \eta^2 = 0.163$），「誠実である」（$p = 0.002, \eta^2 = 0.148$），「感じがいい」（$p = 0.003, \eta^2 = 0.204$），「温かさがある」（$p = 0.002, \eta^2 = 0.153$），および因子「好意感」（$p = 0.001, \eta^2 = 0.163$），「信頼感」（$p = 0.02, \eta^2 = 0.08$）において，肯定群が反射群よりも有意に得点が高かった。参加者群における主効果および交互効果は認められなかった（表 3）。ただし，セラピストの性別を独立変数として CRF-S の得点に違いがあるかを検証した結果，「誠実である」「頼もしい」「正直である」以外の項目および因子の合計点において女性セラピストのほうが有意に高かった。

### 3　セラピストの各発話技法の主観的有用度の比較

協力者全員のセラピストの発話技法の主観的な有用度の平均値を算出した結果，「肯定」の平均値は 5.80 ± 0.23 点，「承認」の平均値は 5.21 ± 0.23 点，「言い換え，質問，要約，相槌の合計」の平均値は 4.21 ± 0.93 点，「反射」の平均値は 3.98 ± 0.23 点であった。各発話技法を独立変数，発話技法の主観的な有用度の平均値を従属変数とした一要因分散分析を行った結果，群間に有意な差が認められた（$F(3, 124) = 16.07, p < .001$）。Tukey の HSD 法による多重比較（5% 水準）の結果，最も差の効果量が大きい結果となったのが，「肯定」と「言い換え，質問，要約，相槌の合計」との差であった（Cohen's $d = 1.75$），次いで「肯定」と「反射」との差（Cohen's $d = 1.33$），「承認」と「言い換え，質問，要約，相槌の合計」の差（Cohen's $d = 0.92$），「承認」と「反射」の差（Cohen's $d = 0.88$）も大きい効果量が見られた。結果を図 2 に示す。

### 4　うつ病群，健常群における肯定群を選んだ理由と印象的な発話の比較

肯定群のセラピストを選択した者は各群ともに 12

表3　セラピスト群および参加者群における CRF-S 得点の比較

| セラピスト<br>参加者 | 肯定群 (N=32) | | | | 反射群 (N=32) | | | | 主効果 | | 交互作用効果 |
|---|---|---|---|---|---|---|---|---|---|---|---|
| | うつ病群(N=16) | | 健常群 | | うつ病群(N=16) | | 健常群(N=16) | | セラピスト | 参加者 | |
| | Mean | SD | Mean | SD | Mean | SD | Mean | SD | | | |
| 1. 親しみやすい | 5.00 | 3.94 | 5.56 | 1.03 | 3.94 | 1.69 | 3.94 | 1.53 | 11.73 ** | 0.51 | 0.51 |
| 2. 経験豊かである | 4.31 | 1.92 | 4.69 | 4.69 | 4.13 | 1.45 | 4.44 | 1.59 | 0.29 | 0.73 | 0.01 |
| 3. 誠実である | 5.75 | 1.06 | 5.63 | 0.81 | 4.50 | 1.32 | 5.06 | 1.24 | 10.42 ** | 0.61 | 1.15 |
| 4. 感じがいい | 4.13 | 1.31 | 5.50 | 1.26 | 5.56 | 1.21 | 4.56 | 1.31 | 13.87 ** | 0.35 | 0.62 |
| 5. 熟練されている | 4.38 | 1.71 | 4.50 | 1.41 | 4.00 | 1.41 | 4.13 | 1.54 | 2.25 | 0.11 | 0.00 |
| 6. 堅実である | 5.13 | 1.50 | 5.38 | 1.15 | 4.63 | 1.41 | 4.94 | 1.06 | 2.11 | 0.76 | 0.02 |
| 7. 和やかである | 5.44 | 1.50 | 5.38 | 1.02 | 4.81 | 1.42 | 4.81 | 1.52 | 2.95 | 0.01 | 0.02 |
| 8. 用意周到である | 3.81 | 1.56 | 4.31 | 1.25 | 4.38 | 1.50 | 4.19 | 1.17 | 0.40 | 0.21 | 1.00 |
| 9. 正直である | 4.81 | 1.17 | 5.06 | 1.06 | 4.44 | 0.96 | 4.94 | 0.85 | 2.17 | 0.96 | 0.25 |
| 10. 温かさがある | 5.25 | 1.61 | 5.19 | 1.11 | 3.88 | 1.59 | 4.00 | 1.83 | 26.27 ** | 0.02 | 0.14 |
| 11. 巧みである | 4.06 | 1.95 | 4.31 | 1.20 | 4.00 | 1.75 | 4.00 | 1.32 | 0.22 | 0.10 | 0.10 |
| 12. 頼もしい | 4.31 | 1.89 | 4.63 | 1.41 | 4.00 | 1.67 | 3.69 | 1.58 | 2.31 | 0.00 | 0.58 |
| 好意感（1+4+7+10） | 21.25 | 5.81 | 21.63 | 3.84 | 16.75 | 5.14 | 17.31 | 5.57 | 11.71 ** | 0.13 | 0.01 |
| 専門性（2+5+8+11） | 16.56 | 6.53 | 17.81 | 4.86 | 16.50 | 5.59 | 16.75 | 4.75 | 0.68 | 0.59 | 0.13 |
| 信頼感（3+6+12） | 15.19 | 3.97 | 15.63 | 2.80 | 13.13 | 3.76 | 13.69 | 3.11 | 5.40 * | 0.56 | 0.01 |

\* *p*＜0.05，\*\* *p*＜0.01

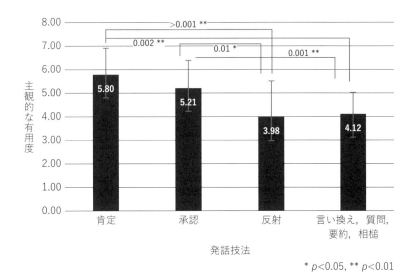

* *p*<0.05, ** *p*<0.01

図2　各発話技法の主観的有用度評価の比較

名であった。うつ病群，健常群において，肯定群を選択した理由および反射群を選択しなかった理由，およびそれに関わるセラピストの印象的な発話に関する自由記述式データから，MAXQDA を用いてコード化を行い，両群の比較を行った。各群のコード数および該当人数の比較に関する結果を表4に示す。なお，印象的な発話のコード数が比較的少ない理由として，"具体的に思い出せない" と回答した者がいたことがあげられる。

　結果，肯定群を選んだ理由としてコード数が多いものとして「寄り添って共感してくれる」「親身になって聞いてくれている」であった。各群で偏りは見られなかったが，後者はうつ病群では男性に多い結果となった。また「意見の押し付けがなく否定しない」「女

表4　うつ病群・健常群におけるコード数および該当人数の比較

| コード名 | うつ病群 (N=12) | | | 健常群 (N=12) | | | 計 |
| --- | --- | --- | --- | --- | --- | --- | --- |
| | 男 (N=7) | 女 (N=5) | 計 | 男 (N=6) | 女 (N=6) | 計 | |
| **肯定群を選んだ理由** | | | | | | | |
| 寄り添って共感してくれる | 6 (5) | 3 (1) | 9 (6) | 5 (3) | 3 (2) | 8 (5) | 17 (11) |
| 親身になって理解してくれる | 6 (5) | 1 (1) | 7 (6) | 3 (2) | 5 (3) | 8 (5) | 15 (11) |
| セラピストの立場から問題について述べてくれる | 3 (3) | 1 (1) | 4 (4) | 4 (3) | 2 (2) | 6 (5) | 10 (9) |
| 印象が良く話がしやすい | 3 (3) | 1 (1) | 4 (4) | 5 (2) | 1 (1) | 6 (3) | 10 (7) |
| ポジティブな気分や考えにしてくれる | 4 (1) | 3 (3) | 7 (4) | 2 (1) | 1 (1) | 3 (2) | 10 (6) |
| 包み込まれて安心できる感じがする | 1 (1) | 4 (2) | 5 (3) | 2 (1) | 2 (2) | 4 (3) | 9 (6) |
| 意見の押しつけがなく否定しない | 5 (2) | 0 | 5 (2) | 0 | 0 | 0 | 5 (2) |
| 女性が良い | 1 (1) | 1 (1) | 2 (2) | 0 | 0 | 0 | 2 (2) |
| **肯定群の印象的な発言** | | | | | | | |
| 「頑張ってきた」 | 3 (3) | 5 (3) | 8 (6) | 0 | 0 | 0 | 8 (6) |
| 「話してくれてありがとう」 | 2 (1) | 3 (2) | 5 (3) | 2 (2) | 1 (1) | 3 (3) | 8 (6) |
| 「理解できる」 | 2 (2) | 1 (1) | 3 (3) | 3 (2) | 2 (2) | 5 (3) | 8 (6) |
| 「勇気がいったことだ・すごいことだ」 | 0 | 0 | 0 | 0 | 3 (3) | 3 (3) | 3 (3) |
| **反射群を選ばなかった理由** | | | | | | | |
| 話を繰り返しているだけで展開がない | 5 (4) | 1 (1) | 6 (5) | 4 (4) | 3 (3) | 7 (7) | 13 (12) |
| 親身ではなく冷たい | 8 (3) | 1 (1) | 9 (4) | 2 (1) | 2 (1) | 4 (2) | 13 (6) |
| 決め付けていて自分の実感とずれている | 1 (1) | 2 (1) | 3 (2) | 0 | 5 (2) | 5 (2) | 8 (4) |
| 余計にネガティブな気持ちになる | 0 | 1 (1) | 1 (1) | 0 | 5 (3) | 5 (3) | 6 (4) |
| 話しづらい | 4 (2) | 0 | 4 (2) | 0 | 0 | 0 | 4 (2) |
| 気持ちが上がらない | 1 (1) | 2 (2) | 3 (2) | 0 | 0 | 0 | 3 (2) |
| 問いかけが曖昧 | 2 (2) | 0 | 2 (2) | 1 (1) | 0 | 1 (1) | 3 (3) |
| 深みがない | 1 (1) | 0 | 1 (1) | 0 | 0 | 0 | 2 (2) |
| **反射群の印象的な発言** | | | | | | | |
| 「焦り／不安／劣等感がある」 | 0 | 1 (1) | 1 (1) | 0 | 3 (2) | 3 (2) | 4 (3) |
| 「～という感じ」 | 1 (1) | 0 | 1 (1) | 1 (1) | 0 | 1 (1) | 2 (2) |

注：該当人数が多い順に列挙

性が良い」はうつ病群のみに得られた。そして肯定群のセラピストの印象的な発話として，「頑張ってきた」はうつ病群のみから得られた。一方「勇気がいったことだ・すごいことだ」というコードは健常群のみから得られた。印象的な発言のうち，「理解できる」のみ承認の発話技法に言及した回答であった。以下，うつ病群の回答例をいくつか示す。

例1：20代男性，「寄り添って共感してくれる」「セラピストの立場から問題について述べてくれる」「頑張ってきた」に該当
　（肯定群のほうが）共感してくれる感じがありました。（反射群のほうは）最初の時点は話したことを他の言葉で言い直してくれるので共感してくれると感じましたが，それの繰り返しでよくよく聞いたらそこまでだった，という感じでした。（肯定群の方は）「それは大変ですね」と状況に対して言葉をかけてくれているところを覚えています。　　　※（　）：筆者による補足

例2：40代女性，「ポジティブな気分や考えにしてくれる」「包み込まれて安心できる感じがする」「頑張ってきた」に該当
　（肯定群のセラピストは）ただ受け止めるだけでなく気持ちを上げてくれるような，やわらからく包み込んでくれるというか，「頑張っているんですね」とか，「来てくれてありがとう」というか。「北風と太陽」の太陽のような感じ。ただでさえうつで北風でビュービュー吹いている状態なので，そこで太陽のように温かい態度の方

が良かったです。追い詰められている人に対して、「そこまで頑張っていたのですね」や、「ありがとう」という言葉はありがたいと思います。

　　　　　　　　　　　　　　※（　）：筆者による補足

　一方、反射群を選ばなかった理由として、両群とも「話を繰り返しているだけで展開がない」というコードの該当数が多い結果となった。次いでコード数が多い「親身ではなく冷たい」はうつ病群のほうが多く該当した。同じく「話しづらい」や「気持ちが上がらない」もうつ病群のみに該当した。以下、うつ病群の回答例をいくつか示す。

### 例3：50代男性：「親身ではなく冷たい」および「気持ちが上がらない」に該当

　（反射群のセラピストは）単に繰り返すのみ共感するような動きがない。（略）押しつけはないけど親身に聞いてくれる感じはなく気分を上げさせることはなかった。勇気を持って相談に来た人に対して冷たさを感じた、もう少し優しくても良いんじゃないか。悪く言えばお役所的な対応。　　　　　　※（　）：筆者による補足

### 例4：40代女性：「話を繰り返しているだけで展開がない」「決め付けていて自分の実感とずれている」「余計にネガティブな気持ちになる」に該当

　「出遅れている」と言われて"そんなことは言っていない"と思ったり、"ああ、出遅れているんだ"と、その言葉を使われるのに、ただでさえミスばっかりしてしまっているのに、より劣等感を感じてしまったり、返してくれる言葉がちょっと違った。「大変でしたね」、と寄り添ってくれたほうが良いです。

## IV　考察

　本研究は、心理療法初回におけるセラピストの肯定技法がクライエントにどのように評価されるか、クライエントの視点による治療関係構築に有効であるかを明らかにすることを目的に、模擬面接ビデオを用いて検証した。
　その結果、まずCRF-Sの得点ではうつ病・健常群にかかわらず肯定群のセラピストのほうが良好な評価が得られた。各発話技法の主観的な有用度を比較した結果、「肯定」および「承認」の平均値は「反射」および「言い換え、質問、要約、相槌」よりも有意に高い得点となり大きい効果量を示した。特に肯定のほうが効果量は大きく、初回面接において肯定技法はクライエント

にとって役立つと感じられることが示唆された。特にセラピストの肯定は「好意感」や「信頼感」があると評価された。一方「専門性」では差は認められなかった。初回面接という設定であり、かつ短時間の模擬ビデオであったことから、本研究ではセラピストの専門性を評価することには限界があったと考えられる。また、今回の研究では肯定群と反射群にかかわらず女性セラピストの方が男性よりも良好な評価を得られた。考えられる要因としていくつかあげられる。1つ目として、たまたま本研究でのセラピスト役で差が見られたという偶発的な要因があげられる。2つ目に、女性のほうが良好な評価を得られやすいというセラピストの性差の要因があげられる。実際参加者のなかには「女性のほうが相談しやすい」という回答した者もいた。以上の可能性を今回の研究で検証することには限界があるため、今後の研究で検証することが求められる。
　質的分析ではうつ病群・健常群で違いが認められた。まずうつ病群では肯定を用いたセラピストを選んだ理由として、「ポジティブな気分や考えにしてくれる」、反射を用いたセラピストでは「気持ちが上がらない」に健常群よりも該当する結果となった。このことから、抑うつ気分がある者のほうが肯定によって気分が上がるという変化を感じやすいことが示唆される。肯定群ではうつ病群で「意見の押し付けがなく否定しない」が得られ、反射群では両群ともに「決め付けていて自分の実感とずれている」というコードが得られた。杉原（2015）は次のように述べている。

　多くの人が"共感されたい"という気持ちと同時に、"絶対に共感されたくない"という気持ちを抱いているように思います。苦悩を抱えた人は、その苦悩が深ければ深いほど、「その気持ち、分かるよ」などと簡単に言われると、腹が立つものです。（略）あるいは、その人は、自分の苦悩の独自性を尊重されたいと願っているかもしれません。（略）どこまでいってもその苦悩はその人の独自のもので、他の誰にも絶対に分かり合えないものです。　　　　　　　　　　　　　　　　　　(p.18)

　つまり、事情を十分に知らない初対面の者に"あなたは～と感じているのですね"など自分の気持ちを反射されることに、一部の者（特に自分の問題の独自性をわかってもらいたい者）にとっては違和感や抵抗をもちやすい者がいるということが示唆される。一方、肯定はあくまでもセラピストの立場に基づくものであ

る。"あなたの…に対して，少なくとも私は……だと感じる"というという意味合いが含まれるため，クライエントにとって意見を押し付けられていると感じさせにくいのではないかと考える。つまり，肯定はセラピストの積極的な自己開示を伴う技法でありながら，「私」を主語にすることでクライエントと適度な距離が保ち心理的侵襲性をあまり与えない効果があるのではないかと考える。また，「頑張ってきた」といった，これまでの行動や努力への肯定がうつ病群のみに得られた理由として次のことが考えられる。心理療法を求めるクライエントの特徴として「demoralization（士気の低下）」があげられる（Frank, & Frank, 1991）。これは問題を解決しようと何とか努力するも自分ではどうすることもできず，精気が奪われる状態や混乱に投げ出される状態のことを表している。うつ病群のほうがこのような状態を実感しているからこそ，セラピストのこれまでの行動や努力への肯定が印象として残ったのではないかと思われる。そしてこのような状態に対して反射するだけでは，うつ病群にとっては不十分どころか「親身でなく冷たい」と知覚されやすく，セラピストの積極的（つまり"ホットな"）な関わり方を求めているということが考えられる。有森・堀越（2017）が言及しているように，クライエントのこれまでの行動や事情を踏まえてセラピストが"認める"ということが，肯定において重要な役割であることが本研究で示された。

以上より，心理療法初回において用いられるセラピストの肯定は，セラピストの好意や信頼感があるものと評価されやすいことが示された。本研究は全般的に反射などの技法よりも肯定のほうが優れているということを主張するものではなく，本研究で得られた結果はあくまでも初回面接に限定される。今後の研究課題として次のようなことがあげられる。上述したように，今回の結果では女性セラピストのほうが良好な評価が得られた要因を特定できなかった。質的分析の結果の一部に性差の偏りが見られたため，セラピストとクライエントの性別などの特性のマッチングが結果に影響を与えた可能性がある。そのため，今後の研究課題として年齢・性別など異なるセラピストのパターンを追加し，セラピストとクライエントの特性のマッチングが評価にどの程度影響を与えるかを検証する必要がある。そのうえで今後，技法としての肯定の理論的発展に寄与する研究知見を積んでいきたい。

▶謝辞

模擬ビデオ作成の協力をしてくださった，やまき心理臨床オフィス髙橋雄太様，久持修様，国立精神・神経医療研究センター君塚千恵様，橋本雅史様，蔵下智子様，富澤貴宏様，石原奈保子様，EASE Mental Management 三瓶真理子様に心より感謝申し上げます。また，日本語版 CRF-S の使用を快諾してくださった山梨大学田中健史朗先生に心より御礼申し上げます。

なお，本研究にあたって開示すべき利益相反はありません。本研究は精神・神経疾患研究開発費研究資金により実施しました。

▶文献

有森裕子・堀越　勝（2017）．対談「ほめる」より大事なことがある　こころの科学，**196**(11)，10-18.

Bedi, R.P., Davis, M.D., & Williams, M. (2005). Critical incidents in the formation of the therapeutic alliance from the client's perspective. *Psychotherapy Theory, Re-search, Practice, Training*, **42**(3), 311-323. doi: 10.1037/0033-3204.42.3.311

Duff, C.T., & Bedi, R.P. (2010). Counsellor behaviours that predict therapeutic alliance : From the client's perspective. *Counsellor Psychology Quarterly*, **23**(1), 91-110. doi: 10.1080/09515071003688165

Farber, B.A., & Doolin, E.M. (2011). Positive regard and affirmation. In J.C. Norcross (Ed.), *Psychotherapy relationships that work : Evidence-based responsiveness.* New York : Oxford University Press, pp.168-186.

Fitzpatrick, M.R., Janzen, J., Chamodraka, M., Gamberg, S., & Blake, E. (2009). Client relationship incidents in early therapy : Doorways to collaborative engagement. *Psychotherapy Research*, **19**(6), 654-665. doi: 10.1080/10503300902878235

Fosha, D. (1992). The interrelatedness of therapy, technique and therapeutic stance : A comparative look at intensive short-term dynamic psychotherapy and accelerated empathic therapy. *International Journal of Short-Term Psychotherapy*, **7**(3), 157-176.

Fosha, D. (2000). *The transforming power of affect : A model for accelerated change.* New York : Basic Books. （ダイアナ・フォーシャ（著），岩壁　茂・花川ゆう子・福島哲夫・沢宮容子・妙木浩之（訳）（2017）．人を育む愛着と感情の力　─AEDPによる感情変容の理論と実践─　福村出版）

Frank, J.D., & Frank, J.B. (1991). *Persuasion and healing : A comparative study of psychotherapy.* 3rd ed. Baltimore : Johns Hopkins University Press.

Greenberg, L.S., Rice, L.N., & Elliott, R. (1993). *Facilitating emotion change : The moment- by- moment process.* New York : Guilford Press.

（L.S. グリーンバーグ・L.N. ライス・R. エリオット（著），岩壁　茂（訳）（2006）．感情に働きかける面接技法 ― 心理療法の統合的アプローチ― 誠信書房）

Horvath, A.O., & Symonds, B.D. (1991). Relation between working alliance and outcome in psychotherapy : A meta-analysis. *Journal of Counselling Psychology*, **38**(2), 139-149. doi: 10.1037/0022-0167.38.2.139

Kegan, N. (1980). Influencing human interaction : Eighteen years with IPR. In A.K. Hess (Ed), *Psychotherapy supervision : Theory, Research, and Practice*. Chichester : Wiley, pp.262-283.

久間（糟谷）寛子・藤岡　勲・隅谷理子・福島哲夫・岩壁　茂（2016）．セラピストによる肯定的発話の類型化　臨床心理学，**16**，90-98.

Linehan, M.M. (1993). *Cognitive-behavioral treatment of borderline personality disorder*. New York : Guilford Press.

Michaela, A.S., & Heard, H.L. (2009). *Dialectical behaviour therapy : Distinctive features* (CBT distinctive features). 1st ed. London : Routledge.
（A.S. ミカエラ・H.L. ハイディ（著），大野　裕（監修）（2015）．弁証法的行動療法 ―認知行動療法の新しい潮流― 明石書店）

Miller, W.R., & Rollnick, S. (2012). *Motivational interviewing helping : People change*. 3rd ed. New York : Guilford Press.

諸富祥彦（2015）．傾聴　岩壁　茂（編），カウンセリングテクニック入門 ―プロカウンセラーの技法30― 金剛出版，pp.30-38.

中島　俊（2017）．動機づけ面接を活かした臨床の現場から　こころの科学，**196**(11)，80-85.

Orlinsky, D.E., Grave, K., & Parks, B.K. (1994). Process and outcome in psychotherapy : Nocheinmal. In A.E. Bergin, & S.L. Garfield (Eds.), *Handbook of psychotherapy and behaviour change*. 4th ed. New York : Wiley, pp.270-376.

Radloff, L.S. (1977). The CES-D scale : A self-report depression scale for research in the general population. *Applied Psychological Measurement*, **1**, 385-401. doi:10.1177/014662167700100306

Rogers, C.R. (1957). The necessary and sufficient conditions of therapeutic personality change. *Journal of Consulting Psychology*, **21**(2), 95-103. doi: 10.1037/h0045357

Safran, J.D., Muran, J.C., Samstag, L.W., & Winston, A. (2005). Evaluating alliance-focused intervention for potential treatment failures : A feasibility study and descriptive analysis. *Psychotherapy : Theory, Research, Practice, Training*, **42**(4), 512-531. doi: 10.1037/0033-3204.42.4.512

佐藤郁哉（2006）．定性データ分析入門 ―QDAソフトウェア・マニュアル― 新曜社

杉原保史（2015）．プロカウンセラーの共感の技術　創元社

関口祥子・岩壁　茂（2016）．セラピストの肯定介入に対するクライエントの主観的体験の検討　臨床心理学，**16**，79-89.

田中健史朗（2014）．カウンセラーに対する印象評価が否定的内容の自己開示に与える影響　心理臨床学研究，**32**(4)，524-529.

## How is Therapist's Affirmation in First Session Evaluated by Client? : A Study by Using Videos of Stimulated Psychotherapy

Yuki Yokota [1,2], Sumiko Yoshida [3], Shigeru Iwakabe [4]

1) Department of Mental Disorder Research, National Institute of Neuroscience, National Center of Neurology and Psychiatry
2) Medical Genome Center, National Center of Neurology and Psychiatry
3) National Center of Neurology and Psychiatry Hospital
4) Ochanomizu University

This study aimed to examine how therapist's affirmation responses influence clients' views of therapeutic relationship in the first session by using the short video of stimulated psychotherapy. Participants were 16 individuals with a major depressive disorder and 16 without any mental disorders. Participants evaluated their impressions of the therapists' verbal communication using the CRF-S and CES-D after watching each session. They also responded to two questions: 'which therapist do you prefer, and why?' The result indicated that when therapists used affirmation, participants were evaluated as significantly more attractive and trustworthy than when they only used reflection responses. The responses to the open-ended data were categorized and were compared for each group. Participants with depressive disorder positively evaluated therapist's restatement that affirmed client's prior efforts. In conclusion, the use of affirmation led the therapist to be evaluated as an attractive and trustworthy person. However, this study did not control for therapists' genders.

*Keywords* : affirmation, therapeutic relationship, reflection, first session

資　料

# 公立中学校教員を対象としたヤングケアラーに関する生活状況および校内での支援に関する調査

奥山滋樹

東北大学大学院 教育学研究科

キーワード：ヤングケアラー，介護者支援

| 臨床へのポイント |
- 276 名の教師を対象に調査した結果，66 名が現在・過去の生徒のなかにヤングケアラーと思われる生徒がいたと回答した。潜在的な事例も想定され，学校臨床で無視できない存在であることが示唆された。
- 中学年代のヤングケアラーにおいては遅刻や欠席が学校生活上でみられやすい問題であり，なかには進路選択上の不利にまで及ぶ場合もあり，教員やスクールカウンセラーには早い段階での発見と支援が求められる。
- 学校で提供する支援は生徒個人へのアプローチとなるが，ヤングケアラーであることとその背景にある家族状況の理解を切り離すことはできない。

Japanese Journal of Clinical Psychology, 2020, Vol.20 No.2 ; 220-228
受理日――2019 年 11 月 18 日

## I　問題と目的

　日本においては先進諸国のなかでも急速な高齢化が進行し，介護人口の数も増え，近年はマスメディアなどで介護負担や介護離職など家族介護者にかかる問題が取り上げられつつある。こうした議論のなかで，想定される介護者は壮年期を超えた成人が主であり，子どもや青年が家族介護に関わるという想定は広く共有されていない。しかしながら，家族介護を担っている 15 歳以上 30 歳未満の者は 18 万人近くにも上ると推定されており（総務省，2013），家庭内で介護者の役割を担う子どもや若者の存在が一定数に上ることが示唆されている。こうした子どもや若者は，近年ではヤングケアラー（Young Carers）と呼ばれるようになり，その支援の必要性も議論されるようになっている。

## 1　"ヤングケアラー"とは

　ヤングケアラーの定義は研究者や調査主体によって異なり，統一した定義は存在していない（渋谷，2018）。国内の研究では「障害あるいは何らかの困難を抱えている親やきょうだい，あるいは祖父母等の『介護』や『看護』もしくは『世話』をすることの責任を，成人と同等に担っている 18 歳未満の子ども」（北山，2011）や，「家族にケアを要する人がいる場合に，大人が担うようなケア責任を引き受け，家事や家族の世話，介護，感情面のサポートなどを行っている，18歳未満の子ども」（日本ケアラー連盟，2017）などと定義される。これらの定義にあるように，ヤングケアラーの担う行為には世話や感情面のサポートなど，直接的な介護行為ではないものも含まれている。こうした背景に，日本語の「介護」という語の概念の問題がある。渋谷（2012）は，日本語の「介護」は疾病や障

害を有する人への世話や看護を直接的にイメージさせる言葉だが，ヤングケアラーの担う行為の内容は日本語の「介護」と比べて，苦しんでいる家族に対する励ましや傾聴，家事代行といったものも含む広範なものであることを指摘している。柴崎（2005）も同様に，その「介護」と「ケア」の含意している内容の違いから，ヤングケアラーの提供している行為の内容を単に「介護」として訳するのは適切ではないと述べている。また，家族成員がケアを必要とする理由については，身体疾患や精神疾患，認知症などの疾病や障がいが想定されることが主であり，それ以外のネグレクトや共働きなどの要因によって子どもや若者が家庭内で成人役割を担う状況とは区別される。本稿でも，ヤングケアラーを「疾病や障害などの理由により，他者からの介護・ケアを必要とする状態にある家族成員に対して，介護・ケアを提供する役割を家庭内で担う若者や子ども」と定義して取り扱う。

　ヤングケアラーを対象とした研究・調査が盛んなイギリスでは，当事者に対する大規模調査がなされている。Dearden, & Becker（2004）からは，ヤングケアラーの家庭内でのケアが過重となることで身体的な負担が過大となることに加えて，学業不振やケアによる欠席，正規雇用に就くことへの困難，友人関係上での孤立といった社会生活上での不利，さらにはケアと社会生活の両立にともなう強いストレスなどの心理的健康への影響も懸念されている。こうした心身への懸念から，イギリスでは介護行為のレスパイトや相談といった支援が公的に提供されている（Department of Education UK, 2016）。

　今後はひとり親家庭や共働き世帯の増加，晩婚化による出産年齢の高齢化といった社会の変化にともない，さらにヤングケアラーの役割を持つ子どもや若者の数が増えることも懸念される。ただし，社会のなかで子どもや若者が介護者の立場を担うという想定は乏しく，それゆえに支援が必要な存在であるという認識の共有には至っていない。

## 2　日本国内での先行調査

　日本国内でも近年，少数だがヤングケアラーに関する調査がなされてきている。調査手法としては，ヤングケアラーの社会的認知の低さや想定される存在率の低さから，直接的に子どもや若者を調査対象とするのではなく，医療専門職や学校教員に回答を求める方法

で調査が行われている（例えば，北山，2011；日本ケアラー連盟，2015，2017）。

　渋谷（2014）は病院などに勤務するソーシャルワーカーの視点から，これまでの事例のなかで子どもや若者が介護に関わっていたと思われるケースの有無，実際的な支援を想定した際の可能な方法を調査している。この調査からは，ソーシャルワーカーという専門職であったとしてもヤングケアラーをサポートする基準や方向性がなく，課題が多いことが示されている。また，近年は専門職よりもさらに日常的に子どもと関わる機会の多い，公立学校の教職員を対象とした調査もなされている（北山，2011；日本ケアラー連盟，2015，2017）。北山（2011）では143名中37名，日本ケアラー連盟（2015）では271名中12名，日本ケアラー連盟（2017）では1,098人中122名の教員が，調査時点においてヤングケアラーと思われる児童生徒がいると報告しており，学校現場においてもヤングケアラーと思われる子どもの存在が一定数以上であることが示唆されている。これらの教員を対象とした調査では各内容に異同はみられるものの，家庭内でのケアに関する具体的な状況や学校生活上での影響などを尋ね，学校生活上での影響として欠席や遅刻の多さ，学業不振などの問題が述べられているが，教員の側で実際に行った支援や必要と考えられる支援内容を問う項目は設けられていない。

　ヤングケアラーの社会的認知が低い日本においては，専門職に繋がっていない例が多数を占めるであろう。そうした状況においては，ヤングケアラーに支援を提供していく過程での入口として，日常的に子ども・青年と関わる機会の多い学校教員がキーとなることが予想され，ヤングケアラーへの支援に向けて教員の認識を問うことは重要であると考えられる。

## 3　本研究の目的

　ここまで述べてきたように，ヤングケアラーであることによる影響は身体的な疲労のみならず，学校生活などの社会生活上での不利，心理的な負担やストレスなど多岐にわたることが示されているものの，日本国内ではヤングケアラーの生活状況はいまだ十分に明らかとされてきておらず，支援の入口となることが期待される学校教員の側での支援に向けての認識も明らかとされていない。

　これらの課題から，本調査では学校教員を対象とし

てヤングケアラーと思われる生徒の生活状況のデータ
を得ることに加え，教員側で実際に行った支援，学校
現場の中で必要であると考える支援内容についても明
らかとすることを目的に調査を行う。なお，本調査で
は調査フィールドを公立中学校とする。これは小学校
では年齢的に家庭内でのケアを担っている者が少数と
なること，高校であれば事情によって進学をしていな
い者も一定数いることが考えられるためである。

## II　方法

### 1　調査時期
2017 年 6 月〜 9 月に質問紙調査を行った。

### 2　調査対象
東北地方にある A 市の公立中学校 19 校で勤務して
いる学校教員（普通・特別支援学級の担任および養護
教諭）に質問紙 346 部を配布した。

### 3　調査方法
地域ごとで校区人数の多い中学校，上位 5 校を選定
した。この際，学校間が 3 キロ圏で重複する学校は，
校区人数の多い学校を優先させ，次点の学校を繰り上
げるかたちで調査依頼を行う 20 校のモデル校を決定
した。モデル校には筆者が A 市の教育委員会を通じ
て，各学校に周知を行い，調査協力が得られた 19 校
に対して質問紙の郵送ならびに配布を行い，調査を実
施した。

### 4　調査項目
#### 1．基礎的情報とヤングケアラーと思われる生徒の在籍に関する項目
受け持ち学級の生徒数と学年（担任のみ），調査時
におけるヤングケアラーと思われる生徒の有無，過去
の生徒のなかでヤングケアラーと思われる生徒の有
無，ヤングケアラーと思われる当該生徒の性別と学年
の各内容について全員に回答を求めた。
どのような生徒がヤングケアラーに該当するかに関
しては，ヤングケアラーが家庭内で行うようなケアの
内容（一般的な介護行為のほかに，家族への励まし，
親などに代わっての幼いきょうだいの世話や家事の代
行なども含む）を示すイラストを図示し，それらを日
常的に行っていると推測される生徒の有無を問う方法
にて尋ねた。過去に関わりのあった生徒のなかでヤン

グケアラーと思われる生徒が「いた」と回答した場合
にも以下の 2 に，ヤングケアラーと思われる生徒が「い
ない」と回答した場合には以下の 3 に，それぞれ進む
ように教示した。

#### 2．ヤングケアラーと思われる生徒の家庭および校内での生活状況に関する項目
1 の調査時点ないし過去の生徒のなかでヤングケア
ラーと思われる生徒の存在を問う項目で「いる」と回
答が得られた際，該当する生徒が複数名存在すること
も想定された。本項目群は個別的な状況を問うもので
あり，該当者が複数の場合に回答が煩雑となることが
予想されたため，以下の項目へはヤングケアラーと思
われる生徒のうちで特定の 1 名を想定しての回答を求
めた。なお，特定の 1 名の選択基準については筆者か
ら設定を加えず，調査協力者に選別を委ねた。
具体的な項目としては，その生徒の学年と性別，ヤ
ングケアラーがケアをしている相手（自由記述），ケ
アが必要とされる事由（自由記述），家族構成，家族
内での分担者，家庭内で行っているケアの内容，家庭
内で行っているケアの内容，ケアの期間，医療や福祉
サービスなどの社会資源の活用の有無，家族へのケア
が明らかとなった経緯（自由記述），学校生活で生じ
ている問題（自由記述），教員が実際に行った支援の
各項目であった。

#### 3．学校教員としてのヤングケアラーの支援に対する認識に関する項目
ヤングケアラーが在籍している場合に必要と思われ
る支援（自由記述），"ヤングケアラー"という言葉の
認知に関してという 2 項目で回答を求めた。

### 5　倫理的配慮
調査に先立ち，A 市の教育委員会に許可を得て，
各校への調査趣旨説明を行った。その際，各校で調査
窓口となった教員には，回答した教員ならびに生徒の
個人情報が特定されないこと，回答は自由意志によっ
て行われるものであり拒否しても不利益を被らないこ
と，データは研究目的以外の使用はなされないことを
伝えた。各質問紙の表紙にも同様の内容を明示し，回
答する教員個人にも上記の旨の理解に努めた。

表1　ケアする家族に関する内容（n=66）

| | 人数 | 比率（%） |
|---|---|---|
| **ケアをしている相手※** | | |
| 母親 | 27 | 38 |
| 父親 | 7 | 1 |
| 祖母 | 16 | 22 |
| 祖父 | 4 | 6 |
| 年長のきょうだい | 8 | 11 |
| 年少のきょうだい | 6 | 8 |
| その他 | 1 | 1 |
| 未記入 | 3 | 4 |
| **ケアが必要とされる事由※** | | |
| 身体障害 | 16 | 23 |
| 身体疾患 | 16 | 23 |
| 精神疾患 | 10 | 14 |
| 認知症 | 6 | 9 |
| 知的障害 | 6 | 9 |
| その他 | 1 | 1 |
| 不明 | 8 | 12 |
| 未記入 | 6 | 9 |
| **家庭内での分担者数** | | |
| 1人 | 21 | 32 |
| 2人 | 23 | 35 |
| 3人 | 5 | 8 |
| 4人 | 1 | 2 |
| なし | 6 | 9 |
| 不明 | 10 | 15 |

※印は複数回答を含む

表2　家庭内でのケアの様相（n=66）

| | 人数 | 比率（%） |
|---|---|---|
| **家庭内で行っているケアの内容※** | | |
| 家事の代行・手伝い | 50 | 34 |
| 移動の介助や与薬管理 | 16 | 11 |
| 金銭管理や公的手続きの代行 | 4 | 3 |
| 励ましや感情面の受容 | 33 | 22 |
| 排泄や衣服の着脱時の介助 | 11 | 7 |
| 他のきょうだいへの育児提供 | 15 | 10 |
| 通院や通所施設などの付き添い支援 | 16 | 11 |
| 未記入 | 2 | 1 |
| **ケアの期間** | | |
| 半年未満 | 2 | 3 |
| 半年以上1年未満 | 10 | 15 |
| 1年以上3年未満 | 14 | 21 |
| 3年以上5年未満 | 6 | 9 |
| 5年以上 | 7 | 11 |
| 不明 | 24 | 36 |
| 未記入 | 3 | 5 |
| **社会資源の活用※** | | |
| 介護サービス利用 | 7 | 9 |
| 施設利用 | 5 | 7 |
| 通院や通所施設などの付き添い支援 | 23 | 31 |
| 入院 | 6 | 8 |
| 利用なし | 1 | 1 |
| 不明 | 29 | 39 |
| 未記入 | 3 | 4 |

※印は複数回答を含む

## III　結果

　配布した質問紙のうち，18校の276名の教員より回答を得られた（1校は配布への了解を得られたものの質問紙の回収を得られなかった）。回収率は80％であった。回答者の属性は通常学級の学級担任229名，特別支援学級の担任37名，養護教諭20名であった。

　以下，それぞれの内容に沿って，結果を記載する。

### 1　ヤングケアラーと思われる生徒の在籍

　回答者全体のうち，調査時におけるヤングケアラーと思われる生徒の有無の項目で「いる」と回答した，通常学級の学級担任は24名であった。回答者中で通常学級での学級担任数を母数に割合換算した場合，通常学級におけるヤングケアラーの在籍率は約11％であった。なお，複数名の在籍を回答した通常学級の学級担任が8名いたため，生徒の実数としては36名に達した。この他，特別支援学級の学級担任からは，2名がヤングケアラーに該当するという回答が得られ，自身が特別な支援を要する生徒であっても他の家族のケアを担っていることが示された。養護教員からは，6名の生徒がヤングケアラーに該当するという回答が得られた。これらの回答で重複を避けるために，ヤングケアラーがいると回答していた学級担任と同一校の養護教諭の回答分を除外すると，調査協力が得られた中学校の生徒のうちでヤングケアラーと思われる生徒の人数は40名に達した。性別では女子が21名，男子が17名であり，女子のほうが多かった（性別未記入が2名）。学年は，中学1年生が7名，中学2年生が12名，中学3年生が18名であり，学年が上がるにつれて増える傾向にあった（学年未記入は3名）。また，調査時点における関わりはないものの，過去の生徒の

表3　ケアが明らかとなった経緯と学校生活での問題・対応
（n＝66）

| | 人数 | 比率（%） |
|---|---|---|
| **家族へのケアが明らかとなった経緯※** | | |
| 本人から | 32 | 4 |
| 家族から | 31 | 39 |
| 外部機関からの連絡 | 5 | 6 |
| 家庭訪問 | 8 | 1 |
| 不明 | 2 | 3 |
| 未記入 | 2 | 3 |
| **学校生活で生じている問題※** | | |
| 遅刻・欠席 | 22 | 31 |
| 学業問題 | 8 | 11 |
| 課外活動の制限 | 1 | 1 |
| 進路上の不利 | 2 | 3 |
| 心理的不調 | 8 | 11 |
| 身体的不調 | 6 | 8 |
| その他 | 5 | 7 |
| 特になし | 17 | 24 |
| 未記入 | 2 | 3 |
| **教員が実際に行った支援※** | | |
| 相談や声がけ等の情緒的サポート | 48 | 54 |
| 個別指導等の学習面でのサポート | 10 | 11 |
| スクールカウンセラーの活用 | 6 | 7 |
| 外部機関との連携 | 12 | 13 |
| その他 | 3 | 3 |
| 特に何も行わなかった | 10 | 11 |

※印は複数回答を含む

表4　必要と思われる支援と教員内での認知（n＝276）

| | 人数 | 比率（%） |
|---|---|---|
| **YCが在籍している場合に必要と思われる支援※** | | |
| 家族ケアに関する情報提供 | 74 | 21 |
| 教員による本人への情緒的支援 | 52 | 15 |
| SCやSSWの活用・連携 | 15 | 4 |
| 外部支援機関の情報提供 | 6 | 2 |
| 家族に対する働きかけ | 22 | 6 |
| 学業的配慮・支援 | 39 | 11 |
| 校内生活の充実 | 8 | 2 |
| 課外活動への配慮 | 4 | 1 |
| 他機関との連携 | 16 | 5 |
| 学校を超えた行政支援の必要性 | 13 | 4 |
| 情報収集・学内共有 | 16 | 5 |
| 不要 | 6 | 2 |
| 思いつかない | 4 | 1 |
| 未記入 | 79 | 22 |
| **ヤングケアラーという言葉の認知** | | |
| 聞いたことはあり，意味も知っている | 8 | 3 |
| 聞いたことはあるが，意味はしらない | 13 | 5 |
| 聞いたこともないし，意味も知らない | 238 | 86 |
| 未記入 | 17 | 6 |

※印は複数回答を含む

なかでヤングケアラーと思われる生徒の有無を問う項目に対して「いる」と回答した教員の数は34名であった。

## 2　ヤングケアラーと思われる生徒の家庭および校内での生活状況

　現在，過去のいずれかにおいてヤングケアラーと思われる生徒と関わった経験を有する教員，66名の回答が分析対象となった。

　ヤングケアラーがケアしている相手，ケアが必要とされる事由，家族構成，家庭内での分担者の人数といった，主としてケアをする家族に関する内容については表1に示す。このうち，ケアをしている相手や事由については，1人のヤングケアラーが複数の相手や重複疾患のある相手をケアしていた事例も含まれていたため，複数回答を含んでいる。

　ケアの内容や期間，社会資源の活用といった，家庭内でのケアの様相については表2に示す。このうち，ケアの内容については複数回答を含んでいる。これは，多数のヤングケアラーが同時に複数項目にまたがる形でケアを経験していたためであった。家族へのケアが明らかとなった経緯，学校生活上で生じている問題，実際に教員が行った支援といった学校生活に関連する内容については表3に示す。

## 3　学校教員としてのヤングケアラーの支援に対する認識

　調査対象者全員に，ヤングケアラーが在籍している場合に必要と思われる支援内容を自由記述によって回答を求め，内容ごとにカテゴリに分類した。また，"ヤングケアラー"という言葉の認知についても尋ねた。それぞれの結果は表4に示す。

## IV　考察

　本研究では公立中学校教員を対象に質問紙調査を行い，中学校に在籍するヤングケアラーの生活状況と教員の側の支援に向けての認識を明らかにすることが目的であった。以下，各内容に沿って，考察を行う。

## 1　ヤングケアラーと思われる生徒の在籍と基礎的情報

本調査で回答が得られた通常学級の学級担任の受け持ち学級数におけるヤングケアラーの学級在籍率は約11％であった。教員の種別を問わず，調査時におけるヤングケアラーと思われる生徒が「いる」と回答した教員数と，過去の生徒のなかでヤングケアラーと思われる生徒が「いる」と回答した人数は66名であり，調査対象者全体の24％に達した。これからは，中学校で勤務する教員にとっては日常的に関わりがある生徒の中にヤングケアラーがいることが示唆されるだろう。渋谷（2018）が指摘するように，通常の社会通念においては家族内で養護される側である子どもが家族の介護・ケアを担っているという認識はなく，そうした可能性が日常的に生徒と関わる教員の想定からも除外されていることが考えられ，調査時点においても教員に把握されていないヤングケアラーがいたことも推測されるであろう。

性別に関しては女子が多く，学年が上昇するにつれて人数も増える傾向にあった。いずれも先行する実態調査（日本ケアラー連盟，2015，2017）の結果と共通していた。特に学年に関しては，上昇することにつれて子どものできることも増えてきて，それに伴って家庭内でケア役割を任せられる機会も増えてくることによるものであると考えられる。

## 2　ヤングケアラーと思われる生徒の家庭および校内での生活状況

ケア相手としては母親が多く，日本国内の先行調査（日本ケアラー連盟，2015，2017）ならびにイギリスの先行調査（Dearden & Becker, 2004）とも一致を示した。家族内の分担者は当該生徒を除いては1人ないしは2人程度であり，義務教育段階であっても，主たる介護者に近い役割を担う場合があることが推測される。こうした主介護者としてのヤングケアラーの存在は，当該生徒が家庭内で担っていると思われるケア内容を問う項目で，複数項目にまたがる回答が多数占めたことからも支持されるであろう。

教員から見た学校生活上の問題としては「遅刻・欠席」が最も多くあがり，これも日本ケアラー連盟（2015，2017）と同様の傾向であった。また，今回の調査では，「欠席が多くなり，志望校のレベルを下げざるを得なかった」などの「進路上の不利」に関わる内容が2例

であげられ，ケアによる遅刻や欠席回数の増加によって中長期的なライフコースにも影響を与えることが示唆された。

一方，教員の側が実際に行っていた支援としては，教員による「相談や声掛け等の情緒的サポート」が最多であり，児童相談所をはじめとした「外部機関との連携」や「スクールカウンセラーの活用」は僅かに留まり，多職種連携による支援を行う対象という認識は乏しいことが示された。また，学校生活上の問題で「特になし」と回答し，それに対応する形で「特に何も行わなかった」としている場合もみられたが，学校生活上の困りを認識していたにもかかわらず，「特に何も行わなかった」と回答している例も複数みられた。こうしたことから，教員が生徒の困りを認識しているにもかかわらず十分な対応をできずにいる状況も考えられた。

## 3　学校教員としてのヤングケアラーの支援に対する認識

ヤングケアラーが在籍していると判明した場合に必要と思われる支援に関しては，「介護サービスの利用の仕方を生徒に教える」などの「家族ケアに関する情報提供」が最も多く，社会資源の知識に乏しい生徒に対する適切な情報提供によって負担を軽減しようとする傾向が強いことが示された。続いて，相談や声掛けの強化といった「教員による本人への情緒的支援」，空き時間を用いての補習や家庭学習での課題の配慮といった「学業的支援・配慮」が多い一方で，「スクールカウンセラーやスクールソーシャルワーカーの活用・連携」「他機関との連携」が必要との回答は全体の1割程度であった。以上より，教員個人ないしは校内だけで対処しようとする考えが根強いことがうかがわれる。また，「家族に対する働きかけ」の必要性を述べた回答も多くなく，家庭への介入を忌避するような記述も散見した。介護者支援の実践においては介護者個人ではなく，家族全体に対しての支援の必要性が指摘されている（平泉，2015）。虐待などの"家庭の問題"では教員の側にとっても家族に関わることが回避されやすいこともあり（蓮尾・鈴木・山川，2012），学校を入口にヤングケアラーへの支援を検討する際には，家庭に働きかけを行う際の方略にも課題があることが考えられる。

## Ⅴ　結論

　①本研究では公立中学校の教員を対象に，ヤングケアラーの学校の内外での生活状況と教員側の支援に向けての認識を示した。学校内で生じる問題としては「遅刻・欠席」が多く，そうした遅刻や欠席が増えることによって「進路上の不利」と被った事例も述べられ，子どもが家族ケアに関わることが人生において中長期的な影響を及ぼしうることが示唆された。

　②ヤングケアラーに対する学校側の支援は，教員による個別相談や声掛けといった，教師が単独で関わる傾向が強く，外部機関や多職種連携は少なかった。校内での困りを認識しつつも，教員が何も支援を行っていない場合もあり，十分な対応に至っていない現状も示された。

　③教員の側が必要と考える支援については，社会資源の情報提供や個別相談の実施を述べるものが多く，家族に向けての働きかけには慎重な態度も見受けられた。生徒がヤングケアラーであることと家族の状況とは切り離すことができず，学校を入口とした支援を検討する際に課題であると考えられた。

▶ 文献

Dearden, C., & Becker, S. (2004). *Young carers in the UK: The 2004 report.* London: Carers UK.

Department of Education (2016). The lives of young carers in England Qualitative report to DfE, Department of Education UK, 〈https://assets.publishing.service.gov.uk/government/uploads/system/uploads/attachment_data/file/498115/DFE-RR499_The_lives_of_young_carers_in_England.pdf〉, (2018 年 12 月 3 日)

蓮尾直美・鈴木　聡・山川将吾 (2012). 学校組織における被虐待児の発見・対応と社会化をめぐる教師役割の再規定 (2) ―学校・児童相談所・児童福祉施設による連携の実際を手がかりに― 三重大学教育学部附属教育実践総合センター紀要，32，23-27.

平泉　拓 (2015). 家族構造と介護者のストレスに関する臨床心理学的研究 ―家族バランス仮説の応用― 東北大学博士学位論文

北山沙和子 (2011). 家庭内役割を担う子どもたちの現状と課題 ―ヤングケアラー実態調査から― 兵庫教育大学大学院学校教育研究科 2011 年度修士論文.

日本ケアラー連盟ヤングケアラープロジェクト (2015). 南魚沼市「ケアを担う子ども（ヤングケアラー）についての調査 教員調査報告書 日本ケアラー連盟ヤングケアラープロジェクト，〈http://carersjapan.com/img_share/yc-research2015@minamiuonuma.pdf〉，(2018 年 12 月 1 日閲覧)

日本ケアラー連盟ヤングケアラープロジェクト (2017). 藤沢市「ケアを担う子ども（ヤングケアラー）についての調査 教員調査報告書 日本ケアラー連盟ヤングケアラープロジェクト，〈http://carersjapan.com/ycpj/research/img/yc-research2017@hujisawa.pdf〉，(2018 年 12 月 1 日閲覧)

柴崎智恵子 (2005). 家族ケアを担う児童の生活に関する基礎的研究 ―イギリスの "Young carers" 調査報告書を中心に― 人間福祉研究，8，125-143.

澁谷智子 (2012). 子どもがケアを担うとき ―ヤングケアラーになった人／ならなかった人の語りと理論的考察― 理論と動態，5，2-23.

渋谷智子 (2014). ヤングケアラーに対する医療福祉専門職の認識 ―東京都医療社会事業協会会員へのアンケート調査の分析から― 社会福祉学，54(4)，70-81.

渋谷智子 (2018). ヤングケアラー ―介護を担う子ども・若者の現実― 中央公論新社

総務省 (2013). 平成 24 年就業構造基本調査　全国編 人口・就業に関する統計表　表番号 203，〈http://www.stat.go.jp/data/shugyou/2017/index.html〉(2018 年 12 月 2 日閲覧)

## A Survey of Young Carers Living Conditions and Content of Support in Public Junior High School for Teachers

### Shigeki Okuyama

**Tohoku University Graduate School of Education**

*Keywords*: young carers, caregivers support

【付録】 調査で使用した質問票（通常学級担任用）

## 児童・生徒の家族内での生活に関する
## アンケート調査のお願い

　現在、私は疾病や障害のある家族に対してケアを提供する役割を担っている青年や子どもに関する研究を行っています。海外においては、そのような子ども達が直面する様々な問題が明らかとされてきており、公的な支援の対象とされてきている一方、日本国内では、その実態はまだまだ明らかとされていません。
　本調査は、そのような青年・子どもに対する将来的な支援に向けての有用な知見を得る為に、その実態の把握を目的とするものです。調査に際しては下記の注意をお読み頂き、ご理解の上で回答へのご協力をお願いします。

1.回答時間に関して
　このアンケートの回答には、おおよそ10分～20分程度を要します。

2.個人情報の取扱いについて
　調査は匿名です。本調査で得られたデータは当研究室が責任を持って、厳重に管理を行い、調査研究の目的でのみ使用を行います。また、調査結果を公表する際には、その回答から個人の特定ができない形での公表を行います。

3.調査への同意と回答について
　本調査はあくまでも個人の自由意志による回答を依頼するものです
　なお、調査は生徒やその家族のことについて尋ねる項目を含むものですが、本調査への記入に際して、生徒に聞き取りなどを行うことは必要ではありません。職務上の知り得る範囲の内容を差し支えない形でお答えを頂けましたら幸いです。
　調査用紙に関するご質問・ご意見等は、下記の問い合わせ先にて受け付けております。

研究担当者: 奥山滋樹（東北大学大学院教育学研究科 博士後期）

---

【本研究で調査の対象となる生徒に関して】
　本調査では公立の中学校に勤務されている教職員の方を対象に、家庭内で日常的に介護、病気や障がいのある家族に対するケア行為を行っている生徒のことに関して問うものであり、先生方ご自身の介護経験を問うものではございません。また、含める対象としては狭義の介護行為のみでなく、広い観点から下記のような役割を家庭内で担っている生徒をも含みます。
　3ページからの回答の際には、上記の点に留意頂き、記入をお願い致します。

※ このスペースに子どもや若者が介護やケアをしているイラストを掲載。
　イラストは著作権が筆者に帰属されるものではないため、付録上の掲載は割愛。

2

---

以下をお読みいただき、ご記入ください。

Ⅰ．あなた自身と、今年度受け持ちをされている担任学級の生徒についてお尋ねします。なお、項目番号の左に＊が記されているものに関しては、対象となる生徒の有無を問わず全ての方に回答をお願いする項目となっております。

＊1. 受け持ちをしている学年と学級人数について、お答えください。
担当学年【　　　　　】　　学級人数【　　　　人】

＊2. 今年度受け持ちをされている担任学級の中で、日常的に家族の介護・ケアを行っていると思われる生徒の有無についてお答えください。
介護・ケアの内容については2ページないしは下記の枠内を参考としてください。

＊介護・ケアとは、本人に対する専門的かつ直接的な介護や看護、情緒的な支援から、疾病や障がいを持つ家族に代わって家事の手伝い、年少のきょうだいの世話をする等の二次的な支援までを含むものです

□家族の介護・ケアを担っていると思われる生徒はいる
□家族の介護・ケアを担っていると思われる生徒はいない

1）　2の項目で「上記に該当する生徒がいる」と回答された方にのみお尋ねします。現在の受け持ち学級の生徒の中で、そのような役割を担っていると思われる生徒の性別と人数をお答えください。
性別、人数【男子　　　人 女子　　　人

＊3. 過去に学級担任として受け持ちをされていたクラスの生徒の中で、家族に対しての何らかの介護・ケア役割を担っていたと思われる児童・生徒の有無についてお答えください。介護・ケアの内容については3の項目の下部枠内の内容を参考としてください。

□家族の介護・ケアを担っていると思われる生徒はいた
□家族の介護・ケアを担っていると思われる生徒はいなかった

1）3の項目で「上記に該当する児童・生徒がいた」に回答された方にのみお尋ねします。過去の受け持ち学級に在籍した生徒の中で、そのような役割を担っていると思われた生徒の性別と人数、その時の学年をお答えください。該当する生徒が複数名いた場合には、学年ごとの人数も分かるようにお答えください。

性別、人数【男子　　　人 女子　　　人】
学年【　　　　　　　　　　　　　　　】

3

---

Ⅱ．4ページの4.から6ページの14.の項目に関しては、3ページの3.および 4.の項目で「家族の介護・ケアを担っていると思われる生徒はいる（いた）」とお答えした方のみにお尋ねします。いずれの項目において、「家族の介護・ケアを担っていると思われる生徒はいない（いなかった）」とお答えした方は、7ページのⅢの 15.の項目へとお進み下さい。

以下は、あなたが家族に対しての介護・ケア役割を担っていると思われた児童・生徒に関する項目となっています。回答の際には、その役割を担っていると思われる特定の生徒（以下、当該生徒）を一人思い浮かべて、その生徒に関する内容としてお答えください。
※当該生徒の現在の在籍の有無は問わず、過去の受け持ち生徒も回答の対象となります。

4. 当該生徒の性別について、お答えください。
□男子　□女子

5. 当該生徒の学年ならびに年齢について、お答えください。過去に受け持っていた生徒の場合には、その当時の学年と年齢について、お答えください。
現在【　　　学年在籍】【　　　歳】
過去【　　　学年在籍】【　　　歳】

6. 当該生徒の家族構成と年齢について、お分かりになる範囲でお答えください。なお、きょうだい・親戚・その他の【　】内には、当該児童・生徒からみた、続柄についてお答えください（姉、兄など）。
□父【　　】 □母【　　】 □祖父【　　】 □祖母【　　】
□きょうだい（　　　　　　　）
□親戚【　　　　】　　□その他【　　　　　　　】

7. 当該生徒が家庭内で介護・ケアを提供していた相手と、その相手に介護・ケアが必要となった理由について、下記の枠内にお分かりになる範囲でお答えください（回答例：「祖父が認知症になった為」）。

4

8. 当該生徒が家族内で介護・ケアをしている事実について、どのようにしてお気づきになられたかについて、下記の枠内にお答えください。（回答例：本人から相談を受けた）

9. 当該生徒が家族内で担っている介護・ケアの内容について、お分かりになる範囲でお答えください（複数回答可）。

□家事の代行・手伝い
□移動の介助や薬の管理といった日常生活上の支援
□金銭管理や公的手続きなどの社会的側面への支援
□励ましや受容などの情緒的支援
□排泄や衣服の着脱時の身辺介助
□他のきょうだいなどへの育児の提供
□金銭管理や公的手続きなどの社会的側面への支援
□通院や通所施設などの外出時の付き添い支援
□その他【　　　　　　　　　　　　　　　　　　　　　　】

10. 当該生徒の家庭内での介護・ケアを担っている（いた）期間について、お分かりになる範囲でお答えください。

□半年未満　□半年以上1年未満　□1年以上3年未満
□3年以上5年未満　□5年以上【　　　年】　□不明

11. 家族内で当該生徒と介護・ケアを分担する役割にあった方の存在について、お分かりになる範囲でお答えください（複数回答可）。

□父　□母　□年長のきょうだい　□年少のきょうだい　□祖父　□祖母
□その他の親戚　□家族内で分担する人はいなかった　□不明

5

12. 当該生徒の家庭の家族外の社会資源の利用について、お分かりになる範囲でお答えください（複数回答可能）。

□介護サービスを利用　□施設を利用　□医療機関に通院
□医療機関に入院　□社会資源の利用はなかった　□不明
□その他【　　　　　　　　　　　　　　　　　　】

13. 家族の介護・ケアを担うことに関連して、当該生徒に学校生活上で生じる問題や困っていると思われることについて、お分かりになる範囲で下記の枠内にお答えください
（回答例：「家族のことで欠席することが度々ある」）。また、特にないと思われた場合には、その旨もお書きください。

14. 当該生徒に対して、学校や個人として実際に取り組まれた支援や対応について、お答えください（複数回答可）。

□相談や声掛けなどの情緒面へのサポート
□個別指導などの学習面でのサポート
□スクールカウンセラーの活用
□外部機関との連携
□その他　□特に何も行わなかった

1）　取り組まれた支援や対応の具体的な内容について、下記の枠内にその内容をお答えください（例：「担任が本人の悩みを聞いた」）。特に行われていない場合には、その旨もお書きください。

6

Ⅲ 以下の項目は「日常的に家族に介護・ケアを提供する役割にある子ども」の支援について、お尋ねします。

*15.「日常的に家族に介護・ケアを提供する枠割にある子ども」は、その家庭内で過重な介護役割を負うことによって、学業や同年代との交友関係において不利益を被ることが指摘されています。そのような子どもが生徒として学校に在学する場合には、どのような支援が必要になると思われるかを下記の枠内にお答えください（例：「本人に福祉サービス利用の仕方を教える」「家庭状況を把握し課題などの負担を減らす」）。

*16.“ヤングケアラー”という単語について、お答えください。

□聞いたことがあり、その意味も理解している
□聞いたことはあるけど、どういう意味かは知らない
□これまでに聞いたことはない

アンケートは以上となります。

お忙しいなか、調査へのご協力ありがとうございました。

本調査に関するお問い合わせは、表紙に記した連絡先までご連絡下さい。

7

# 実践研究論文の投稿のお誘い

『臨床心理学』誌の投稿欄は，臨床心理学における実践研究の発展を目指しています。一人でも多くの臨床家が研究活動に関わり，対象や臨床現場に合った多様な研究方法が開発・発展され，研究の質が高まることで，臨床心理学における「エビデンス」について活発な議論が展開されることを望んでいます。そして，研究から得られた知見が臨床家だけでなく，対人援助に関わる人たちの役に立ち，そして政策にも影響を与えるように社会的な有用性をもつことがさらに大きな目標になります。本誌投稿欄では，読者とともに臨床心理学の将来を作っていくための場となるように，数多くの優れた研究と実践の取り組みを紹介していきます。

本誌投稿欄では，臨床心理学の実践活動に関わる論文の投稿を受け付けています。実践研究という場合，実践の場である臨床現場で集めたデータを対象としていること，実践活動そのものを対象としていること，実践活動に役立つ基礎的研究などを広く含みます。また，臨床心理学的介入の効果，プロセス，実践家の訓練と職業的成長，心理的支援活動のあり方など，臨床心理学実践のすべての側面を含みます。

論文は，以下の5区分の種別を対象とします。

| 論文種別 | 規定枚数 |
|---|---|
| ①原著論文 | 40 枚 |
| ②理論・研究法論文 | 40 枚 |
| ③系統的事例研究論文 | 40 枚 |
| ④展望・レビュー論文 | 40 枚 |
| ⑤資料論文 | 20 枚 |

①「原著論文」と⑤「資料論文」は，系統的な方法に基づいた研究論文が対象となります。明確な研究計画を立てたうえで，心理学の研究方法に沿って実施された研究に基づいた論文です。新たに，臨床理論および研究方法を紹介する，②「理論・研究法論文」も投稿の対象として加えました。ここには，新たな臨床概念，介入技法，研究方法，訓練方法の紹介，論争となるトピックに関する検討が含まれます。理論家，臨床家，研究者，訓練者に刺激を与える実践と関連するテーマに関して具体例を通して解説する論文を広く含みます。④「展望・レビュー論文」は，テーマとなる事柄に関して，幅広く系統的な先行研究のレビューに基づいて論を展開し，重要な研究領域や臨床的問題を具体的に示すことが期待されます。

③「系統的事例研究論文」については，単なる実施事例の報告ではなく，以下の基準を満たしていることが必要です。

①当該事例が選ばれた理由・意義が明確である，新たな知見を提供する，これまでの通説の反証となる，特異な事例として注目に値する，事例研究以外の方法では接近できない（または事例研究法によってはじめて接近が可能になる），などの根拠が明確である。

②適切な先行研究のレビューがなされており，研究の背景が明確に示される。

③データ収集および分析が系統的な方法に導かれており，その分析プロセスに関する信憑性が示される。

④できる限り，クライエントの改善に関して客観的な指標を示す。

本誌投稿欄は，厳格な査読システムをとっています。査読委員長または査読副委員長が，投稿論文のテーマおよび方法からふさわしい査読者2名を指名し，それぞれが独立して査読を行います。査読者は，査読委員およびその分野において顕著な研究業績をもつ研究者に依頼します。投稿者の氏名，所属に関する情報は排除し，匿名性を維持し，独立性があり，公平で迅速な査読審査を目指しています。

投稿論文で発表される研究は，投稿者の所属団体の倫理規定に基づいて，協力者・参加者のプライバシーと人権の保護に十分に配慮したうえで実施されたことを示してください。所属機関または研究実施機関において倫理審査，またはそれに代わる審査を受け，承認を受けていることを原則とします。

本誌は，第9巻第1号より，基礎的な研究に加えて，臨床心理学にとどまらず，教育，発達実践，社会実践も含めた「従来の慣習にとらわれない発想」の論文の募集を始めました。このたび，より多くの方々から投稿していただけるように，さらに投稿論文の幅を広げました。世界的にエビデンスを重視する動きがあるなかで，さまざまな研究方法の可能性を検討し，研究対象も広げていくことが，日本においても急務です。そのために日本の実践家や研究者が，成果を発表する場所を作り，活発に議論できることを祈念しております。

（査読委員長：岩壁 茂）（2017年3月10日改訂）

**告知** …… 出版記念研修会「子どもと若者の認知行動療法を学ぼう！」

ポール・スタラード著『子どものための認知行動療法ワークブック』（金剛出版）
『若者のための認知行動療法ワークブック』（金剛出版）

　子どもや若者の不安や抑うつなどの心理的問題，引きこもりや暴力などの行動的問題，発達障害や精神障害などに対して有効性が認められている認知行動療法の基本から実践までを，3つの形式で学ぶ研修会を企画しました。それぞれ別のお申込みとなっております。定員になり次第締切とさせていただきます。多くの皆様の参加をお待ちしています。

【企画1】講習会：子どもと若者のための認知行動療法を学ぶ
日程：3月28日（土）10：00～13：00
講師：Paul Stallard 教授（英国バース大学）
司会：下山晴彦（東京大学），松丸未来（東京認知行動療法センター）
参加条件：心理関係者や教育関係者
申込方法：https://cpnext.pro/ よりお申し込みください。先着160名になり次第締切。
備考：無料・通訳付き。

【企画2】講習会：子どもの「不安対処」と「トラウマ回復」——CBT心理教育プログラムを学ぶ
日程：3月28日（土）14：30～17：30
講師：松丸未来（東京認知行動療法センター），中山美保（東京都スクールカウンセラー），下山晴彦（東京大学）
場所：東京大学本郷キャンパス 福武ホール（赤門左）
参加条件：公認心理師，臨床心理士，公認心理師を目指す大学院生
参加費：3,000円（※会場で資料DVD頒布（2,000円））
申込方法：https://cpnext.pro/ よりお申し込みください。参加費の振込を確認した時点で受付完了。受付先着160名になり次第締切。

【企画3】ワークショップ：子どもと若者の認知行動療法の実践技法
日程：3月29日（日）10：00～17：00
講師：Paul Stallard 教授（英国バース大学）
通訳：松丸未来（東京認知行動療法センター）
解説：下山晴彦（東京大学）
参加条件：公認心理師，臨床心理士，公認心理師を目指す大学院生
参加費：15,000円（ランチセッションの昼食代を含みます）
申込方法：https://cpnext.pro/ よりお申し込みください。参加費の振込を確認した時点で受付完了。受付先着50名になり次第締切。

臨床心理学 ＊ 最新研究レポート シーズン 3
THE NEWEST RESEARCH REPORT SEASON 3

第 **21** 回

# 「大切な思い出」が高齢者にもたらす影響

## 高齢者の自伝的記憶に関する介入研究の今

Westerhof GJ, Korte J, Eshuis S & Bohlmeijer ET (2018) Precious memories : A randomized controlled trial on the effects of an autobiographical memory intervention delivered by trained volunteers in residential care homes. Aging & Mental Health 22-11 ; 1494-1501.

屋沢 萌 *Megumu Yazawa*
［お茶の水女子大学大学院人間文化創成科学研究科］

## I　はじめに

　超高齢社会となった日本において「老い」への関心はより強くなってきている。「老い」には身体的側面，認知的側面といったさまざまな側面があるが，最も顕著な側面のひとつとして記憶プロセスの低下が挙げられるだろう（Park & Festini, 2017）。また，高齢者自身も記憶に対する不満をもっている（Light, 1991）。しかしながら，過去の出来事の記憶に関しても同様といえるだろうか。実際，以前起こった出来事や最近起こった出来事を思い出す能力は，高齢者でも一般的に同程度に高く評定されるといった知見もみられる（金城・清水，2012）。こうした出来事の記憶は自伝的記憶と呼ばれ，時間と場所が特定され，かつ自己に関連した記憶として，記憶研究のみならず臨床研究や発達研究でも注目されてきた。筆者はこれまで主に健常高齢者の自伝的記憶をテーマに調査研究を行ってきたが，本稿では自伝的記憶をより臨床的かつ実践的な視点から考察するため，ケアホームの高齢者における自伝的記憶介入の効果を検討した研究を紹介し，議論していく。

## II　抑うつと自伝的記憶

　自伝的記憶研究における抑うつとの関連はいくつかの研究で論じられてきており，特に概括化（overgeneralization）の問題が取り上げられることが多い（例：Sumner et al., 2010）。自伝的記憶の概括化（Overgeneral autobiographical Memory : OGM）とは，具体的な自伝的記憶を想起することを求められた際に，あいまいな内容の概括的な記憶を報告してしまう現象のことである（松本・望月，2012）。抑うつの症状がある人にはこうした自伝的記憶の概括化が起こりやすいことが指摘されている（Sumner et al., 2010 ; Williams et al., 2007）。Westerhof et al.（2018）によれば，オランダのケアホームにおいて，うつ病は，入居者の身体的，精神的あるいは社会的脆弱性から大きな問題となっている。したがって，高齢者のうつ病と自伝的記憶の関連については今後も引き続き検討すべき重要な課題であると同時に，自伝的記憶による介入は抑うつにどのような影響があるのかについても焦点を当てた研究がより必要となってくる。本稿では，Westerhof et al.（2018）の論文に基づき，高齢者の抑うつ症状の予防と軽減に対する介入の必要性を示し，訓練

されたボランティアによって行われたランダム化
比較試験の介入効果について説明していく。

　回想やライフレビューの介入が，高齢者の抑う
つ症状の軽減に成功していることが示されており
（例：Bohlmeijer et al., 2003），裏を返せば，特定
のポジティブな記憶を検索する能力は，抑うつ症
状によって低下していると考えられる。しかし，
この能力を訓練できることも示されている（例：
Williams et al., 2000）。Serrano et al.（2004）は，
既存のライフレビュー介入に基づいて，うつ病の
高齢者における特定のポジティブな記憶の検索を
訓練するプロトコルを開発した。彼らはランダム
化比較試験によって，介入が通常の高齢者におけ
る社会ケアサービスよりも，抑うつ症状により効
果があることを示している。

　Westerhof et al.（2018）の研究では，訓練を
受けたボランティアによって実施された場合にも
介入が有効であるかどうかを検討している。ボラ
ンティアによる介入にはいくつかのメリットがあ
る。ボランティアの参加は，高齢者のケアに多く
の社会的関心をもつ現代にフィットする。高齢者
の場合，ボランティアによる介入は心理士による
介入よりも社会的に認められやすく，ボランティ
アはヘルスケアの専門家よりもむしろ社会との
接触を提供することができる（Westerhof et al.,
2008）。さらに，ボランティア活動はボランティ
ア自身の精神的健康とウェルビーイング，および
ボランティアを受ける人々の精神的健康をサポー
トすることはよく知られている（Wheeler et al.,
1998）。

　なお，自伝的記憶とウェルビーイングの関連に
ついては Jetten et al.（2010）の研究がある。彼
らは，ケアレベルの異なる高齢者を対象に自伝的
記憶によるインタビューを行い，自伝的記憶の喪
失によるウェルビーイングへのネガティブな影響
は，認知能力よりもむしろアイデンティティの強
さが媒介していることを示唆した。Bohlmeijer et
al.（2007）も，ライフレビューが高齢者のウェル
ビーイングに効果的であることを示唆している。

## III　自伝的記憶を用いた介入方法と効果

　Westerhof et al.（2018）の研究では，抑うつ
症状を主なアウトカムとして，2つの並行条件を
用いたランダム化比較試験が使用された。介入条
件では「大切な記憶」を介入したが，統制条件で
はボランティアとの非構造的な接触のみであっ
た。ランダム化は，コンピューターが生成した乱
数のリストに基づいて，ベースライン測定後に実
行された。測定は介入前，介入後（最初の測定の
2カ月後），およびフォローアップ（最初の測定
の8カ月後）の3時点であった。重度のうつ病の
人や自殺のリスクのある人を除外し，うつ症状が
悪化したときに高齢者に適切なケアを紹介するよ
うボランティアに指示することで，リスクを最小
限に抑えた。

　介入条件では，Serrano et al.（2004）によって
開発された特定のポジティブな記憶検索を増加さ
せる介入方法を用いた。Serrano et al.（2004）の
介入は，心理士が指導した週4回のセッションで
行った4つのテーマ（小児期，青年期，成人期，
まとめ）に焦点を当てていた。14の質問を使用
して，特定のポジティブな記憶を想起させた。介
入は45分×5つの個別セッションで構成された。
ボランティアは参加者と一緒に，最大8週間の期
間で毎週または隔週でセッションを行うように計
画した。最初のセッションで知り合いになり，2
回目のセッションは子ども時代（0〜12歳）の
特定のポジティブな記憶，3回目は青年期（12〜
18歳），4回目は成人期（18歳以上）であった。
最後のセッションでは，ライフストーリー全般を
取り上げ，介入の締めくくりを行った。各セッショ
ンには14の質問があり，「子どもの頃，よく遊ん
だ友達はいましたか？」など特定のポジティブ
な記憶を引き出すための手がかりとして使用され
た。統制条件では，ボランティアは最大8週間に
わたって45分×5回，参加者を訪問した。ボラ
ンティアは毎回参加者と一緒に，その日に行うこ
とを決めた。多くの場合，喪失または身体的苦痛

の経験について会話をしたと報告があった。また，ボランティアには，一定の教育レベル，高齢者への関心，社会的能力と柔軟性，少なくとも1人の参加者を訪問することが要求され，28人のボランティアが研究に参加した。年齢は主に60〜70歳で，年齢範囲は24〜84歳であった。

　トレーニングに関しては，心理士が介入条件のボランティアを訓練した。統制条件にのみ参加したボランティアはこのトレーニングを受けなかったが，訪問に慣れるためのインストラクションを受けた。トレーニングの目標は，①抑うつ症状と高齢期の自伝的記憶に関する知識と理解すること，②一般的なカウンセリング能力の獲得，③特定のポジティブな記憶の検索を促すカウンセリング能力の開発であった。

　参加者については，①ケアホームに住んでいる，②60歳以上である，③参加する動機があるといった3点が基準とされた。①重度の認知障害，②重度のうつ病エピソード，③自殺のリスク，④過去3カ月で抗うつ薬の投与を開始，⑤言語能力の欠如がある参加者は除外された。参加者の平均年齢は84.2(SD=8.5)歳で，年齢範囲は60〜98歳であった。大半は女性（62%），パートナー不在（86%），一人暮らし（89%），低学歴（11年未満が84%）であった。

　人口統計学的変数は，年齢，性別，婚姻状況，生活状況，教育レベルに関する質問で評価された。機能障害は，18項目のGroningen Activity Restrictions Scaleで測定された。主なアウトカムは抑うつ症状であり，高齢者用うつ尺度短縮版のオランダ語版で測定された（GDS-8：Jongenelis et al., 2007）。プロセス変数は，特定のポジティブな自伝的記憶であり，自伝的記憶テストの修正版で測定された(AMT)。AMTでは，10個のポジティブな単語を使用して，特定のポジティブな記憶を想起させた。参加者は単語にできるだけ早く反応するよう求められた。30秒経過しても想起がない場合は単語が繰り返され，さらに30秒経過しても記憶が想起されない場合,「記憶なし」とした。

参加者が一般的な記憶または繰り返しの記憶を想起した場合，インタビュアーは参加者にもっと具体的に話すように促し，60秒後にも具体的な記憶が想起されない場合，「一般的な記憶」とした。参加者が特定の日と場所で発生した出来事を想起した場合には，「特定の記憶」とした。10個の単語によって想起された出来事の数は，0〜10の範囲でカウントされた。また，二次的アウトカム尺度は，不安，孤独，ウェルビーイング，マスタリー（Pearlin & Schooler, 1978；安部，2002）であった。

　結果，抑うつ症状には，時間の経過とともに介入条件と統制条件で効果がみられた。どちらの条件でも，抑うつ症状は介入後に低下するが，フォローアップ時で再び増加した。臨床的なうつ症状のある参加者は，介入後およびフォローアップ時に抑うつ症状の減少がみられた。また，特定のポジティブな記憶については，介入後，介入条件では増加したが，統制条件はやや減少した。両条件において，不安と孤独に時間の影響があることが示されたが，ウェルビーイングやマスタリーに大きな影響はなかった。不安については，介入後では効果を示さず，フォローアップ時では効果を示した。孤独感については介入後およびフォローアップ時の両条件で減少した。

## Ⅳ　今後の介入研究に向けて

　Westerhof et al.（2018）の論文では，介入条件だけではなく両条件で抑うつ症状の改善があったことについて，統制条件においても喪失や病気などの生活上の問題，思い出を話し合うこともあったとボランティアから報告があった点を指摘している。このことから，今後の介入研究においても統制条件で何を実施するかという点は大きな課題であるといえる。ボランティアが介入を行ったという点で，彼らの研究は特徴的であり，より実践的であるといえる。しかし，実際にボランティアが訪問する際には，参加者が自身の話を交えて日常会話をしたり，一緒の時間を過ごすことにな

るため，純粋な介入効果を得るのは非常に難しい。また，臨床的なうつ症状のある参加者だけをみると，介入後およびフォローアップ時に抑うつ症状の減少がみられたことから，今回の介入が抑うつ症状のある人をよりターゲットとしている可能性を示唆している。したがって，ポジティブな記憶による介入の効果を持続するためには，より介入を強化する必要があると Westerhof et al.（2018）は述べている（例：写真，もの，音などのより具体的な手がかりを使用する，など）。野村・橋本（2006）の研究では，実際に写真や道具を用いた高齢者のグループ回想法が行われており，人生満足度に対して効果があり，介入の3カ月後にもその効果がみられた。ウェルビーイングやマスタリーについては効果がみられなかった点について，Westerhof et al.（2018）の研究の介入群の参加者ではとりわけ，もとの評価値が低かった可能性が考えられる。フォローアップ時には効果がみられなかったことから，彼らのウェルビーイングやマスタリーの向上にはより持続的かつ長期的な介入を要するといえるだろう。

　一方で，健常高齢者ではポジティブな情報をより想起しやすいといったポジティブ優位性効果（positivity effect）がみられることが知られている（例：秋山・清水，2012；Mather & Carstensen, 2005）。自伝的記憶の出来事の想起に関しては，ポジティブな出来事はさらにポジティブに，ネガティブな出来事に対してはネガティブさが薄れる可能性も指摘されている（屋沢ほか，2017）。過去の出来事を想起することの効果は臨床群のデータはもちろんのこと，日本の健常高齢者においても抑うつ傾向やウェルビーイングにおいてどのような影響があるか，今後検討していく必要がある。

　本稿では「老いと記憶」をテーマに，とりわけ自伝的記憶に焦点を当て，Westerhof et al.（2018）の介入研究について考察してきた。「老い」に関しても「記憶」に関しても，その定義や研究分野は多様であり，今後もさらなる広がりをみせるだろう。そうしたなかで，より実証的かつ有用性の高い研究手法や介入手法が開発され，議論が深まることを目指し，筆者自身も研究に励みたい。

▶文献

安部幸志（2002）介護マスタリーの構造と精神的健康に与える影響．健康心理学研究 15-2；12-20.

秋山学，清水寛之（2012）購買に関する自伝的記憶の特性―若齢者と高齢者における時間的分布とポジティブ優位性効果に関連して．認知心理学研究 10-1；67-79.

Bohlmeijer E, Roemer M, Cuijpers P et al.（2007）The effects of reminiscence on psychological well-being in older adults : A meta-analysis. Aging and Mental Health 11-3；291-300.

Bohlmeijer E, Smit F & Cuijpers P（2003）Effects of reminiscence and life review on late-life depression : A meta-analysis. International Journal of Geriatric Psychiatry 18-12；1088-1094.

Jetten J, Haslam C, Pugliese C et al.（2010）Declining autobiographical memory and the loss of identity : Effects on well-being. Journal of Clinical and Experimental Neuropsychology 32-4；408-416.

Jongenelis K, Gerritsen DL, Pot AM et al.（2007）Construction and validation of a patient- and user-friendly nursing home version of the Geriatric Depression Scale. International Journal of Geriatric Psychiatry 22-9；837-842.

金城光，清水寛之（2012）記憶の生涯発達の一般的信念―一般的記憶信念尺度 GBMI による検討．心理学研究 83-5；419-429.

Light LL（1991）Memory and aging : Four hypotheses in search of data. Annual Review of Psychology 42-1；333-376.

Mather M & Carstensen LL（2005）Aging and motivated cognition : The positivity effect in attention and memory. Trends in Cognitive Sciences 9；496-502.

松本昇，望月聡（2012）抑うつと自伝的記憶の概括化．心理学評論 55-4；459-483.

野村信威，橋本宰（2006）地域在住高齢者に対するグループ回想法の試み．心理学研究 77-1；32-39.

Park DC & Festini SB（2017）Theories of memory and aging : A look at the past and a glimpse of the future. The Journals of Gerontology : Series B 72-1；82-90.

Pearlin LI & Schooler C（1978）The structure of coping. Journal of Health and Social Behavior 19-1；2-21.

Serrano JP, Latorre JM, Gatz M et al.（2004）Life review therapy using autobiographical retrieval practice for older adults with depressive symptomatology. Psychology and Aging 19-2；272-277.

Sumner JA, Griffith JW & Mineka S (2010) Overgeneral autobiographical memory as a predictor of the course of depression : A meta-analysis. Behaviour Research and Therapy 48-7 ; 614-625.

Westerhof GJ, Maessen M, de Bruijn R et al. (2008) Intentions to seek (preventive) psychological help among older adults : An application of the theory of planned behaviour. Aging and Mental Health 12-3 ; 317-322.

Wheeler JA, Gorey KM & Greenblatt B (1998) The beneficial effects of volunteering for older volunteers and the people they serve : A meta-analysis. The International Journal of Aging and Human Development 47-1 ; 69-79.

Williams JMG, Barnhofer T, Crane C et al. (2007) Autobiographical memory specificity and emotional disorder. Psychological Bulletin 133-1 ; 122-148.

Williams JM & Broadbent K (1986) Autobiographical memory in suicide attempters. Journal of Abnormal Psychology 95-2 ; 144-149.

Williams JMG, Teasdale JD, Segal ZV et al. (2000) Mindfulness-based cognitive therapy reduces overgeneral autobiographical memory in formerly depressed patients. Journal of Abnormal Psychology 109-1 ; 150-155.

屋沢萌, 上原泉, 御領謙 (2017) 想起内容とその感情的側面からみた高齢者の自伝的記憶. 認知心理学研究 14-2 ; 57-67.

♫ 主題と変奏——臨床便り

第42回
# 語りから立ち上がる未来
## ——前方視的再構成法

白井利明
［大阪教育大学］

「バック・トゥ・ザ・フューチャー」（1985年）という映画がある。映画は観ていないが，タイトルだけなら「過去をくぐって未来を構想する」と訳せる。回想は今から遡って過去に向かうが，人生は未来（今）に向かう道のりであった。時間の流れが逆なのである。未来に向かう実際の時間の流れを捉えることが，前方視的（progressive）再構成法のねらいである。前方視とは，出来事が起きる以前に視点を置いて，そこから先にあるものとして出来事を見ることをいい，逆に，後方視（回顧）とは，出来事が起きた後に視点を置いて出来事を振り返ることをいう。

脊髄損傷のある青年が「受障でふさぎこんでいるひとはいない。新しいことができた喜びの毎日だった」と話したことに興味をもち，受障体験を書いてもらった（白井，2019）。手記を読むと苦悩に満ちたものだった。喜びの毎日と言ったことが不思議だったが，前方視的再構成法により，そのわけがわかった。

受障直後の救急病院時代の苦しい時期に，「忙しくて悩まなくてよかった」と書いてあった。前方視的再構成法の質問であるが，「これは当時も思っていたことか，後で振り返って見えてきたものか」と尋ねると，「当時は疲れに疲れて悩んでなかった」と返答され，「当時の本当」がわかった。

前方視的再構成法で「当時の本当」がわかるというと，「ここでいう『当時の本当』はあくまでも今から見たものですよね。実際にそうだったかはわからないですよね」と念を押される。その通

りである。それなら，なぜこのような面倒な問い返しをしなければならないのか。

ひとが生きた人生と見た世界は同じではない。彼が生きた人生は苦しいものであったが，それは意味づけられていない。「それがあるから今がある」（たとえば「受障したからこそ得られた人生」）といった意味づけはもっと後に現れるのであろう。他方，彼の見た世界は忙しいものであり，そこから「悩まなくてよかった」と意味づけている。ひとは人生をただ意味づけるだけではなく，自分の見た世界からも意味づけている。聴き手は人生を聴くだけでなく，語り手の見た世界を観る必要がある。

語りは出来事の順序が入れ替わっていることもある。これも前方視的再構成法の質問であるが，語られた出来事の時期を尋ね，実際に生起した順に並び替える。実は「悩まなくてよかった」と思えた出来事は，実際には救急病院時代の早くからあった。それを手記では次のリハビリテーション病院に行く直前に置いた。それにより救急病院での苦しい時代と，リハビリテーション病院の喜びの時代とに分割し，後者は現在形で始めることで，新しいことができた喜びの毎日を今につなげた。こうして苦しんだ過去は終わったものとされたのである。語りは意味づけるだけでなく，時間を分節化することで，当時の時点から未来（今）に向かう時間の流れを作り出す。

語りは結末から振り返って過去を正当化すると言われるが，それだけではない。回想は語ることで未来に向けて時間を流す。回想の語りはひとが前に向かって生きていくために必要なものである（白井，2020）。前方視的再構成は，そうした営みを捉えるためにある。

▶ 文献
白井利明（2019）中途障害のある青年はどう自己連続性を構築するか——語りの前方視的再構成法による分析．発達心理学研究 30-1：34-43.
白井利明（2020）語りから立ち上がる人生——聴き手の役割．N：ナラティヴとケア 11［印刷中］.

## 書評 BOOK REVIEW

日本総合病院精神医学会 リエゾン多職種委員会 [編著]

### 精神科リエゾンチーム活動指針

星和書店・B6判並製
定価1,800円（税抜）
2019年6月刊

評者＝**稲本絵里**（日本医科大学多摩永山病院）

　身体を中心に診療している病院でも，身体疾患に伴うさまざまな精神症状（せん妄，不眠，不安，抑うつなど）が出現したり，自殺企図で救急搬送されてきたり，もともと精神疾患をもっている方が入院したりと，精神科専門の適切な評価と対応を要するケースは少なくない。このような場面でプライマリチーム（身体科の主科となるチーム）からコンサルテーションの依頼を受けて，精神科リエゾンチームが介入し，連携して対応を検討する。場合によってはコンサルテーションのみのこともあるし，直接診療することもある。そのほかにも，看護師などのスタッフが患者からの暴言や暴力を経験したり，患者の死や自殺に立ち会ったりすることで，衝撃を受けストレス反応があらわれた際，リエゾンチームがスタッフのメンタルヘルス支援に当たる場合もある。実際にこれらの状況は，筆者も現場のスタッフたちと一緒に悩んできたものばかりだ。本書は，身体疾患を診療する病院（総合病院）で，上記のような精神症状に対応する精神科リエゾンチームの活動についてまとめられている。

　医療の現場に身を置いていると，日本の抱えている医療の課題が決して他人事ではないと感じる。精神科リエゾンチーム加算は，2012年の診療報酬改定で新設されたが，それは国としてチーム医療等を推進するようになった流れによるものだ。そもそも日本は直接医療をおこなう医師が不足していることが長く指摘されており，医師の時間外労働も問題となっている。そのうえ「2025年問題」も間近に迫る。団塊の世代が75歳を迎えるに伴って，国民の5人に1人が75歳以上の後期高齢者に，さらには3人に1人が65歳以上の高齢者になるため，医療や介護の需要は増え，社会

保障費も増大していくだろう。救急医療患者は増加し，状態も多様化し，もはや医師だけでは太刀打ちできなくなってきている状況が，そこまで来ている。そこで，医師以外の医療従事者にタスク・シフティングしていくことが課題となり，チーム医療推進の流れで精神科リエゾンチームも診療加算の対象となった。関与する職種は，精神科医師，看護師（リエゾンナース），心理職，精神保健福祉士，薬剤師，作業療法士となっている。ちなみに，心理職の国家資格化に伴い，2019年4月からは施設要件に「臨床心理技術者」から「公認心理師」と明記されるようになった。経過措置として「公認心理師」には2019年3月末まで保険医療機関で臨床心理技術者として従事していた者も含まれるが，心理職も国家資格となったことで医療に携わる重要な戦力としてますます期待されることになる。

　本書は，まだ精神科リエゾンチームの仕事が明確ではないときから試行錯誤して土台を築いてこられた先人からのバトンである。このバトンを手に，それぞれが現場に出てどう肉付けし，どう実践していくかは，私たちに問われている。医療の向上に役立つ一冊となるだろう。

仙道由香 [著]

### 心理療法に先立つ
### アセスメント・コンサルテーション入門

誠信書房・A5判並製
定価2,800円（税抜）
2019年10月刊

評者＝**木下直紀**（聖マリアンナ医科大学病院精神療法・ストレスケアセンター）

　本書で紹介されているアセスメント・コンサルテーションは，精神分析的心理療法の導入のための一連の面接方法である。申し込みを受けた初回のセッションから，情緒や不安，内的対象関係に触れ，転移／逆転移を感受し，転移解釈を行うことで精神分析的な交流を試みる。それは通常の心理療法セッションと何ら変わらない。つまり，心理療法の実体験を提供することでそのアプローチについての説明に代えているのだ。

いわば精神分析的心理療法のお試し版である。そして，それを踏まえて治療方針を率直に話し合う。きわめて合理的な方法であり，アカウンタビリティを求められる現代社会とも相性がいい。しかも，本書の解説は懇切丁寧であり，これを読めば誰もがアセスメント・コンサルテーションを始められる。

さて，そんな素晴らしい方法にもかかわらず，日本では少なくない臨床家がアセスメント・コンサルテーションの活用に難色を示しているらしい。これは仙道氏自身が述べていることであり，本書の執筆動機の一部もそこにあるとのこと。一体なぜだろうか。そこには臨床家の基本モデルの違いがあると思う。もしかすると，その相違が認識できずに押し問答になっているのかもしれない。

アセスメント・コンサルテーションが前提とする臨床家と日本の大多数の心理療法家は異なる。前者は精神分析的心理療法を中心とした「スペシャリスト」であり，後者は支持的心理療法を中心とする「ジェネラリスト」である。これは優劣ではない。良くも悪くも英国と日本の社会的な違い（心理療法紹介システムの普及度），歴史的な違い（社会階層の住み分けの程度）によるものである。しかし，実践において両者の差は小さくはない。それは端的に言って，「スペシャリスト」と「ジェネラリスト」のカバーする範囲の違いだ。例えば，あるクライエントがアセスメント・コンサルテーションの途中でドロップアウトしたとする。それをもってその人は縁がなかったと割り切るのは，精神分析の「スペシャリスト」としては問題がなくても，「ジェネラリスト」としては不適切か，少なくともベストではない。その仕事はできるだけ多くの人たちを何らかの支援へと掬い取ることだからだ。

では「ジェネラリスト」である日本の臨床家はどうすればいいのか。まず，アセスメント・コンサルテーションが精神分析の「スペシャリスト」の方法論であり，自分たちの基本的なスタンスとは違うと自覚することだ。違うと分かっていれば，やりようはいくらでもある。「ジェネラリスト」としての仕事のオプションのひとつにアセスメント・コンサルテーションを加えてもいい。そうなれば逆説的に，アセスメント・コンサルテーションは「ジェネラリスト」の強力な武器になるに違いない。

故に，私は「ジェネラリスト」の一人として，日本で精神分析的心理療法を実践しようとする諸氏に本書をお勧めする。積極的にお勧めする。

ジェフリー・K・ザイグ［著］
上地明彦［訳］
**エリクソニアン催眠誘導**
── 体験喚起のアプローチ
金剛出版・四六判並製
定価4,200円（税抜）
2019年9月刊
評者＝**松木繁**（花園大学社会福祉学部臨床心理学科）

20世紀最高の精神療法家と言われるErickson MHの治療アプローチも，近年は本書の著者であるZeig JFやGeray BBらの精力的な普及活動によって日本でもその実践教育を受けることができるようになり，以前のまるで魔法でも見るような印象は薄れ，患者（クライエント／以下，Cl）の精神内界への「触れ方」の卓越した技を身近に学ぶことができるようになった。とはいえ，「Clの最も深いところにある感情を感じとる能力，そしてそれらの感情に純粋に自発的に創造的に反応する」（Rogers, 1989）Ericksonの驚くべき共感性の高さや，「自らを高機能のバイオフィードバック装置に仕立てて…［中略］…しばしばClの話し方の調子や統語法，テンポを利用し，自分の姿勢や呼吸数，しぐさを調整してClのそれに合わせようとする」（Bandler, 1975）その技を身につけるのは今でも至難の業であることに変わりはない。

本書は，Zeigが2014年から3部作として公刊したうちの第1作目にあたるもので，エリクソンアプローチを学ぼうとする臨床家向けに書かれたものである。催眠誘導の部分を中心に基本的な考え方や臨床姿勢，例えば，催眠が「（体験）喚起（elicitation）」のコミュニケーションであること，そして，Clの変化に影響を与える「ありよう（state）」の変化を引き起こすことの重要な役割について，具体的なスクリプトを示しながら書かれている。また，伝統的な催眠からエリクソン催眠への移り変わりや根本的な違いについても実にわかりやすい例を挙げて説明が加えられており，伝統的な催眠に馴染んでいた催眠臨床家にとってもエリクソニアン催眠の真髄を垣間見る良いチャンスになることは間違いない。

さも本書を熟読したような書きぶりになって恐縮だが，筆者がこうした感想を述べるのは，昨年，フェニックスのエリクソン財団での集中研修を受けた際の体験を思い出しつつ本書を読んでいるためかもしれな

い。その研修は Zeig, Geary, Borges の 3 人が講師で実施され，研修の冒頭で Geary が，「Hypnosis is "a state of focused awareness"」と言ったのに際して，「私は英語に精通していないから，この "state" の意味が理解できない」と彼に質問した際，それで良いのだと返されて戸惑ったが，研修が進むうちに，英語（言語）の意味理解が正確にできないからこそ「（体験）喚起のアプローチ」が実感できて，被験者役の米人の身振り・手振り，声のトーン，表情変化を頼りにしながら催眠誘導（筆者にとっては対話をしていたとしか思えなかったのだが……）するうちに，自然に（自発的に）催眠体験が生じて素晴らしいセッションができたことを思い出したのである。

　本書もその際の研修のように実に巧みに構成されており，本書に提示されたスクリプトを読み進めるだけ

でも，"（何かが）喚起される"。その際に必要な読者の心がけは，訳者のコメントにもあるように，「示されたスクリプトや説明を言語的に理解したり，催眠誘導の構造を理解するのでなく」，そのスクリプトを読みながら自身の体験に基づいて連想する風にして読み進めることである。

　訳者が "state" を「ありよう」と訳した巧みさも光っている。私の不勉強でこれまでこの語がどう訳されていたのか知らないが，体験内容でもなく体験様式でもなく，単なる状態を表す言葉でもない "state" は「ありよう」とするのが "体験的に" ぴったりする訳語である。著者 Zeig のエリクソン催眠解説の巧みさに，訳者の訳語の巧みさも相俟って，読み進めるうちに「（体験）喚起のアプローチ」が自然と身に付く名著である。

# 投稿規定

1. 投稿論文は，臨床心理学をはじめとする実践に関わる心理学の研究における独創的で未発表のものに限ります。基礎研究であっても臨床実践に関するものであれば投稿可能です。投稿に資格は問いません。他誌に掲載されたもの，投稿中のもの，あるいはホームページなどに収載および収載予定のものはご遠慮ください。

2. 論文は「原著論文」「理論・研究法論文」「系統的事例研究論文」「展望・レビュー論文」「資料論文」の各欄に掲載されます。「原著論文」「理論・研究法論文」「系統的事例研究論文」「展望・レビュー論文」は，原則として 400 字詰原稿用紙で 40 枚以内。「資料論文」は，20 枚以内でお書きください。

3. 「原著論文」「系統的事例研究論文」「資料論文」の元となった研究は，投稿者の所属機関において倫理的承認を受け，それに基づいて研究が実施されたことを示すことが条件となります。本文においてお示しください。倫理審査に関わる委員会が所属機関にない場合，インフォームド・コンセントをはじめ，倫理的配慮について具体的に本文でお示しください。

★ 原著論文：新奇性，独創性があり，系統的な方法に基づいて実施された研究論文。問題と目的，方法，結果，考察，結論で構成される。質的研究，量的研究を問わない。

★ 理論・研究法論文：新たな臨床概念や介入法，訓練法，研究方法，論争となるトピックやテーマに関する論文。臨床事例や研究事例を提示する場合，例解が目的となり，事例の全容を示すことは必要とされない。見出しや構成や各論文によって異なるが，臨床的インプリケーションおよび研究への示唆の両方を含み，研究と実践を橋渡しするもので，着想の可能性およびその限界・課題点についても示す。

★ 系統的事例研究論文：著者の自験例の報告にとどまらず，方法の系統性と客観性，および事例の文脈について明確に示し，エビデンスとしての側面に着目した事例研究。以下の点について着目し，方法的工夫が求められる。
　①事例を選択した根拠が明確に示されている。
　②介入や支援の効果とプロセスに関して尺度を用いるなど，可能な限り客観的な指標を示す。
　③臨床家の記憶だけでなく，録音録画媒体などのより客観的な記録をもとに面接内容の検討を行っている，また複数のデータ源（録音，尺度，インタビュー，描画，など）を用いる，複数の研究者がデータ分析に取り組む，などのトライアンギュレーションを用いる。
　④データの分析において質的研究の手法などを取り入れ，その系統性を確保している。
　⑤介入の方針と目的，アプローチ，ケースフォーミュレーション，治療関係の持ち方など，介入とその文脈について具体的に示されている。
　⑥検討される理論・臨床概念が明確であり，先行研究のレビューがある。
　⑦事例から得られた知見の転用可能性を示すため，事例の文脈を具体的に示す。

★ 展望・レビュー論文：テーマとする事柄に関して，幅広く系統的な先行研究のレビューに基づいて論を展開し，重要な研究領域や臨床的問題を具体的に示す。

★ 資料論文：新しい知見や提案，貴重な実践の報告などを含む。

4. 「原著論文」「理論または研究方法論に関する論文」「系統的事例研究論文」「展望・レビュー論文」には，日本語（400 字以内）の論文要約を入れてください。また，英語の専門家の校閲を受けた英語の論文要約（180 語以内）も必要です。「資料」に論文要約は必要ありません。

5. 原則として，ワードプロセッサーを使用し，原稿の冒頭に 400 字詰原稿用紙に換算した枚数を明記し，必ず頁番号をつけてください。

6. 著者は 5 人までとし，それ以上の場合，脚注のみの表記になります。

7. 論文の第 1 枚目に，論文の種類，表題，著者名，所属，キーワード（5 個以内），英文表題，英文著者名，英文所属，英文キーワード，および連絡先を記載してください。

8. 新かなづかい，常用漢字を用いてください。数字は算用数字を使い，年号は西暦を用いること。

9. 外国の人名，地名などの固有名詞は，原則として原語を用いてください。

10. 本文中に文献を引用した場合は，「…（Bion, 1948）…」「…（河合，1998）…」のように記述してください。1）2）のような引用番号は付さないこと。
　　2 名の著者による文献の場合は，引用するごとに両著者の姓を記述してください。その際，日本語文献では「・」，欧文文献では「&」で結ぶこと。
　　3 名以上の著者による文献の場合は，初出時に全著者の姓を記述してください。以降は筆頭著者の姓のみを書き，他の著者は，日本語文献では「他」，欧文文献では 'et al.' とすること。

11. 文献は規定枚数に含まれます。アルファベット順に表記してください。誌名は略称を用いず表記すること。文献の記載例については当社ホームページ（http://kongoshuppan.co.jp/）をご覧ください。

12. 図表は，1 枚ごとに作成して，挿入箇所を本文に指定してください。図表類はその大きさを本文に換算して字数に算入してください。

13. 原稿の採否は，『臨床心理学』査読委員会が決定します。また受理後，編集方針により，加筆，削除を求めることがあります。

14. 図表，写真などでカラー印刷が必要な場合は，著者負担となります。

15. 印刷組み上がり頁数が 10 頁を超えるものは，印刷実費を著者に負担していただきます。

16. 日本語以外で書かれた論文は受け付けません。図表も日本語で作成してください。

17. 実践的研究を実施する際に，倫理事項を遵守されるよう希望します（詳細は当社ホームページ（http://www.kongoshuppan.co.jp/）をご覧ください）。

18. 掲載後，論文の PDF ファイルをお送りします。紙媒体の別刷が必要な場合は有料とします。

19. 掲載論文を電子媒体等に転載する際の二次使用権については当社が保留させていただきます。

20. 論文は，金剛出版『臨床心理学』編集部宛に電子メールにて送付してください（rinshin@kongoshuppan.co.jp）。ご不明な点は編集部までお問い合わせください。

（2017 年 3 月 10 日改訂）

# 新刊案内

Ψ金剛出版　〒112-0005　東京都文京区水道1-5-16　Tel. 03-3815-6661　Fax. 03-3818-6848
e-mail eigyo@kongoshuppan.co.jp　URL http://kongoshuppan.co.jp/

## 物質使用障害の治療
### 多様なニーズに応える治療・回復支援

[編著] 松本俊彦

ここ10年間で物質使用障害の臨床は大きく変わってきた。海外のさまざまな治療法が国内に紹介され，そうしたプログラムを参考にして，わが国の状況にマッチしたプログラムが開発されてきた。雑誌『精神療法』の連載「物質使用障害治療の最前線」をまとめた本書は，最近10年間に登場し，すでに依存症分野で一定のポジションを確立した心理療法プログラムや，依存症に関連した重要なトピックを集めたものである。第一線級の臨床家・研究者が執筆しており，現在，わが国でスタンダードとなっている治療プログラムや治療理念を一望することができる。　　　　　　　　本体2,600円＋税

## DV加害者プログラム・マニュアル

[編著] NPO法人リスペクトフル・リレーションシップ・プログラム研究会（RRP研究会）
[編集協力] 森田展彰　高橋郁絵　古賀絵子　古藤吾郎　高野嘉之

社会的要請を受けながらも見送られたDV加害者プログラムの公的導入だったが，NPO法人RRP研究会（代表理事＝信田さよ子）では，グラスルーツのDV加害者プログラムが展開されてきた。RRP研究会による加害者プログラム実践の集大成となるマニュアルでは，DV加害者臨床の歴史から最新の理論・技法に至る解説によりDV加害者プログラムの基礎知識を養ったうえで，怒りや隠された感情を言葉にして伝えること，加害行為の責任を取ること，被害者を尊重する関係を築くことなど，プログラムの運営をわかりやすく紹介していく。　　　　　　　　本体3,400円＋税

## 心の解離構造
### 解離性同一性障害の理解と治療

[著] エリザベス・F・ハウエル
[監訳] 柴山雅俊　　[訳] 宮川麻衣

怒れる迫害者あるいは弱き幼き子として，虐待・暴力から生き延びるために解離した「私」の痕跡たち……彼ら内なる他者との対話を始めるために治療者には何ができるのか？　解離された自己状態は，解離性障害のみならず，健康度の高い神経症の患者においても経験され，そこでは解離がスプリッティングや葛藤として体験されている。サンクチュアリを確保する「段階的治療」と交代者の内なる対話を起動する「関係論志向の統合的技法」からなる，解離治療技法の決定版。　　　　　　　　本体5,200円＋税

## 編集後記 Editor's Postscript

　心理臨床における心身相関について考えてゆくと，「こころ」と「からだ」を繋ぐコトバの問題に自ずと行き当たる。例えば，日本語には，「肩が凝る」とか「首が回らない」とか，「からだ」を用いて「こころ」の苦痛や不快感を示す特有の表現が多い。これらのコトバを面接の要所々々にさし挟むと，身体の生理的感覚に対するクライアントの注意を促すことができる。クライアントの「こころ」と「からだ」をともに抱えているイメージを伝えることも可能かもしれない。

　しかし，このような心身相関を象徴するコトバは，臨床実践における「知」として伝承されることはあっても，臨床心理学の論文や教科書に記述されることはない。それは，やはり根元にある心理学が心身二元論に基づいて構築されたからであろう。脳科学による心身相関研究の進展が，今後の心理学のパラダイムをどう変えてゆくのか，予断を許さない。しかし，臨床の現場では，そうした動きに左右されずに「こころ」と「からだ」を繋ぐコトバをきめ細やかに紡いでほしいと思う。その想いを伝えたいために，今回の特集では，あえて「心」と「体」と表記しなかったことを付記しておく。

(黒木俊秀)

¶編集委員（五十音順）………… 石垣琢麿（東京大学）／岩壁 茂（お茶の水女子大学）／川島ゆか（福井少年鑑別所）／熊谷晋一郎（東京大学）黒木俊秀（九州大学）／境 泉洋（宮崎大学）／橋本和明（花園大学）／妙木浩之（東京国際大学）／村瀬嘉代子（大正大学）森岡正芳（立命館大学）

¶編集同人（五十音順）　伊藤良子／乾 吉佑／氏原 寛／大塚義孝／大野博之／岡 昌之／岡田康伸／神村栄一／亀口憲治／河合俊雄／岸本寛史／北山 修／倉光 修／小谷英文／下山晴彦／進藤義夫／滝口俊子／武田 建／田嶌誠一／鑪幹八郎／田中康雄／田畑 治／津川律子／鶴 光代／成田善弘／長谷川啓三／馬場禮子／針塚 進／東山紘久／平木典子／弘中正美／藤岡淳子／藤原勝紀／松木邦裕／溝口純二／村山正治／山上敏子／山下一夫／山田 均／山中康裕／吉川 悟

¶査読委員（五十音順）　岩壁 茂（査読委員長）／金子周平（査読副委員長）／相澤直樹／青木佐奈枝／新井 雅／石井秀宗／石丸径一郎／石盛真徳／伊藤正哉／梅垣佑介／大対香奈子／川崎直樹／坂爪洋美／末木 新／田中健史朗／能智正博／野田 航／野村理朗／別府 哲／松嶋秀明／明翫光宜／本岡寛子／安田節之／山口智子／山根隆宏／湯川進太郎

**臨床心理学** 第 20 巻第 2 号（通巻 116 号）

発行＝2020 年 3 月 10 日
定価（本体 1,600 円＋税）／年間購読料 12,000 円＋税（増刊含／送料不要）

発行所＝㈱金剛出版／発行人＝立石正信／編集人＝藤井裕二
〒 112-0005　東京都文京区水道 1-5-16
Tel. 03-3815-6661／Fax. 03-3818-6848／振替口座 00120-6-34848
e-mail rinshin@kongoshuppan.co.jp（編集）eigyo@kongoshuppan.co.jp（営業）
URL http://www.kongoshuppan.co.jp/

装幀＝岩瀬 聡／印刷＝太平印刷社／製本＝井上製本

# 北大路書房

〒603-8303　京都市北区紫野十二坊町12-8
☎ 075-431-0361　FAX 075-431-9393
http://www.kitaohji.com

## ナラティヴ・セラピーのダイアログ

―他者と紡ぐ治療的会話，その〈言語〉を求めて―　国重浩一・横山克貴編著　A5・408頁・本体3600円＋税　日本人の熟練ナラティヴ・セラピストによる4つのデモンストレーションの逐語録を，全編収録。各々の対話について，対人援助職の3名が，さまざまな視点で読み解いていく。硬直した支配的な言説に抗して，治療的会話の多様性と可能性を探る。

## ナラティヴ・アプローチの理論から実践まで

―希望を掘りあてる考古学―　G．モンク他編　国重浩一・バーナード紫訳　A5・246頁・本体2600円＋税　言葉は歴史的，社会・文化的に意味づけられたものにすぎない。問題を外在化し，クライエント自らが支配的なディスコースからの解放の可能性を探る。クライエント／セラピストが新たな物語を「共著」するために。

## 手作りの悲嘆

―死別について語るとき〈私たち〉が語ること―　L．ヘツキ・J．ウィンズレイド著　小森康永・奥野 光・ヘミ和香訳　A5・336頁・本体3900円＋税　悲嘆の痛みをやり過ごす最も良い方法は，既製のモデルに従うのではなく，その人自身の反応を「手作りする」ことにある。社会構成主義の立場から，死の臨床における治療的会話の新たな枠組みを示す。

## 人とペットの心理学

―コンパニオンアニマルとの出会いから別れ―　濱野佐代子編著　A5・196頁・本体2300円＋税　人はペットとの関係から，心理的・身体的・社会的に様々な恩恵を享受している。また，直接的に暮らしをサポートしてもらっている場合もある。本書はペットと人生を共にする人，およびその関係性を維持・発展させていくことを願う人のために編まれた。

## がん患者の認知行動療法

―メンタルケアと生活支援のための実践ガイド―　S．ムーリー＆S．グリア著　鈴木伸一監訳　A5・292頁・本体3600円＋税　不安や抑うつ，怒りや悲しみの軽減だけではなく，健康的な側面や前向きな態度をもう一度活性化させる方法を体系的に解説。成育歴・社会的背景を考慮し，進行・終末期患者や遺族へのアプローチなど，実践的な内容も網羅。

## 心の治療における感情

―科学から臨床実践へ―　S．G．ホフマン著　有光興記監訳　A5・224頁・本体2700円＋税　感情は，精神的健康の重要な決定因である。心理学的介入に関心のある臨床家や医療従事者に向けて，感情研究の基礎的な理論と知見を解説。生物学と神経科学，社会心理学，パーソナリティ心理学，動機づけ，近年のマインドフルネス瞑想法に至るまでを網羅。

## 臨床心理フロンティア 公認心理師のための「基礎科目」講義

下山晴彦監修　宮川 純・下山晴彦・原田隆之・金沢吉展編著　B5・224頁・本体3000円＋税　心理学や臨床心理学の全体像，エビデンスとは何か，心理師の倫理とは何か。公認心理師としての「下地」を学ぶ上で最適の一冊。現代臨床心理学を牽引するエキスパートによる講義を紙面で再現。講義動画と連携して重要テーマを学べるシリーズ第2弾。

## 臨床心理フロンティア 公認心理師のための「発達障害」講義

下山晴彦監修　桑原 斉・田中康雄・稲田尚子・黒田美保編著　B5・224頁・本体3000円＋税　現代臨床心理学を牽引するエキスパートによる講義を紙面で再現。講義動画と連携して重要テーマを学べるシリーズ。Part1では障害分類とその診断の手続き，Part2では心理職の役割，Part3では自閉スペクトラム症の理解，Part4ではその支援について扱う。

**[三訂] 臨床心理アセスメントハンドブック**
村上宣寛・村上千恵子著　2700円＋税

**樹木画テスト**
高橋雅春・高橋依子著　1700円＋税

**P-Fスタディ　アセスメント要領**
秦 一士著　2600円＋税

**マインドフルネスストレス低減法**
J．カバットジン著／春木 豊訳　2200円＋税

**実践家のための認知行動療法テクニックガイド**
坂野雄二監修／鈴木伸一・神村栄一著　2500円＋税

**ポジティブ心理学を味わう**
J．J．フロウ他編／島井哲志・福田早苗・亀島信也監訳　2700円＋税

**精神病と統合失調症の新しい理解**
A．クック編／国重浩一・バーナード紫訳　3200円＋税

**メンタライジング・アプローチ入門**
上地雄一郎著　3600円＋税

**ふだん使いのナラティヴ・セラピー**
D．デンボロウ著／小森康永・奥野 光訳　3200円＋税

# 花巻悲劇「父親に去勢された宮沢賢治」

三上 命 著　本体1800円＋税　B6判並製204頁　ISBN978-4-9909633-3-0

## アドラー心理学を生きた宮沢賢治

「力への意志」は、「王になろうとする欲求」といい換えることができる。王は力を有しているからである。この「王になろうとする欲求」をアドラーのエディプス・コンプレックスというが、賢治は、この王欲求を持っていた。

とはいえ宮沢家の真の王は父親の政次郎である。そしてこの真の王は、王になろうと欲求している息子を去勢しようとした。「よだかの星」でタカが「つかみ殺すぞ」といい、「セロ弾きのゴーシュ」で楽長がどんと足を踏んで「だめだ。まるでなっていない」と怒鳴ったのは去勢の脅しである。また「貝の火」で最後にホモイは失明するが、この見ることの不能化は去勢である。

王は力を持っている。そしてその力には二通りの用い方がある。「力をふるう」ことと「力になる」ことである。初期作品の「貝の火」において、ホモイは溺れたヒバリの子の「力になる」ことによって大将（王）になったのに、大将（王）になるとすぐ「力をふるう」ようになった。だから去勢されたのである。

最晩年の「セロ弾きのゴーシュ」において、楽長はゴーシュに「力をふるった」。力をふるわれたゴーシュは三毛猫に「力をふるう」が、病気の子ネズミの「力になった」。この転換点はカッコウのために自室の窓ガラスを割った時にある。深夜に校舎の窓ガラスを割るのは「力をふるう」ことである。だが「力になる」ためには、自室の窓ガラスを割らなくてはならない。

良寛は筍のために屋根に穴をあけた。ゴーシュがしたのはこれと同じで、「力になる」ためには自室の窓を割ることができなくてならない。これができないと、老人の「力になる」べき介護者が老人に「力をふるう」ことになってしまう。

＊

《日本から世界へ》　アドラーのエディプス・コンプレックス（王になろうとする欲求）は、フロイトのものより重要で、有用です。本書を翻訳、出版してくださる諸外国の出版社を探しています。下記連絡先まで、お申し出ください。

満天地　　　〒327-0507　栃木県佐野市葛生西 3−10−10
　　　　　　　TEL 0283-86-9590　　FAX 0283-86-9591

書店取次は地方・小出版流通センターです。通販は honto.jp で。直販も致します。

# ＩＰＩ統合的心理療法研究所

## Institute for Psychotherapy Integration

### 夫婦・家族療法を中軸とした統合的心理療法の実践・研究・専門家養成

**公開講座** （詳しくはホームページをご覧下さい。会場はいずれも都内）

**【心理臨床家のための理論講座（通年講座）】**
－ 個人・夫婦（父母）・家族への統合的アプローチの理論と基礎的技法を学ぶ －
2020年　4／18,　5／9,　6／6,　7／4,　9／12,　10／10,　11／7,　12／19
いずれも土曜日 10:00〜12:30（2時間30分：全8回）　／82,500円（税込）

**【事例検討会（1日講座）】** ※ 1日だけの参加も可
－ 夫婦・親子・家族の事例検討を通して統合的心理療法の実際を学ぶ －
2020年5月24日（日）および10月11日（日）10:00〜17:30 ／各日 16,500円（税込）

**【虐待における子どもと家族への支援（1日講座）】**
2020年6月21日（日）10:00 〜 17:00　／11,000円（税込）

**【対談：平木典子×団士郎】**　－ 心理臨床における個人・家族・社会-
2020年7月12日（日）10:00 〜 13:00 ／5,500円（税込）

**【ビデオで学ぶ夫婦・家族合同面接の実際（1日講座）】**
－ 中釜洋子「説き明かし私の家族面接」他より －
2020年10月4日（日）　9:30〜16:30 ／13,200円（税込）

**【家族療法技法訓練（集中講座）】**
－ 個人・夫婦（カップル）・家族への統合的アプローチの基礎的技法を
夫婦・家族合同面接のロールプレイを通して学ぶ －
2020年11月21日（土）〜23（月）3日間　9：30〜16：30 ／88,000円（税込）

**スーパーヴィジョン** （詳しくはホームページをご覧下さい）
個人・夫婦・家族療法　ロールシャッハ（包括システム法）
ロールプレイを活用した夫婦・家族合同面接のグループ・スーパーヴィジョン

**相談室併設**　個人・カップル（夫婦）・家族のための相談室

---

**IPI統合的心理療法研究所 所長 野末 武義・顧問 平木 典子**
〒113-0034 東京都文京区湯島2-23-8 ルーフ御茶ノ水ヒルズ6MB
TEL 03-5846-4770／http://integrative.jp
https://www.facebook.com/ipijapan/　IPI統合的心理療法研究所@ipi2016nozue

---

# 新刊案内

Ψ金剛出版　〒112-0005　東京都文京区水道1-5-16　Tel. 03-3815-6661　Fax. 03-3818-6848
e-mail eigyo@kongoshuppan.co.jp　URL http://kongoshuppan.co.jp/

## トラウマとアディクションからの回復
### ベストな自分を見つけるための方法

[著]リサ・M・ナジャヴィッツ
[監訳]近藤あゆみ　松本俊彦　[訳]浅田仁子

本書の質問やエクササイズには，たとえ読者がひとりぼっちの部屋でこの本を開いていたとしても，信頼できる治療者やカウンセラーが傍らに腰かけてそっと支えてくれているような感覚を味わうことができるようにという願いが込められている。そして，全章にある体験談は，ときに険しく苦しい読者の回復の道を照らし続けてくれる希望の光である。このような意味で，本書自体に支援共同体としての役割が期待できるであろう。苦しむ人びとと家族，援助者のための実践的なワークブック。　　　　　　　　本体4,200円＋税

## 不眠症に対する認知行動療法マニュアル

[編]日本睡眠学会教育委員会

本書では，不眠症に対する認知行動療法（Cognitive Behavioral Therapy for Insomnia, CBT-I）の実践法を解説する。セッションは6ステージに分かれ①CBT-Iの治療効果の説明，②睡眠に対する基本的な知識と不眠要因の説明，③漸進的筋弛緩法を行う，④・⑤刺激制御法と睡眠制限療法を組み合わせた睡眠スケジュール法を行い，睡眠−覚醒リズムを整える，⑥これまでの治療の振り返りを行う。治療者・患者双方にとって，有用なマニュアルとなるだろう。　　　　　　　　本体2,800円＋税

## スコアリング・ロールシャッハ
### 7つの尺度

[著]ロバート・F・ボーンスタイン　ジョセフ・M・マスリング
[監訳]溝口純二　北原裕一

ロールシャッハ法の長所と限界を巡る多くの議論の中で，包括システム（CS）はしばしばロールシャッハ法そのもののように論じられ，CS以外のスコアリング法はあまり語られなくなってしまった。本書は，CS以外のさまざまなスコアリング法と解釈に焦点を当て，充分な妥当性のある研究を示し，ロールシャッハ法の研究は批評されているよりも広汎なものであることを示す。臨床家や研究者はこの一冊を読むことで，7つのアプローチに触れ，研究と実践のさらなる発展に役立てることができる。　本体4,500円＋税

# 新刊案内

Ψ金剛出版　〒112-0005　東京都文京区水道1-5-16　Tel. 03-3815-6661　Fax. 03-3818-6848
e-mail eigyo@kongoshuppan.co.jp　URL http://kongoshuppan.co.jp/

## ウツ戦記

[監修]蟻塚亮二　[著]青木智恵子

「この世は幸せに満ちているわけではない。生きることはむしろ傷つくことばかり。だからつぶやこう。『ウツで悪いか，生きてて悪いか，この野郎』」——本書は，著者が「ウツ当事者」と「医療者」の両方の視点をもって書き下ろした，従来のウツ専門書にはない斬新さを持つ。自身もウツを経験した精神科医である監修者の助言を得，医療的観点やエビデンスも交えてマンガでわかりやすく紹介。読者が自身で記入するワークシートを多数収録。自分だけの「乗り越え方」を見つけることができる。実践しよう，と身構えなくても普段の生活で取り入れられるヒントを多数掲載。打倒ウツ。主人公はあなた。冒険の書とともに回復の一歩を踏み出そう！　　　　本体2,200円＋税

## 働く人のこころのケア・ガイドブック
会社を休むときのQ&A

[著]福田真也

うつ病を中心としたこころの病気や職場で起こる問題，健康管理，休職時の社会保障制度，精神科やリワークでの治療法など，「働く人」がこころの病気になってしまったときに知りたい情報を，産業医経験も豊富なベテラン精神科医が，働く患者さんから実際に寄せられる相談・質問をもとに182問のQ&Aにまとめてわかりやすく解説。当事者や家族だけでなく，同僚や管理職，人事担当者，産業保健スタッフはもちろん，医療機関で働くコメディカルスタッフ，あるいはフレッシュマンの精神科医，精神科で実習中の研修医など，「働く人」をとりまく全員に役立つ一冊。　　　　本体2,600円＋税

## ポジティブ心理学コーチングの実践

[著]スージー・グリーン　ステファン・パーマー
[監訳]西垣悦代

心理学は行動におけるネガティブな側面の癒やしや回復にのみ携わるだけなく、ポジティブなウェルビーイング文化の創造、希望、個人の成長や繁栄も視野に入れる必要がある。また近年は職場においてもウェルビーイングの向上は重要な点となっている。本書ではポジティブ心理学のコーチングへの拡張という試みを紹介し「ストレスマネジメント」アプローチから離れてコーチングモデルを通じてよりレジリエントで繁栄的な組織を目指す。
　　　　本体4,200円＋税

# 新刊案内

Ψ金剛出版　〒112-0005　東京都文京区水道1-5-16　Tel. 03-3815-6661　Fax. 03-3818-6848
e-mail eigyo@kongoshuppan.co.jp　URL http://kongoshuppan.co.jp/

## 強迫性障害の認知行動療法

[著]デイヴィッド・A・クラーク
[監訳]原田誠一　浅田仁子　[訳]勝倉りえこ　小泉葉月　小堀 修

強迫性障害（OCD）は多種多様な症状が混在しつつ，しばしば慢性の経過をたどる非常に手ごわい疾患である。OCDの認知行動療法（CBT）は，OCDの認知的基盤に関する新たな理論と研究結果を活用して効果的な治療内容を示す。本書では，二つの重要な柱として，正常体験としても発生する強迫観念や強迫行為が，どのような場合に精神病理体験になるか，それが原因で苦痛や生活の支障が生じる場合，どのような治療が有効かという問題を道標とする。本書は，Aaron T. Beckから手ほどきを受けた著者の画期的な研究と実践の書である。　　　　　　　　　　　　　　本体4,200円＋税

## 愛着障害児とのつきあい方
### 特別支援学校教員チームとの実践

[著]大橋良枝

「愛着障害」という言葉が，その子どもに適切な環境を与えるためにあるのではなく，その子どもにかかわることに対して防衛的に使われたり，「手がかかる」子どもというレッテルを強化するために使われるようなことがあれば，それは最も避けたいことである。本書では，知的障害特別支援学校の現場で増えつつある愛着の問題を抱える子どもたちと，その子どもたちへの対応に苦慮する教師への介入を試みた著者が，精神分析的な理論や著者自らが作り上げた愛着障害児対応教育モデル（EMADIS）仮説を用いて当事者関係の悪循環を断ち切る方途を探る。　　　　　　　　　　　本体3,200円＋税

## こどもの摂食障害
### エビデンスにもとづくアプローチ

[著]稲沼邦夫

摂食障害の発症については，ストレスなどの心理的要因によるものとする見方が長らく定説とされてきたが，具体的にどのようなメカニズムで摂食障害を引き起こすのだろうか？　引き起こすとすればそのエビデンスはなにか？　長年にわたって臨床心理士として医療機関で摂食障害とかかわってきた著者は，そうした疑問を背景に，発症の経過や契機，性格傾向，体重と症状との関連などについて事実にもとづいて検討し，それぞれ得られた結果を専門学会や論文で発表してきたが，本書はそうした一連の報告内容を整理したものである。　　　　　　　　　　　　　　　　　　　　　本体2,800円＋税

# 好評既刊

Ψ金剛出版　〒112-0005　東京都文京区水道1-5-16　Tel. 03-3815-6661　Fax. 03-3818-6848
e-mail eigyo@kongoshuppan.co.jp　URL http://kongoshuppan.co.jp/

## 病いは物語である
### 文化精神医学という問い
[著] 江口重幸

精神療法は文化とどこで出会うのか。心的治療の多様性を明らかにし，臨床民族誌という対話的方法を日常臨床に活かす実技として捉えようとする試み──。"専門分化した現代医療は患者を癒すのに必ず失敗する"とA・クラインマンは半世紀前に論じた。そこから出発した臨床人類学や文化精神医学はどこまでたどり着いたのだろうか。治療における物語（ナラティヴ）と対話，臨床民族誌的方法，力動精神医学史や治療文化，ジャネの物語理論，民俗学への架橋，そして今日の精神医療の変容。21の論文とコラムで現代精神科臨床の全体像をたどるライフワークである。　　　本体5,200円＋税

## 生き延びるためのアディクション
### 嵐の後を生きる「彼女たち」へのソーシャルワーク
[著] 大嶋栄子

男性依存症者を中心に組み立てられてきたアディクション治療プログラムから排除されてきた女性たちが抱える「問題」は，決してアディクションだけではなかった。この難題を解決すべく研究と実践を繰り返すプロセスのなかで到達した脱医療的実践としての支援論は，女性依存症者に共通する四つの嗜癖行動パターンと三つの回復過程モデルを導き出す。あまりに複雑な回復をたどる「彼女たち」，想像を絶する不自由を生きる「彼女たち」，ずっと救われてこなかった「彼女たち」……身体と生活を奪還する「彼女たち」と共に生き延びるためのソーシャルワーク実践論。　　　本体3,600円＋税

## 治療共同体実践ガイド
### トラウマティックな共同体から回復の共同体へ
[編著] 藤岡淳子

イギリスの精神科医療改革やアメリカのアルコール依存症自助グループを起源に，精神科医療や刑務所において進化を遂げ，世界中に拡大しつつある治療共同体は，対等性と自由が尊重される「サークル」と，役割と責任の遵守が求められる「トライアングル」によって，集団において個人の回復を支えていく。長きにわたる治療共同体の歴史・理念を跡づける理論的考察から，精神科医療・司法領域・福祉領域の実践レポート，さらに支援者たちによる回復の物語の記録まで，これまで十分には語られてこなかった治療共同体の方法論と新たな応用可能性を探る。　　　本体3,400円＋税

# 好評既刊

Ψ金剛出版 〒112-0005 東京都文京区水道1-5-16 Tel. 03-3815-6661 Fax. 03-3818-6848
e-mail eigyo@kongoshuppan.co.jp URL http://kongoshuppan.co.jp/

## からだ，こころ，いのち
### 動作法と禅からの見方
［著］成瀬悟策 玄侑宗久 河野文光

催眠療法，自律訓練法の探求を経て動作法を確立し，わが国の臨床心理学を主導し続けている斯界の第一人者と，芥川賞作家にして禅の修行者である僧侶が，「からだ」と「こころ」について語り，「いのち」の意味を探る。また，対談に加えて著者らによる論考も収め，対談をより深く味わうための手がかりとした。「からだ」に働きかけることで「こころ」を解き放つ動作法と，「からだ」に「こころ」を取り戻すことによって「安心」を得んとする禅との邂逅が，読者に新たな視点と気づきをもたらしてくれるに違いない。

本体2,400円＋税

## 動作療法の治療過程
［編著］成瀬悟策

本書は，からだを動かすことを通してこころの不調を変化させようとする新しい心理療法（動作療法）の進め方を，実際の治療過程に沿って提唱，解説したものである。この動作療法はこころとからだ（動作）の一体的，調和を基礎に置く東洋的立場に基礎を置きながら，その技法は今日的な一般心理療法やカウンセリングに則りながら，具体的な進め方は全く独自の新しい心理療法を発展させている。動作療法では治療課題としての選ばれた動作パターンを実現，達成することを通して，自信ある自由，主導的な前向きの動作の仕方，ないしこころを体験することを目指す。

本体3,400円＋税

## 目で見る動作法
### 初級編
［監修］成瀬悟策 ［編］はかた動作法研究会

動作法とは動作を手段とする心理療法です。動作法では「こころの不適応は必ずからだの不調としてあらわれる」と捉え援助を行います。動作の不調を変えていくプロセスのなかで，動作の仕方が変わり「からだの不調」が改善し，さらにこころの使い方（体験）で生じた「こころの不適応」が改善されることで，生活体験の仕方や生き方が変わって，より適応的に生きていくことを目指します。付録DVDではベテランセラピストによる実演によって，援助のポイントを視覚的に学ぶことができます。動作法初学者だけでなく上級者も基本を再確認できる一冊です。

本体5,000円＋税

# 好評既刊

Ψ金剛出版　　〒112-0005　東京都文京区水道1-5-16　Tel. 03-3815-6661　Fax. 03-3818-6848
e-mail eigyo@kongoshuppan.co.jp　URL http://kongoshuppan.co.jp/

## セルフ・コンパッション
### あるがままの自分を受け入れる

[著] クリスティーン・ネフ　[訳] 石村郁夫　樫村正美

本書はセルフ・コンパッションの実証的研究の先駆者である著者が，自身の体験を交えながらいままでの学術研究の知見をわかりやすくまとめた本である。主要な部分にはエクササイズを含むという工夫が満載。セルフ・コンパッションの概念から，著者がそこへと至る過程，セルフ・コンパッションの構成要素，セルフ・コンパッションと自尊心の違い，セルフ・コンパッションの活用方法を紹介する。あるがままの自分を受け入れるコツをわかりやすく具体的に紹介した本書には，いまの社会を生きる人の心を癒やす貴重なヒントがたくさん含まれている。　　　　本体3,800円＋税

## トラウマへのセルフ・コンパッション

[著] デボラ・リー　ソフィー・ジェームス
[訳] 石村郁夫　野村俊明

本書は，トラウマ（PTSD）の治療に有効だといわれるコンパッション・フォーカスト・セラピー（Compassion Focused Therapy：CFT）と呼ばれる心理療法を基礎としている。CFTは自分自身に手を差し伸べ，支援し，励ますことを教え，私たちを実際に癒すことができる。トラウマを抱えた人々と20年にわたり接してきた著者が，多くの事例とエクササイズを通して，過去のトラウマ体験やトラウマを克服し，望ましい人生と相応しい人生を手に入れるための実践的な方法を紹介する。　　　　本体3,600円＋税

## 自尊心の育て方
### あなたの生き方を変えるための，認知療法的戦略

[著] マシュー・マッケイ　パトリック・ファニング
[訳] 高橋祥友

「あなたは，あなたのあるがままで大丈夫だ！」
自尊心の本質は，自己へのコンパッション（同情）である。肯定的な自尊心は，健康なパーソナリティの核である。本書は，「自尊心」についての臨床的知見の宝庫であり，読者は，当事者，セラピストいずれの立場からも本書を読むことで，CBT（認知行動療法）による心理面接技術を身に付けると同時に，自らの対人スキルを促進することができる。　　　　本体3,800円＋税

# 好評既刊

Ψ金剛出版　〒112-0005　東京都文京区水道1-5-16　Tel. 03-3815-6661　Fax. 03-3818-6848
e-mail eigyo@kongoshuppan.co.jp　URL http://kongoshuppan.co.jp/

## マインドフルネス・レクチャー
### 禅と臨床科学を通して考える
［著］貝谷久宣　熊野宏昭　玄侑宗久

わが国へのマインドフルネスの普及を主導してきた二人の医師，貝谷久宣，熊野宏昭が，それぞれマインドフルネスの導入・普及から医療現場での臨床応用の実際と，その脳科学的な理解について述べ，僧侶であり芥川賞作家でもある玄侑宗久が，マインドフルネスと仏教との関係を語った注目すべき講演録である。鼎談では，現代的な「不安」への対処から瞑想のコツ，またマインドフルネスの考え方とその理解までが語られ，最後に貝谷による，マインドフルネスと瞑想において重要な要素である「呼吸」についての随想を付した。　　　　　　　　　　　　　　　　　　　　　　本体2,200円＋税

## マインドフルネス入門講義
［著］大谷 彰

仏教瞑想をルーツとして認知行動療法にも積極的に応用されるマインドフルネス。その驚くべき効果を科学的に検証しつつ，さまざまな臨床技法を講義形式でわかりやすく解説する。仏教瞑想の方法，ニューロサイエンスによる科学的検証，精神疾患への臨床応用など，本書で扱うテーマは多岐にわたる。臨床技法としてのマインドフルネスと仏教瞑想との対話を試みた，マインドフルネスの臨床実践に自信がもてる最良のテキストブック。　　　　　　　本体3,400円＋税

## マインドフルネス実践講義
### マインドフルネス段階的トラウマセラピー（MB-POTT）
［著］大谷 彰

「マインドフルネスの難しい専門用語がわからない」「マインドフルネスをセラピーやセルフケアにどう取り入れたらいいかわからない」という声にこたえて，好評『マインドフルネス入門講義』の続篇が，マインドフルネスを使いこなすための理論と方法をガイドする実践篇として刊行。「PTSD症状安定」「トラウマ統合」「日常生活の安定」「ポスト・トラウマ成長」という4段階プロセスを通じて，フラッシュバックや身体症状など不可解な現象をもたらすトラウマからの回復を，マインドフルにケアするための理論と方法を学ぼう！　　　　　　　　　　　　　　　　　　　　　　本体2,800円＋税

# 好評既刊

Ψ金剛出版　〒112-0005　東京都文京区水道1-5-16　Tel. 03-3815-6661　Fax. 03-3818-6848
e-mail eigyo@kongoshuppan.co.jp　URL http://kongoshuppan.co.jp/

## エリクソニアン催眠誘導
### 体験喚起のアプローチ

[著] ジェフリー・K・ザイグ
[訳] 上地明彦

催眠の理解を刷新，現象論的解釈によるエリクソニアン催眠の全体像。催眠現象の複雑さ／豊かさを損なわず構成要素に分解し，コンテクストの中でクライエントに喚起される体験として再構成。ミルトン・H・エリクソンが催眠誘導＝体験喚起にもたらした革命について，また変化に必要な「特別な体験」を提供するコミュニケーションは，豊富なパターンとデモンストレーションを通して，はじめてよくわかる。多様なクライエントへの催眠療法の入り口に立つための，世界最高峰の催眠誘導講義。　　　　本体4,200円＋税

## 新装版 ミルトン・エリクソン
### その生涯と治療技法

[著] ジェフリー・K・ザイグ　W・マイケル・ムニオン
[訳] 中野善行　虫明 修

既成概念に囚われないミルトン・エリクソンのアプローチが心理療法の世界に与えた影響は計り知れない。優れて実践の人であった彼は，クライエントの本質を見抜くために既成理論を遠ざけ，クライエントのニーズに合わせて介入法をカスタマイズすると同時に，メタファー，積極的介入，催眠誘導，逸話（アネクドート）など革新的技法を編み出すコミュニケーションの達人でもあった。ユニークな技法のエッセンスが数々のエピソードとともに解説された，ミルトン・エリクソン入門ガイド。　　　　本体3,200円＋税

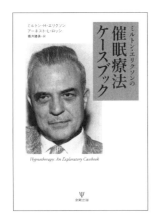

## ミルトン・エリクソンの
## 催眠療法ケースブック

[著] ミルトン・H・エリクソン　アーネスト・L・ロッシ
[訳] 横井勝美

学習された限界を超えて自分自身が持つリソースを利用し，可能性を求めていくミルトン・エリクソンの仕事は，催眠療法のみならず，心理療法全般に大きな影響を与えてきた。本書では，「ユーティライゼーション・アプローチ」や「治療的ダブルバインド」，「複合暗示」，「後催眠暗示」といったエリクソン催眠の基本的なテクニックがあますところなく紹介されている。エリクソンとロッシの共著三部作が完結！　　　　本体7,200円＋税